행동은 불안을 이긴다

LEVEL UP
Copyright ⓒ 2023 by Rob Dial.
All rights reserved.

Korean translation rights by arrangement with Park, Fine & Brower Literary Management,
New York through Danny Hong Agency, Seoul.
Korean Translation copyright ⓒ 2025 by SEOSAMDOK Co., Ltd.

이 책의 한국어판 저작권은 대니홍 에이전시를 통한 저작권사와의 독점 계약으로 서삼독에 있습니다.
저작권법에 의해 한국 내에서 보호를 받는 저작물이므로 무단전재와 무단복제를 금합니다.

의지박약과 만성적 미루기에서 벗어나는 아주 작은 행동 설계

행동은 불안을 이긴다

롭 다이얼 지음 | 박영준 옮김

서三삼독

어머니께 이 책을 바칩니다.
삶이 아무리 어렵더라도 포기하지 말고
마음을 따라 살아가라고 늘 격려해주셔서 감사합니다.
무엇보다 내 영웅이 되어주셔서 고맙습니다.

추천의 말

"행동한다고 문제가 생기는 법은 없다. 오히려 행동은 문제를 해결한다." 서문에 등장하는 이 한 문장만으로도 나는 많은 통찰을 얻었다. 왜 사람들은 행동하기를 주저하는가. 이 책은 그 오랜 의문에 대한 정확한 분석과 해결책을 담고 있다. 저자는 행동에 나서지 못하고 핑계를 만들어내기 바쁜 이들에게 이렇게 말한다. 지금 느끼는 불안과 공포는 모두 당신이 만들어낸 가짜라고. 작은 행동 하나를 실천할 때, 그 모든 두려움은 희망으로 바뀐다고 말이다. 만약 당신이 성장과 변화를 추구하는 사람이라면 불안과 불편을 무릅쓰고 저자가 설계한 방식에 따라 '아주 작은 행동'에 나서보길 권한다. 그리고 그 행동 하나가 만들어내는 변화를 느껴보라. 그렇게 조금씩 '안전지대'를 넓혀간다면 내면의 잠자고 있던 더 큰 가능성을 마주할 수 있을 것이다. 잊지 마라. 변화는 사소한 행동에서 시작되며, 아무것도 하지 않은 대가 역시 반드시 치르게 된다는 것을.

─ 주언규PD, 《슈퍼노멀》 저자

어떤 선택은 인생을 송두리째 바꿔놓는다. 그래서 겁이 나고, 망설이다 기회를 흘려보내기도 한다. 《행동은 불안을 이긴다》는 그런 순간을 놓치지 않고 주저 없이 앞으로 나아가야 하는 이유를 강렬하게 보여주는 책이다. 나 역시 무수한 선택의 기로에서 망설였다. 하지만 불안함을 이겨내고 행동에 나섰고, 그 순간들이 모여 지금의 내가 될 수 있었다. 이 책은 당신이 머뭇거릴 때, 머릿속을 복잡하게 만드는 생각을 정리해주고 결국 주저 없이 행동에 나설 수 있는 힘을 준다. 이 책을 읽고 당신도 깨닫기를 바란다. 인생을 바꾸는 것은 결코 거창한 일이 아니다. 주저 없이 내딛는 단 하나의 선택이라는 것을.

─ 드로우앤드류, 《럭키 드로우》 저자

사람들은 해야 할 일을 알면서도 미루고, 주저하며 자책하는 일을 반복한다. 그러는 동안 마음속에는 불안함이 싹튼다. 이 책은 말한다. 그 불안을 극복하는 길은 오직 '행동'뿐이라고. 나는 기록을 통해 깨달았다. 작은 행동들은 쌓여 습관이 되고, 그 습관이 모여 원하는 삶을 만들어낸다는 것을. 무엇을 망설이고 있는가? 이 책과 함께 작은 행동부터 시작해보자. 생각을 멈추고 움직일 때, 비로소 삶은 달라질 것이다.

─ 기록친구 리니, 《기록이라는 세계》 저자

저자가 뿜어내는 긍정성에는 전염성이 있다. 저자는 당신이 매일 반복하는 싸움에서 주저함, 불안, 공포의 감정을 이겨내고 승기를 거머쥘 수 있기를 진심으로 바라고 있다. 이 책이 소개하는 방법들은 마치 사람들이 지기를 바라는 듯 끝없이 시련을 내리는 이 세상에서 특히 더 큰 도움이 될 것이다.

─ 루이스 하우즈, 《그레이트 마인드셋》 저자

저자는 이미 수백만 명의 사람들이 사고방식을 바꾸고, 그들이 원하는 목표를 달성하는 데 도움을 주었다. 이 책에는 저자가 지금껏 쌓아온 '아주 작은 행동 설계'에 관한 모든 해법이 담겨 있다. 지금 당장 미루는 습관을 깨고 목표를 향해 달려가고 싶다면, 이 책을 펼쳐보길 바란다. 당신이 꿈꿔온 미래가 성큼 현실이 되어 다가올 것이다.

─ 제이 셰티, 뉴욕타임스 베스트셀러 《수도자처럼 생각하기》 저자

시작하며

여전히 주저앉아서
불평불만만 늘어놓고 있는 당신에게

당신의 가장 큰 적은 누구인가? 혹시 당신 자신이 아닐까?
  사람들은 각자 자신의 목표를 추구하며 살아간다. 누군가는 돈을 벌고 싶어 하고, 어떤 사람은 더 나은 일자리를 원하며, 인간관계에서의 행복을 추구하는 사람도 있다. 그렇게 각자 추구하는 바에 따라 삶을 바꿔보고자 노력하지만, 그런 노력이 무색하게 성공과 행복을 거머쥐는 사람은 극소수에 불과하다. 이유는 간단하다. 당신이 그동안 살아온 방식에서 단 한 발짝도 벗어나지 못하기 때문이다. 결국 본인 스스로가 자신의 앞길에 가장 큰 걸림돌이 되어버리고 마는 것이다.
  스물네 살 때, 나 역시 같은 문제를 겪고 있었다. 당시 한창 실력 좋은 영업사원이었던 나는 영업 사무소를 직접 이끌 수 있는 꿈같은 일터로 자리를 막 옮긴 참이었다. 그곳에서 나는 모든 것을 일에 쏟아부어 악착같이 돈을 벌었고, 한동안은 모든 것이 순조롭게 흘러갔다. 하지만 일주일에 110시간을 일에만 쏟아붓는 날들이 몇 년간 이어졌고, 몸과 마음은 서서히 지쳐갔다. 그렇게 삶은 점점 피폐해졌고, 2010년 10월에는 그토록 몸을 바쳐 일한 회사에 투자한 돈도 모두 날려버리고 말았다. 나는 이 모든 상황을 지켜봤지만, 그런 순간들조차 수십 년간 몸에 익은 행동들을 바꿔놓지 못했다.

그렇게 인생의 실패를 맛본 후 수많은 반성의 시간을 보내며 한 가지 사실을 깨달았다. ==내 행동의 바탕에 '나는 어딘가 부족한 사람'이라는 공포감이 자리 잡고 있다는 사실==이다. 이 그릇된 믿음은 내 지난날에 뿌리가 닿아 있었다. 나는 어린 시절 알코올 중독증에 걸린 아버지와 힘께 살았다. 당시 아버지의 중독 증세는 매우 심했고, 어린 나를 위험한 지경에 몰아넣은 적도 한두 번이 아니었다. 아버지에게는 항상 나보다 술이 먼저였다. 아버지는 내가 열다섯 살 때 세상을 떠났지만, 그의 알코올 중독이 내게 어떤 정서적 피해를 미쳤는지 알게 된 것은 그 후로 몇 년이 지난 뒤의 일이었다. 내가 성공하려고 그토록 발버둥을 친 이유는 부귀영화를 누리기 위해서가 아니었다. 아버지에게서 한 번도 느껴보지 못한 사랑을 나 역시 받을 자격이 있는 사람이라는 걸 입증하고 싶었을 뿐이었다. 만일 내가 진정한 성공과 행복을 원했다면, 먼저 삶에서 이루고자 하는 바가 무엇인지 정확히 이해하고 그곳에 열정을 쏟았을 것이다.

그 깨달음을 얻은 직후, 나는 나를 되돌아보기 시작했다. 어떤 것에 열정을 느끼고, 무슨 일을 할 때 가장 즐거워했는지 스스로를 탐구했다. 영업사원으로 근무하던 시절 내가 가장 좋아했던 일은 나보다 나이가 어린 후배들을 교육하는 일이었다. 내가 누군가에게 도움을 줄 수 있다는 사실이 좋았고, 그 일은 그 자체로 내게 큰 성취감을 안겨주었기 때문이다. 주위 사람들의 말을 유달리 잘 들어주었던 나는 한때 심리학자를 꿈꾸기도 했는데, 내가 일터에서 가장 좋아했던 일은 심리학자의 일과 여러모로 비슷했다. 그동안 번 돈은 다 사라졌지만, 여러 해에 걸쳐 쌓아 올린 지식은 아무도 빼앗아가지 못했다. 그 이야기를 사람들에게 해주고 싶었다. 그들이 그 이야기 속에서 한 조각의 교훈이나 영감을 발견하고, 또 다른 누군가에게 같은 이야기를 들려줄 수 있기를 바랐다. 그렇게 시작한 것이 팟캐스트 채널 〈마인드셋 멘토The Mindset Mentor〉였다.

처음 팟캐스트를 녹음할 때는 내가 지금 무슨 일을 벌이고 있는지 나조차도 잘 몰랐고, 이 일이 불러일으킬 효과 역시 생각하지 않았다. 내 팟캐스트가 사람들 사이에서 얼마나 입소문이 나는지, 그리고 이 콘텐츠가 얼마만큼 돈이 되는지 따위는 내게 전혀 중요하지 않았기 때문이다. 그저 내 삶에 도움이 되어준 사람이나 사물에 관한 이야기를 청취자들에게 들려주는 데 몰두할 뿐이었다. 처음에는 매일매일 일기를 써나가듯 방송을 진행하며 내게 필요한 말들을 마이크 앞에서 두서없이 늘어놓았다. 마치 누군가 와서 읽기를 기다리는 활짝 펼쳐진 책처럼, 개인적인 약점이나 치부까지 드러내며 방송을 이어나갔다. 그렇게 하루하루 내 이야기를 풀어나가면서 진정한 치유는 감정을 내려놓아야 비로소 가능하다는 사실을 깨달았다. 그 깨달음을 얻고서야 성공을 향해 부단히 노력했지만 결국 바닥으로 떨어졌던 내 인생을 제대로 마주할 수 있었다. 그렇게 나는 조금씩 더 나아졌고, 그 덕분에 팟캐스트도 1,300회가 넘도록 녹음할 수 있었다. 현재 내 팟캐스트는 다운로드 횟수만 해도 1억 회를 넘어서는 등 여전히 많은 사랑을 받고 있다.

현재 나는 두 개의 회사를 운영 중이다. 하나는 기업의 경영주들에게 회사를 성장시키고 사업을 확장하는 법을 알려주는 일종의 교육기관이며, 또 하나는 내 팟캐스트 채널과 자기계발 강좌를 운영하는 회사 '마인드셋 멘토'다. 나는 나를 찾아오는 고객들을 위해 인간관계, 비즈니스, 건강, 가족, 돈처럼 그들이 각자의 삶에서 중요하게 여기는 분야의 성공 전략을 고민하고 있다.

그동안 수천 명의 고객을 코치하면서 깨달은 사실이 하나 있다. 대부분의 사람들이 목표한 바를 이루고 성공을 쟁취하기 위해 스스로가 어떻게 행동해야 하는지 정확하게 알고 있다는 것이다. 그들이 추구하는 목표가 체중 감량이든, 더 많은 돈이든, 더 나은 인간관계든, 그 목표를 이루려면 각자에게 '어떤' 행동이 필요한지 알고 있다. 그런데도 사람들은 행동에 나서지 않는다. 왜 그럴까? 그건 바로 어떻게 시작해야 하는지 잘 모르고, 무턱대고 시도하기에는 겁이 나기 때문이다. 그런 그들에게 내가 해주고 싶은 이야기는 하나다. ==행동한다고 문제가 생기는 법은 없으며, 오히려 행동은 문제를 해결한다는 것이다.== 자신이 원하는 삶을 이루기 위해 행동했다가 되려 문제를 키운 사람이 있다는 말은 어디서도 듣지 못했다. 당신이 깨달아야 할 불편한 진실은, 자기가 처음 내디딜 발걸음이 무엇인지 결정하고 목표를 향해 과감히 첫발을 떼지 않는 사람은 절대 삶을 바꿀 수 없다는 것이다.

이 책은 자기가 잠재력을 갖췄다는 사실을 잘 알면서도 이를 현실화하지 않는 사람들, 그리고 세상에 충분히 영향을 미칠 능력이 있는데도 이를 발휘하지 못하는 사람들을 위해 썼다. 또 여러 차례 행동을 시도해서 처음에 어느 정도 성과를 냈지만, 갑자기 자신에게 동기를 부여하는 데 어려움을 느끼는 사람들에게도 이 책을 바친다. 독자 여러분의 고민은 아주 다양할 것이다. 누군가는 사업 계획이 생각대로 흘러가지 않아 힘들 수도 있고, 다이어트나 운동 습관을 유지하기가 힘들어 고민인 사람도 있을 것이다. 처음에는 즐거운 기분으로 길을 나섰지만 언제부터인가 삶이 궤도를 벗어나고, 의욕이 사라지고, 목표를 달성하기가 불가능해 보일 수도 있다.

문제는 대부분의 사람들이 성공의 문을 열어줄 단 하나의 열쇠만을 찾고 있다는 것이다. 하지만 세상에 그런 열쇠는 없다. 당신의 꿈을 단번에 이루어주는 마법의 주문 따위는 존재하지 않는다. 성공이란 삶을 순식간에 변화시키는 하나의 큰 이벤트가 아니라, 당신이 매일같이 실천에 옮기는 수많은 사소한 행동, 즉 마이크로 액션micro-actions에서 비롯된다. 당신의 인간관계, 은행 계좌의 잔액, 지금까지 밟아온 경력 등 모든 것이 당신이 과거에 행했던 마이크로 액션의 결과물이다. 그 말은 당신의 미래 역시 지금부터 실천할 마이크로 액션에 달려 있다는 뜻이다. 당신에게 가장 중요한 목표는 남들과 비교해서 가장 훌륭한 사람이 되기보다 '어제의 나보다 매일 조금씩 나아지는 내가 되는 것'이다. 다른 사람들과 자신을 비교할 필요 없다. 매일 밤 잠자리에 들기 전 당신이 해야 하는 일은 단 한 가지다. 오늘의 내가 어제의 나는 몰랐던 내면의 잠재력을 조금이나마 깨달았는지, 오늘 조금 더 나은 내가 됐는지 반성하는 것. 이는 당신이 그날 하루 동안 어떤 행동을 실천했는가에 달려 있다.

다행히도 어제는 이미 지나갔다. 이제 당신 앞에는 두 가지의 선택지가 놓여 있다. 지금 힘들고 나중에 수월한 길을 택할 것이냐, 아니면 지금 수월하고 나중에 힘든 길을 택할 것이냐의 문제다. 나는 당신이 전자를 택하길 바란다. 누구나 삶을 살다 보면 여기저기 부딪혀 혹이 나고, 멍이 들고, 상처도 입기 마련이다. 그런 우여곡절 없이 인생을 보내는 사람은 아무도 없다. 힘든 일을 하면 육체든 감정이든 잠시 고통스러울 수는 있다. 하지만 이내 그 순간들에 고마워하게 될 것이다. 약간의 고통은 성장의 촉진제 역할을 하기 때문이다. 당신이 헬스클럽에 가서 몸을 단련한다면, 근육에 어느 정도 부하가 걸리고 피로가 쌓일 만큼 운동을 해야 근육이 더 크고 강하게 자라나는 법이다. 사람의 뇌도 마찬가지다. 성장과 변화를 추구하는 사람은 불편함을 무릅쓰고 자신의 안전지대 comfort zone를 벗어나야 한다. 그 일을 가능케 할 비법 중의 하나는 당신 자신을 선택지가 없는 상황으로 스스로 몰아넣는 것이다.

중국 춘추시대의 군사 전략가 손무孫武는 자신의 책《손자병법》에서 전투에 나선 군대가 적진의 강가에 도달한 뒤에는 다리와 배에 불을 질러 되돌아갈 길을 아예 차단해버릴 필요가 있다고 썼다. 후퇴라는 선택지가 주어지지 않은 병사들은 용감하게 싸워 이길 확률이 높기 때문이다. 알렉산더 대왕이나 에스파냐의 탐험가 에르난 코르테스Hernán Cortés 같은 유명한 정복자들도 비슷한 전법을 구사했다. 이 지휘관들은 병사들을 사생결단의 자세로 전투에 임하게 만드는 전략의 중요성을 잘 알고 있었다. 당신도 자신을 위해 이런 전법을 구사해야 한다. 목표를 세우고 오직 그곳만을 향해 나아가라!

이 여정에 나선 사람은 먼저 그동안 본인이 행동에 나서지 않은 이유를 알아내어 활주로에 놓인 장애물을 치우는 작업부터 시작해야 한다. 현재 당신의 발목을 잡는 문제가 무엇인지 정확히 파악하고 자신을 원하는 삶으로 안내해주는 마이크로 액션,

의식ʳⁱᵗᵘᵃˡ, 습관 등을 실천한다면 당신의 앞길을 가로막는 장애물을 효과적으로 제거할 수 있을 것이다. 또 뇌의 작동 원리를 과학적으로 파악하는 일도 이에 못지않게 중요하다. 놀라운 사실은 당신이 어떤 행동을 취하는 순간, 뇌가 실제로 바뀌기 시작한다는 것이다. 사람의 뇌는 한 뉴런에서 다른 뉴런으로 신호를 전달하는 연결 지점인 '시냅스synapse'를 새롭게 연결하거나 재구축하며 변화에 대처하는 능력, 즉 신경가소성neuroplasticity이 있다. 당신이 특정한 행동을 통해 뇌에 작업을 명령하면, 뇌의 시냅스가 새롭게 연결됨으로써 그 행동을 주저 없이 더 쉽고 반복적으로 할 수 있도록 돕는다. 이런 과정을 거치며 당신이 일으킨 변화가 새로운 습관이나 일상으로 서서히 자리 잡게 되는 것이다.

결과적으로 삶을 한 단계 높은 곳으로 이끄는 행동 요령은 다음 여섯 단계로 압축되며, 앞으로 이어질 내용에서 소개할 예정이다. 각자 추구하는 목표를 잘 생각해보고, 이 과정을 차례로 밟아나간다면 반드시 좋은 성과를 거둘 수 있을 것이다.

1. 집중
2. 수행
3. 지속
4. 휴식
5. 보상
6. 반복

그동안 나는 여러 차례 시행착오를 거치면서 어떤 방법이 효과적인지 배웠다. 하지만 이 책은 내 개인적인 이야기만을 담고 있지 않다. 또한 아직 입증되지 않은 이론이나 주장 역시 적지 않고, 내가 직접 코칭했던 고객들의 사례를 통해 당신이 겪고 있는 것과 비슷한 문제를 어떻게 이겨냈는지 다양하게 보여주고자 노력했다. 그들이 맞닥뜨렸던 가장 대표적인 문제는 운동, 돈, 사업, 인간관계 등으로, 이 책에서는 그 분야의 이야기가 주된 사례로 소개한다. 하지만 이 접근 방식은 당신이 해결하려는 문제나 달성하기 위해 애쓰는 목표와 무관하게 모든 분야에서 효과를 발휘할 것이다.

또 이 개념을 일상에 녹여 넣는 데 도움이 되는 전략이나 힌트를 제공하고, 그동안 내 팟캐스트에 출연했던 전문가들에게서 배운 과학적 이론도 두루 인용했다. 이 책에서 제시하는 프로세스는 당신의 사고방식을 근본적으로 바꾸는 작업이다. 따라서 인간의 뇌가 어떻게 작동하는지 이해할 수 있다면, 더욱 수월하게 변화를 이뤄낼 수 있을 것이다. 저명한 저자 겸 연설가 토니 로빈스Tony Robbins는 내 팟캐스트에 출연해서 "복잡함은 실행의 적"이라고 말한 적이 있다. 따라서 나는 과학적 정보나 지식을 최대한 간단하고 이해하기 쉽게 설명하려고 노력했다. 또 각 장의 마지막 부분에는 배운 프로세스를 더 잘 이해하고 바로 실천해볼 수 있도록 '몸이 먼저 움직이는 행동 처방'을 더했다. 이를 통해 당신의 행동이 얼마나 변화했는지 꼭 확인해보길 바란다.

인생이란 꽤 단순하다. 목표를 달성하거나 그렇지 않거나 둘 중의 하나다. 둘 사이에 가로놓인 차이는 당신이 원하는 바를 이루는 데 필요한 행동을 실천했느냐 그렇지 않으냐의 문제로 압축될 수밖에 없다. 수많은 사람이 놓치고 있는 대목이 바로 그 부분이다. 이 책은 당신이 목표 달성에 필요한 행동을 하루도 빠짐없이 실천하는 데 도움이 되는 단계별 청사진을 제공한다. 당신은 그 행동을 통해 불안에서 벗어나 진정으로 원하는 삶을 창조해낼 수 있을 것이다. 그것이 당신의 삶을 업그레이드하는 방법이다. 때를 기다릴 필요도 없다. 지금 바로 시작할 수 있으니까. 이제 함께 길을 떠나보자!

목차

시작하며
여전히 주저앉아서
불평불만만 늘어놓고 있는 당신에게 8

1부 | 당신은 왜 행동하지 않는가

1장. **공포** | 모든 걱정과 두려움은 거짓이다　22
2장. **정체성** | 당신이 외면해온 내면의 이야기　50
3장. **목적** | 당신이 진정으로 원하는 것은 무엇인가?　86
4장. **시각화** | 행동으로 직결되는 연결고리　106

2부 | 아주 작은 행동 설계의 비밀

5장. **방향** | 내면의 GPS를 설정하라　134

6장. **장애물 치우기** | 집중을 방해하는 것들 **150**

7장. **작은 승리 경험하기** | 모든 일을 빠짐없이 해내는 법 **174**

8장. **집중력** | 생산성의 비밀 **198**

3부 | 아주 작은 변화를 지속하는 힘

9장. **일관성** | 매일 거르지 않고 행동하는 법 **226**

10장. **습관** | 행동의 자동화 패턴을 만드는 법 **256**

11장. **신경가소성** | 당신의 뇌를 바꾸는 과학 **280**

12장. **도파민 보상 시스템** | 결과보다 과정을 사랑하라 **304**

마치며
당신이 앞으로 걸어갈
자기계발의 여정에 함께하고 싶다 **324**

주 **336**

당신은 왜 행동하지 않는가

1부

이 책은 당신을 원하는 삶으로 이끌어줄 전략들로 가득하다.
하지만 당신이 애초에 행동에 나서지 못하도록
발목을 잡아끄는 장애물을 극복하지 못한다면,
이 전략들은 아무런 쓸모가 없다.

1부에서는 당신이 꿈꾸는 미래가 있음에도 불구하고
그동안 행동하지 못한 이유, 혹은 행동을 취했더라도
이를 지속하지 못한 이유를 샅샅이 살펴본다.
그 이유는 딱 세 가지로 압축된다.
공포, 자신에 대한 선입견, 그리고 선명한 목표의 부족이다.

이 세 가지 이유에 대해 더 깊이 파고들어
본격적인 여정을 시작해보자.

1장.

공포
모든 걱정과 두려움은 거짓이다

1장에서 이야기할 첫 번째 단계는 공포의 본질을 이해하고 당신이 두려워하는 대상이 얼마나 허구적인 상상의 산물인지를 밝혀내는 작업이다. 당신은 늘 뭔가를 원한다고 말하면서도 한편으로 그 일을 해낼 수 없다고 스스로를 설득하고 있지는 않은가? 물론 실패가 무섭거나 자신이 부족한 사람이라는 사실이 마음에 걸려 그런 것일 수도 있다. 또는 남들이 자기를 어떻게 생각하는지 걱정되기 때문일지도 모른다. 허나 이 모든 건 당신이 아직 일어나지도 않은 미래의 일 때문에 도전 대신 안전한 길을 택하려는 것에 불과하다. 미안하지만 그런 마음가짐으로는 어떤 일도 해내지 못한다. 경주가 시작되기도 전에 스스로 경기를 포기할 필요는 없다. 당신이 느끼는 공포가 진짜가 아니라는 사실을 알아야만 안전지대 바깥으로 첫발을 내디딜 수 있다. 진정한 변화는 안전지대의 바깥에서 이루어진다.

나는 거미를 무서워한다. 그 공포심은 내 누나와 관련이 있다.
 〈아라크네의 비밀Arachnophobia〉은 1990년에 개봉한 공포 코미디 영화다. 존 굿맨과 제프 다니엘스가 출연한 이 영화는 매우 드물고 위험한 종種의 거미들이 어느 작은 마을을 습격하는 이야기다. 누나는 내가 다섯 살 되던 해에 이 영화에서 나온 장면들을 내 앞에서 생생하게 재현했다. 그 장면들을 보며 두려움에 떨었던 기억이 아직도 눈에 선하다. 그중에서도 내게 유달리 큰 공포심을 안겨준 내목은 거미가 몸에 불이 붙은 채로 누군가를 추격하는 장면이었다. 하지만 누나가 묘사한 두 번째 장면은 더 끔찍했다. 거미 한 마리가 어느 집의 변기 안으로 기어들어 갔고, 이후 등장인물 중 한 사람이 화장실로 들어가 그 변기 위에 털썩 주저앉았다. 나는 그 장면을 본 뒤로 몇 년간은 화장실에 들어갈 때마다 변기 안을 주의 깊게 살펴본 뒤에야 볼일을 볼 수 있었다. 그 기억이 어찌나 강렬한지 나는 여전히 거미를 무서워한다. 이 공포심은 왜 생겨났을까?
 거미를 향한 두려움은 진짜 내 것이라고 할 수 없다. 심지어

23

영화나 거미를 직접 보고 느낀 공포도 아니다. 나는 그저 누나를 통해 거미에 대한 공포를 간접적으로 학습했을 뿐이다. 하나의 공포심이 다른 사람에 의해 내 뇌 속에 그토록 선명하게 각인될 수 있다면, 지난 세월 동안 나는 친구, 가족, 사회를 통해 얼마나 많은 공포심을 배웠을까? 그 말인즉, 사람들이 느끼는 대부분의 공포 역시 이와 마찬가지로 학습되었을 가능성이 높다는 것이다. 사실 공포는 자연스러운 현상이다. 우리가 무엇에 주의를 기울여야 하고 무엇을 조심해야 하는지 알려주는 역할을 하기 때문이다. 그렇다면 우리가 관심을 기울일 만한 가치가 있는 공포는 무엇일까?

실존하는 공포는 무엇인가

그동안 심리학자나 신경생리학자 같은 전문가들을 만나 이야기를 나누며 공포의 본질에 대해 한 가지 놀라운 사실을 알게 됐다. 사람이 태어날 때부터 선천적으로 느끼는 공포는 다음 두 가지에 불과하다는 것이다.

1. 추락의 공포
2. 큰 소음의 공포

인간의 뇌 회로에 기본적으로 내장된 공포는 이 두 가지뿐이며, 이들은 사람이 태어나는 즉시 효과를 발휘한다.

1960년 코넬 대학교의 심리학자 엘리너 깁슨^{Eleanor J. Gibson}과 리처드 워크^{Richard D. Walk} 부부는 생후 6개월에서 14개월 사이의 유아를 대상으로 이른바 시각 벼랑^{visual cliff} 실험을 실시했다.[1] 이 실험은 가운데 부분이 1.2미터 정도의 낭떠러지처럼 보이는 투명한 유리판을 제작해 아기들이 그 위를 기어가도록 유도하는 것으로, 실험 결과에 따르면 아기들 대부분이 엄마가 바로 앞에서 부르는데도 벼랑처럼 보이는 유리판 위를 기어가지 못했다. 아기들조차 높은 곳에서 떨어지는 것을 본능적으로 두려워한 것이다. 또한 '청각적 놀람 반응^{acoustic startle response}'이라고 불리는 큰 소음의 공포는 인간을 잠재적 위험으로부터 안전하게 지키기 위한 방어기제라고 할 수 있다.[2] 어느 문화권에서 태어났든지 모든 사람의 뇌 속에는 이 두 가지 형태의 공포가 선천적으로 잠재되어 있다. 이런 선천적 공포 외에, 우리는 어째서 이토록 쉽게 공포를 학습하는 걸까?

1919년 존스 홉킨스 대학교의 심리학자 존 왓슨^{John B. Watson}과 로살리 레이너^{Rosalie Raynor}는 나중에 '꼬마 앨버트 실험^{Little Albert Experiment}'으로 불리게 된 실험을 진행한 적이 있다. 실험자들은 생후 9개월 된 아기 앨버트에게 살아 있는 흰색 쥐를 포함한 여러 가지 사물을 접촉하도록 했다. 그때 앨버트는 쥐에 대해 아무런 공포심을 드러내지 않았다. 그로부터 2개월 뒤, 연구자들은 앨버트 앞에 쥐 한 마리만을 가져다 놓고 아기가 쥐를 만지려고 하면 망치로 쇠막대기를 두드려 큰 소리를 냈다. 앨버트는 그때마다 울음을 터뜨렸다. 이 실험을 여러 차례 반복하자, 앨버트는 쥐의 모습만 봐도 스트레스를 받고 공포를 느끼게 됐다. 처음에는 쥐를 전혀 무서워하지 않았으나 실험을 통해 쥐에 대해 두려움을 갖게 된 것이다. 이후 이 실험은 비윤리적인 방식으로 진행됐다는 비난을 받았지만, 인간에게 어떻게 공포가 학습되는지에 관한 추가적 연구의 물꼬를 튼 것만은 분명했다.

만일 인간이 선천적으로 소유한 공포가 추락의 공포와 큰 소음의 공포 두 가지뿐이라면, 그밖에 모든 공포는 학습된 공포일 수밖에 없다. 후천적 공포는 환경에서 비롯된다. 우리는 친구나 가족을 통해, 또는 자신을 둘러싼 사회에서 벌어지는 일을 보고 들으며 공포를 배운 것이다. 당신의 부모가 남에게 평가받는 일을 두려워한다면, 당신 역시 비슷한 종류의 공포를 느끼게 될 가능성이 크다.

그동안 나는 고객들이 어떤 순간에 공포를 느끼는지, 또 그 공포가 어떻게 그들의 행동을 방해하는지에 관해 이야기하는 데 많은 시간을 쏟았다. 그 과정에서 사람들이 느끼는 공포에는 몇 가지 패턴이 있으며, 그들이 과감하게 행동에 나서지 못하는 이유는 대체로 다음과 같은 다섯 가지 유형의 공포 때문이라는 사실을 알게 됐다. 다시 말해 인간이 느끼는 대부분의 공포는 다음 중 하나에 속한다.

1. **실패의 공포:** 자신이 목표 지점에 도달하지 못할지도 모른다는 공포심을 말한다. 이 유형의 공포는 나를 매우 우유부단하고 꾸물거리는 사람으로 만들기도 한다. 심지어 어떤 사람은 주위의 지인들에게 자신이 반드시 실패할 테니 아예 기대 수준을 낮추라고 말하기도 한다. 때로 실패 공포증 atychiphobia이라는 용어로도 불린다.

2. **거절의 공포:** 사람들이 나를 향해 "안 돼"라고 말하거나, 거절하는 상황에 대한 공포를 뜻한다. 이는 인간관계 같은 개인적 차원의 공포일 수도 있고, 비즈니스를 포함한 직업적 차원의 공포일 수도 있다. 다른 사람들의 의견이나 평가에 대한 공포를 의미하기도 한다. 사회적 불안장애 social anxiety도 이 범주에 속한다.

3. **성공의 공포:** 원하는 것을 얻어내는 데 대한 공포를 의미한다. 이는 종종 변화에 대한 두려움에서 비롯되며, 스스로 성공을 거부하는 '자기 태만 self-sabotage'에 빠지기도 한다. 성공의 공포는 반발 회피 backlash avoidance라는 용어로도 불린다. 다시 말해 가장 사랑하는 사람들이 나의 성공에 반감을 품고 나를 소외시키는 상황을 피하고 싶은 심리를 말한다.

4. **사기꾼의 공포(가면 증후군):** 내가 다른 사람들의 눈에 사기꾼으로 보일지도 모른다는 공포심을 뜻한다. 또 나 자신이 생각만큼 훌륭한 사람이 아닐지도 모른다는 의구심이나 두려움도 여기에 포함된다.

5. 버림받음의 공포: 혼자 남겨지는 상황에 대한 공포, 또는 가장 사랑하는 사람들이 나를 떠나게 할 말이나 행동이 내게서 비롯될지도 모른다는 공포를 뜻한다. 때로 고독 공포증autophobia이라는 용어로 불리기도 한다.

이런 공포심은 모두 하나의 생각으로 귀결된다.
"**나는 부족한 사람이야. 부족한 사람은 남에게 사랑받지 못해.**"
앞으로 일이 너무 바빠질 거라고 걱정하는 사람은 사실 자신의 능력이 부족해서 그 많은 일을 제대로 처리할 수 없으리라고 걱정하는 것이다. 또 당신이 아이들에게 부정적인 영향을 미칠까 걱정하고 있다면, 그 마음의 한구석에는 자신이 부족한 사람이라 좋은 부모가 아닐지도 모른다는 두려움이 자리 잡고 있는 것이다. 당신은 돈이 떨어져 간다는 생각에 밤잠을 이루지 못할 수도 있지만, 그 걱정은 내가 가족 구성원에게 풍족한 삶을 제공할 능력이 없다는 공포심에 바탕을 두고 있다. 이런 식으로 우리가 느끼는 공포를 늘어놓자면 끝도 없다. 우리는 모두 남들에게 어울리는 사람이 되고 싶고, 그들에게 받아들여지고 싶다. 또 사랑받고 있다는 느낌을 원한다. **따라서 그 모든 공포는 내가 사람들에게 인정받고 사랑받기에 늘 부족한 사람이라는 감각에서 시작된다.**

당신이 행동에 나서지 못하도록 발목을 잡는 가장 큰 공포심은 무엇인가? 그 질문에 답하기 위해서는 먼저 공포가 무엇인지 이해해야 한다.

당신을 괴롭히는 공포의 실체

공포의 본질은 방어기제다. 공포심은 사람의 뇌에서 공포를 포함한 다양한 감정을 처리하는 편도체amygdala에서 비롯된다. 200만 년 전 편도체가 주로 수행했던 역할은 야생동물의 습격을 받는 것처럼 미래에 벌어질 수 있는 일에 두려움을 느끼고 위험한 상황을 미리 회피하게 함으로써 인간이라는 종족을 생존시키는 것이었다.

그 뒤로 200만 년이 지나면서 인간이 살아가는 환경은 크게 바뀌었지만, 우리의 뇌는 별로 변하지 않았다. 아마 당신은 화창한 날 오후에 커피를 마시며 시간을 보내던 도중, 느닷없이 엄습한 불안감을 느껴본 적이 있을 것이다. 그건 바로 모든 일이 너무 순조롭게 돌아가다 보니 뇌가 당신을 보호할 목적에서 뭔가 걱정거리를 만들어냈기 때문이다. 그것이 바로 뇌가 하는 일이다. 실제로 편도체는 아무 할 일이 없는 상황이지만, **당신의 뇌는 존재하지도 않는 위험의 공포를 만들어낸다.** 이 신체 기관은 애초에 설계된 역할에 충실했을 뿐이지만, 그 역할 때문에 우리가 진정으로 원하는 삶을 성취하는 데 종종 제동이 걸리곤 한다. 이를 제대로 이해하는 사람이라면, 누구나 공포심을 극복할 수 있다. 그 작업은 모든 종류의 공포가 원초적 공포와 지적知的 공포라는 두 가지 범주로 나뉜다는 사실을 깨닫는 것부터 시작된다.

원초적 공포primal fear는 미래에 닥칠지도 모를 신체적 고통이나 죽음을 예상하는 일과 관련이 깊다. 현대를 살아가는 사람들에게는 그리 흔한 감정이 아니지만, 우리는 여전히 이 유형의 공포를 경험한다. 예를 들어 캠핑을 떠난 사람이 한밤중에 화장실에 가기 위해 안전한 야영장을 벗어나는 순간 마음속에 밀려드는 불안감이 곧 원초적 공포라고 할 수 있다. 이는 잠재적 위험 요소(가령 곰 같은 야생동물)에 대한 경고를 통해 당신의 생존을 돕는 역할을 한다. 그러나 현대인의 일상에는 더 이상 예전만큼 죽음이 도사리고 있지 않다. 충분한 음식, 의복, 피난처가 마련되어 있고 자신의 안전을 돌봐주는 사람들도 있다. 내 경우만 보더라도, 나는 위험한 환경을 피해 우리 집에서 안전하게 살아가고 있으며 앞으로도 오랫동안 생존하는 데 별로 문제가 없다. 하지만 우리 뇌의 편도체는 신체적 위험이 없을 때도 자기가 해야 할 일을 하려고 애쓴다. 그로 인해 사람은 두 번째 형태의 공포를 개발하게 된다.

지적 공포intellectual fear는 신체적 고통이나 죽음과 직접적으로 관련이 없지만, 편도체가 모든 곳에서 끊임없이 '포식자'를 만들어내며 생기는 공포다. 여기서 말하는 포식자란 사자, 악어, 곰 같은 맹수가 아니라 앞에서 언급한 실패의 공포, 거절의 공포, 성공의 공포, 사기꾼의 공포, 버림받음의 공포를 뜻한다. 우리는 남들 눈에 자기가 성품이 좋고, 똑똑하고, 매력적인 사람으로 비치는지 늘 걱정한다. 다른 사람들이 나를 어떻게 생각할지 신경을 쓰고, 자신의 부탁을 거절할까 염려한다. 친구들이 나를 좋아할지, 또는 내가 사람들과 잘 어울리게 될지 마음을 쓰기도 한다. 하지만 이런 공포는 실제로 신체적 고통이나 죽음과는 아무런 관련이 없다(적어도 그런 일이 벌어진다고 해서 당장 죽는 것은 아니다). 그러나 남에게 거절당하는 일이든 죽음의 위험과 맞닥뜨리는 일이든, 사람의 뇌와 몸은 원초적 공포와 지적 공포에 똑같이 반응한다.

    이 두 가지 형태의 공포는 사람의 신체 내에서 똑같은 감정을 유발한다. 원초적 공포는 원래 설계된 기능에 충실할뿐더러 실제적인 위험을 피할 수 있는 등 어느 정도 합리적인 구석도 있다. 하지만 지적 공포는 둘 중 어디에도 해당하지 않는다. 그러나 편도체는 두 가지 종류의 공포를 구분하지 못한다. 우리는 마치 눈앞이 안개처럼 뿌연 안경을 쓰고 삶이라는 숲을 걸어 목표 지점을 향해 나아가고 있는지도 모른다. 공포심이라는 이름의 안경은 우리가 사물을 선명하게 바라보지 못하도록 시야를 흐리고 앞길을 가로막는다.

    사람의 뇌는 그냥 내버려두면 늘 부정적인 방향으로 작용하기 마련이다. 뇌가 원초적 공포와 지적 공포를 제대로 구분하지 못한다면, 이를 판단할 책임은 당신의 몫일 수밖에 없다. 공포의 본모습을 파악하는 과정은 몸의 근육을 쌓는 과정과도 같다. 공포의 본질을 더 분명히 깨달을수록 이를 더 효과적으로 근절시킬 수 있다. 그러기 위해서는 공포가 어디에서 오는지 밝혀내고, 그것이 당신의 소유물이 아님을 인정한 뒤에 미련 없이 떠나보내야 한다. 당신의 관점을 바꾸는 데 도움이 되는 한 가지 방법을 소개한다.

두려움을 없애려 하지 말고 포용하라

나를 찾아온 고객들이 가장 많이 하는 질문 중 하나가 "어떻게 하면 두려움을 없앨 수 있을까요?"다. 충분히 이해한다. 두려움을 극복하는 방법이 있다면 배우지 않을 사람이 어디 있을까. 하지만 내 대답은 한결같다. 존재하지도 않는 것을 극복할 수는 없다는 것이다. 그렇다. 당신이 느끼는 모든 공포는 진짜가 아니다! 내 말이 믿기지 않는가? 앞서 설명한 다섯 가지 공포를 다시 살펴보고, 지금 당신이 어떤 종류의 공포를 느끼고 있는지 생각해보라. 그중에 지금 당장 심각한 물리적 위험으로 이어질 만한 공포가 있나? 절대 그렇지 않다!

작가 겸 컨설턴트 칼 알브레히트Karl Albrecht는 공포를 "마음속으로 상상한 사건이나 경험이 현실이 될 거라고 예상함으로써 초래되는 불안한 감정"이라고 정의했다.[3] 여기서 핵심은 '상상한imagined'이라는 단어다. 그 공포는 실제로 벌어진 일이 아니라 우리가 머릿속으로 생각한 일에 대한 생물학적 반응이다. 우리는 존재하지도 않는 미래를 마음속에서 제멋대로 꾸며낸다. 더구나 그렇게 그려낸 미래의 모습은 대부분 부정적이다. 그것이 자신의 안전을 지키는 방법이기 때문이다.

혹시 이제 막 새로 시작한 사업이 실패할지도 모른다는 공포를 느끼고 있는가? 사실 모든 비즈니스가 성공할 수 있는 건 아니다. 게다가 크고 작은 문제를 겪고 있는 회사라면 실패할 가능성이 더 클지도 모른다. 하지만 내 주장의 핵심은 마음속으로 상상한 미래가 아닌 현재에 초점을 맞춰보라는 것이다. 당신이 시작한 사업은 아직 망하지 않았다. 그러므로 지금 당장 두려워할 필요가 없다.

세상에는 성공을 두려워하는 사람도 적지 않다. 심지어 성공을 열망하는 야심가 중에도 그런 사람들이 있다. 내 고객 중 한 명은 종교적 색채가 짙은 삭은 중산층 마을에서 자랐다. 그곳에서 그가 알고 지내는 사람들은 대부분 1년에 6만 달러 미만을 버는 교사나 농부였다. 그런 환경에서 자라면서 그는 만약 미래에 자신이 너무 크게 성공하거나 많은 돈을 벌게 되면, 이 공동체에서 소외될지도 모른다는 공포를 느꼈다. 이 '어울리지 못함의 공포'는 앞서 말한 '버림받음의 공포'의 또 다른 버전이라고 할 수 있다.

이런 유형의 두려움은 사실 매우 보편적이다. 인간은 부족이라는 집단을 이루고 살아가는 존재이니만큼 그 누구도 외로운 느낌을 원하지 않는다. 그렇기 때문에 집단에 소속되고 받아들여지기를 원했고, 부족에서 쫓겨난다는 말은 곧 죽음을 의미했다. 따라서 자신이 나고 자란 집단을 넘어설 정도로 크게 성장한 사람이 부족에게 받아들여지지 못하고 동료들에게 적으로 낙인찍힐지도 모른다고 두려워한 것은 당연한 일이었다. 하지만 내가 분명히 말할 수 있는 것은 지금까지 만난 백만장자 중에 "이제 친구들이 모두 나를 미워해"라고 불평한 사람은 아무도 없었다는 것이다.

코넬 대학교가 발표한 연구 결과에 따르면 사람들이 걱정하는 일 중의 85퍼센트는 아예 일어나지 않는다고 한다. 또한 실제로 벌어지는 일 15퍼센트 중에 79퍼센트는 생각보다 훨씬 순조롭게 해결된다고 한다. 심지어 어떤 문제는 이를 해결하는 과정에서 교훈을 안겨주기도 한다. 그러니 계산해보라. **우리가 걱정하는 일 중의 97퍼센트는 기우에 불과하다.**⁴ 우리가 경험하는 공포나 두려움은 아무런 근거 없는 비관적 사고에서 비롯될 뿐이다.

그렇다면 우리는 왜 아무것도 아닌 일을 걱정하면서 심리적 에너지를 소비해야 할까? 행동하거나 생산적인 일을 하는 데 그 에너지를 사용할 수는 없는 걸까?

공포를 내 편으로 만드는 법

우리는 인간으로서 복잡하고 아름다운 상상에 빠질 때가 많다. 하지만 본인의 생각을 제대로 통제하지 못한다면 상상은 마구잡이로 날뛰며 머릿속에서 수많은 공포를 생산할 것이다. 우리가 겪는 공포 대부분이 어린 시절 무서워했던 '도깨비'와 다름없는 허구의 존재라는 사실을 깨닫는다면 공포를 충분히 통제할 수 있다. 인간은 미래에 '일어날지도 모르는' 가상의 상황이나 이야기를 통해 괴물을 창조하는 데 달인의 솜씨를 자랑한다. 게다가 자기가 꾸며낸 미래를 스스로 두려워한다. 얼마나 어처구니없는 짓인가?

당신이 앞날을 걱정하거나 부정적인 미래를 생각하는 데 정신이 팔려 있다면, 속히 그 수렁에서 벗어나야 한다. 내 목표는 공포에 사로잡히지 않고, 당신의 심리적 에너지를 진정으로 원하는 일에 쏟을 수 있도록 도와주는 데 있다. 그 방법 중 하나는 상황을 거꾸로 뒤집어 공포라는 감정을 당신에게 유리한 방향으로 활용하는 것이다.

내 멘토 중 한 분은 사람이 삶의 마지막 순간에 도달했을 때 인생을 낭비했음을 알게 되는 것보다 더 큰 고통은 없다고 말한 적이 있다. 그 조언은 내게 큰 충격으로 다가왔다. 나는 아버지가 알코올중독으로 세상을 떠나는 모습을 지켜본 뒤에는 일에서 실패하고, 동료에게 버림받고, 부족한 사람이 되는 것이 더 이상

두렵지 않았다. 대신 내게 새로 생겨난 공포는 삶의 마지막 순간에 도달했을 때 내게 더는 남은 시간이 없다는 사실을 깨닫거나, 내 잠재력을 낭비했던 과거를 후회하게 될 거라는 두려움이었다. 그 공포는 내가 더 적극적으로 행동에 나서도록 나를 부추겼다. 이 책을 읽고 있는 당신도 삶의 마지막 순간에 이르러 좀 더 많은 일을 해야 했다고 후회하게 될지 모른다. 나는 당신이 그런 두려움을 느꼈으면 한다. 이는 당신이 원하는 미래를 향해 나아가게 만드는 추진력을 제공할 것이다. 공포의 힘은 강력하다. 그 감정을 있는 그대로 받아들이고 당신에게 유리한 방향으로 활용할 방법을 찾아보라.

당신은 미래에 어떤 고통을 피하고 싶은가?

공포에 대한 연구를 하던 도중 나는 한 가지 큰 깨달음을 얻었다. 사람의 공포는 뇌 속에 그려진 미래의 고통에 관한 이미지로부터 생겨난다는 것이었다. 원초적 공포의 경우에는 신체적 고통이나 죽음이, 지적 공포의 경우에는 감정적 고통이 여기에 해당한다. 우리가 경험하는 모든 공포는 뇌가 미래의 고통을 회피하기 위해 안간힘을 쓰고 있다는 표시일 뿐이다. 당신이 피하고 싶은 미래의 고통은 무엇인가?

미래의 고통을 두려워하는 것은 수많은 사람이 할 일을 차일피일 미루거나 행동을 꾸물거리는 근본 원인이다. 내가 고객들에게 왜 좀 더 적극적으로 행동하지 않느냐고 물으면 그들은 대개 이렇게 대답한다. "제가 일을 조금 미루는 성격이라서요." 일견 맞는 말처럼 보이지만 할 일을 뒤로 미루는 것은 '행동 불능'이라는 질환의 원인이 아니라 증상에 불과하다. 진정한 원인은 그들이 공포에서 도망치는 방식으로 미래의 고통을 피하려 하기 때문이다. 회사를 만들고, 운동을 시작하고, 목표 달성에 필요한 행동을 취해야 할 수많은 사람이 그런 식으로 할 일을 미룬다. 실패를 무의식적으로 (때로는 의식적으로) 두려워하는 탓이다.

공포가 치명적인 감정인 이유는 당신이 행동에 나서지 못하도록 발목을 잡기 때문이다. 지적 공포는 감정 체계를 송두리째 바꿔버린다. 부정적인 감정을 느낄수록 행동하기가 더 어렵다. 실패에 대한 두려움 탓에 사업을 시작하거나 회사를 성장시키는 데 필요한 행동을 취하지 않는 사람은 결과적으로 공포에 발목을 잡힌 것이다. 아직 사업에 실패한 것도 아닌데 사업에 실패했을 때 느낄법한 감정을 머릿속에서 제멋대로 상상한다. 미래에 겪을 고통이 그토록 크다면 왜 굳이 행동해서 그 순간을 앞당겨야 할까? 그렇게 당신은 고통을 피하고자 행동을 피한다.

인류가 동굴 속에서 살아가던 수만 년 전에는 공포심이 우리의 목숨을 지키는 방어기제의 역할을 했다. 우리는 한밤중에 밖으로 나가면 야생동물에게 잡아먹힐 수도 있다는 공포를 느꼈으므로 해가 떠오를 때까지 동굴 속에 머무는 길을 택했다. 하지만 오늘날에도 인간의 잠재력을 발휘하는 데 공포가 도움이 될까? 그렇지 않다. 원치 않는 미래에 대한 상상은 부정적 에너지의 근원이다. 공포는 우리가 행동을 취하지 못하도록 앞길을 가로막는다. 누가 불행한 미래를 향해 앞으로 나아가려 하겠는가.

그러나 사람들은 굳이 그런 식으로 살아갈 필요가 없다는 사실을 알지 못한다. 마치 자신의 뇌가 단단한 콘크리트라도 되는 양 편도체가 만들어낸 미래의 공포, 부정적인 생각들을 깨부수지 못한다. 하지만 당신은 뇌를 충분히 통제할 수 있고, 생각이 부정적으로 흘러가는 현상도 극복할 수 있다. 그 방법들에 대해서는 3부에서 소상히 다뤄보고자 한다. 기억하라. 우리의 인생은 두려워하고, 화내고, 불안해하고, 슬퍼하고, 걱정하고, 부정적 감정의 수렁에 빠져 허덕이기에는 너무 짧다.

보이지 않는 공포심을 이겨내는 법

언뜻 듣기에는 간단해 보이지만, 공포심을 극복하는 것이 그렇게 쉬운 일만은 아니다. 내가 늘 되뇌는 말 중의 하나는 "유리병 안에 들어간 사람은 병의 바깥에 붙은 상표를 읽지 못한다"는 것이다. 다시 말해 우리가 자신의 머릿속에만 들어앉아 있으면 자기가 왜 지금처럼 느끼고 행동하는지 이해하기가 어렵다는 뜻이다. 때로는 잠시라도 머릿속을 빠져나와 다른 사람을 관찰하듯 우리 자신을 바라보면서 왜 이 사람이 그런 감정을 느끼는지 알아내려고 노력해야 한다. 이 사람은 왜 행동하지 않을까? 무엇을 두려워할까? 우리가 지적 공포에 쉽게 굴복하고 마는 이유는 그 공포심이 현실처럼 대단히 생생해 그 안에서 헤어나기 쉽지 않기 때문이다. 그러나 이 공포를 있는 그대로 파악하는 일은 우리 자신의 몫일 수밖에 없다. 이제는 뇌가 제멋대로 만들어낸 공포의 유리병에서 나와 그 감정에 대해 자세히 살펴봐야 한다.

당신의 임무는 어떤 대가를 치러서라도 진짜 공포와 뇌가 멋대로 만들어낸 공포를 분간해내는 것이다. 그러기 위해서는 본인이 지금 어떤 감정을 느끼는지 정확히 알아내는 법을 배워야 한다. 자기 자신을 자세히 관찰할수록 자신이 원치 않는 미래를 상상하는 데 너무 많은 시간을 보내는 한편, 본인이 희망하는 미래를 생각하는 데는 충분히 시간을 할애하지 않는다는 사실을 깨닫게 될 것이다. 사람들은 마치 이렇게 말하는 듯하다.

"나는 미래에 벌어질 놀랍고 신나는 일을 생각할 수도 있지만, 내가 그럴 만한 가치가 없는 사람이라고 생각하며 '작은 우울증'에 빠질 수도 있지! 생각해보니 작은 우울증이라는 말은 그리 나쁘게 들리지 않네? 그러니 그 길로 다시 돌아가야겠다!"

이 대사가 우습게 들릴지도 모르지만, 당신이 부정적인 미래를 생각하는 길을 자진해서 택한 경우가 얼마나 많은지 생각해보라.

당신이 뭔가를 생각할 때마다 뇌에서는 화학 반응이 일어나 특정한 감정이나 정서가 형성된다. 가령 당신이 머리에서 성(性)과 연관된 생각을 떠올리면 몸에서도 매우 구체적인 느낌이 만들어진다. 당신의 뇌가 미래를 상상한다면 몸 역시 머리가 생각한 바를 그대로 느낄 것이다. 그러니 이왕 미래를 생각한다면 좀 더 긍정적인 모습을 상상해보는 건 어떨까? 당신이 크게 성공해서 멋진 삶을 누리는 미래를 마음속에 그려보라. 내가 아이들을 망쳐놓을 거라고 걱정하기보다 아이들이 훌륭하게 성장한 모습을 상상해보라. 새로 시작한 사업이 성공하지 못할지도 모른다는 생각에 사로잡히지 말고 회사를 성공시키는 데 필요한 행동에 에너지를 쏟고 정신을 집중하라. 더 바람직하게는, 목표 지점에 성공적으로 도달했을 때의 느낌이 어떨지 구체적으로 상상해보라.

조금 다른 각도에서도 생각해보자. 당신은 지금 화장실이 급하다. 하지만 지금 무서운 사자 한 마리가 욕조에 들어앉아 있다는 말을 들었다. 과연 당신은 화장실에 가려고 할까? 그렇지 않을 것이다. 지금 있는 곳은 안전해도 화장실은 위험하기 때문에 사자가 그곳에 있다는 사실을 아는 한 어떻게든 화장실에 가는 일을 피하려고 할 것이다. 당신이 부정적인 미래를 상상할 때도 이와 똑같은 일이 벌어진다. 당신은 조금이라도 잘못될 가능성이 있는 일은 무엇이든 두려워한다. 인간의 뇌는 원초적 공포와 지적 공포를 구분하지 못한다. 따라서 진짜가 아닌 미래의 느낌조차 실제처럼 경험한다. 당신이 상상하는 미래가 온통 부정적인 모습으로만 얼룩져 있다면 그런 미래를 향해 나아가고 싶어 하지 않는 것이 당연하다. 하지만 내가 당신의 집 문밖에 맛있는 피자, 향기로운 와인, 귀여운 강아지가 도착했다고 말한다면, 아마도 당신은 곧바로 문을 박차고 뛰어나갈 것이다. 우리가 긍정적인 미래를 생각할 때도 인간의 뇌에서는 똑같은 일이 벌어진다. 4장에서는 이와 관련된 주제를 좀 더 자세히 다루겠지만, 여기서는 먼저 둘 사이의 차이점에 주목할 필요가 있다.

사람의 뇌는 지적 공포가 현실이 된 듯이 느끼게 만드는 화학물질을 생성하는 것과 똑같은 방식으로, 미래의 성공이 지금 당장 이루어진 듯이 몸을 속이는 화학물질을 만들어낸다. 생각은 느낌을 창조하고, 느낌은 행동을 더 쉽거나 어렵게 만든다. 처음에는 행동에 나서기가 어렵더라도 계속해서 실천하면 더 수월해진다. 그리고 당신의 발목을 집는 공포가 줄어들수록 행동하기가 더 쉬워진다. 다시 말해 공포와 맞서 싸우려고 노력하면 할수록 예전에는 못내 두려워하던 대상을 기꺼이 환영하게 된다는 것이다.

공포는 미래에 다가올 위험을 피할 수 있도록 설계됐지만, 동시에 미래의 고통에 대한 상상을 불러일으켜 우리의 행동을 방해하기도 한다. 하지만 내가 당신을 위해 한 가지 예언을 한다면, 행동하지 않는 사람에게 미래의 고통은 불가피하다는 것이다. 세상의 모든 일에는 대가가 따른다. 당신이 '행동하지 않은'

대가도 반드시 당신 자신이 치르게 될 것이다. 그것이 본인의 잠재력을 충분히 발휘하지 않은 것이든, 마음이 속삭이는 소리를 무시한 것이든, 아이들에게 원한 만큼 기회를 주지 않은 것이든, 죽기 직전 침대에 누워 인생을 허비했음을 깨닫는 것이든, 그 모든 결과는 당신이 감당해야 한다. 자신에게 무슨 일이 벌어졌는지 깨닫는 순간에는 이미 때가 늦었을지도 모른다.

당신이 고통을 회피하기 위해 할 수 있는 유일한 일은 진정으로 원하는 미래를 향해 과감히 행동하는 것뿐이다. 그 일이 어려울까? 물론이다. 힘겹게 싸워야 할까? 아마 그럴 것이다. 때로 실수도 하게 될까? 당연하다. 하지만 그럴 만한 가치는 충분하다.

공포는 진정한 성장의 기폭제가 된다

모든 사람은 공포가 제공하는 구체적인 기능을 각자 유리한 방향으로 활용할 수 있다. 앞서 말한 대로 공포란 심신의 안전을 지키기 위해 자신의 안전지대 안에 머물고자 하는 뇌의 물리적 반응을 의미한다. 하지만 목표를 향한 행동을 시작하기에 안전지대만큼 최악의 장소는 없다. 그곳에 묶여 있으면 성장하기가 절대 불가능하기 때문이다. 오직 그 사실을 깨닫는 사람만이 자신을 안전지대 밖으로 조금씩 밀어낼 수 있다. 그것이 바로 성장의 비법이다. 배우 윌 스미스Will Smith는 이렇게 말했다. "신은 우리가 삶에서 누릴 수 있는 최고의 것들을 공포의 건너편에 가져다 놓았다." 당신이 진정으로 원하는 삶, 그리고 당신이 되고자 하는 그 사람은 공포의 건너편에서 손짓하고 있다.

당신이 절대 삼가야 할 일은 공포가 저절로 물러가면 그제서야 행동에 나설 요량으로 마냥 때를 기다리는 것이다. 그런 날은 절대 오지 않는다. 전설적인 종합격투기 선수 조르주 생 피에르Georges St-Pierre는 내 팟캐스트에 출연해서 그동안 자신이 출전한 어떤 경기든 시합 전에 두려움을 느끼지 않은 적이 한 번도 없었다고 말했다. 그 공포는 그가 팔각형의 링 안에 발을 들여놓을 때까지 사라지지 않았다. 만일 그가 공포에 굴복했더라면 단 한 경기에도 출전하지 못했을 것이다. 하지만 자신의 안전지대를 벗어나 공포라는 본능과 용감히 싸워나간 덕분에 스포츠계의 우상이 될 수 있었다.

진정한 성장은 공포를 무릅쓰고 두려운 일을 해내기로 마음먹어야만 달성할 수 있다. 예일 대학교의 과학자들이 2018년 발표한 연구 결과에 따르면 사람의 성장은 오직 불확실성을 바탕으로 이루어질 수밖에 없다고 한다.[5] 인간의 뇌는 세상일이 언제 안정적으로 바뀌고 예측 가능해질지 알아야 할 이유가 없다. 따라서 자기 자신을 확실히 믿을 수 있을 때까지, 또는 공포가 저절로 사라질 때까지 기다렸다가 행동하려 해서는 안 된다. 당신이 해야 할 일은 공포를 있는 그대로 받아들이는 것이다. 그것만이 당신의 뇌와 삶을 바꿔줄 행동에 돌입하는 유일한 길이다. 당신이 등에 멘 낙하산이 제대로 펴지는지 알고 싶다면 먼저 비행기에서 뛰어내리는 수밖에 없다.

물론 쉽지는 않을 것이다. 뇌는 변화를 싫어한다. 당신의 뇌는 어떤 형태의 변화에도 저항할 것이며, 당신과 맞서 싸우거나 당신을 설득해서 안전지대로 돌려보내려고 애쓸 것이다. 뇌가 저항하는 대상은 사소한 문제(아침에 울린 알람 소리를 듣고도 다시 침대에 누우라고 유혹하는 것처럼)일 수도 있고, 더 크고 중요한 삶의 의사결정(당신의 능력이 부족해서 실패할 테니 사업을 시작할 필요가 없다고 말리는 것처럼)일 수도 있다. 어느 경우든 행동을 방해하지 말라고 뇌를 설득할 수 있는 방법은 없다. 공포를 극복하는 유일한 방법은 과감히 행동에 뛰어드는 것이다. 그러기 위해서는 꾸준히 노력해야 한다.

안 좋은 소식 하나를 전하자면, 뇌의 구조는 순식간에 바뀌지 않는다. 공포를 극복하기 위해서는 하나의 '프로세스'를 차근차근 밟아나가야 한다. 그 과정에 대해서는 3부에서 자세히 살펴볼 예정이다. 모든 프로세스는 여러 개의 '단계'로 구성되어 있으며, 이를 한 번에 한 단계씩 차례로 밟아나가는 일쯤은 누구라도 할 수 있다. 당신이 충분히 할 수 있고, 그에 따른 결과도 얻어낼 수 있도록 아주 쉬운 마이크로 액션들로 그 과정을 잘게 나누어 설명해줄 것이다. 변화를 이루어내는 데는 고도의 집중력과 꾸준한 반복이 필요하다. 하지만 당신이 공포의 방해 공작을 이겨내고 첫발을 뗄 수 있다면, 누구나 변화를 일으킬 수 있다.

당신이 느끼는 공포, 그리고 당신의 머릿속에서 들려오는 목소리는 자기가 원하는 삶을 살아가기 위해 극복해야 하는 대상이 무엇인지 정확히 보여준다. 마음속에 공포가 밀려오고 뒤로 물러서라는 본능의 목소리가 들려와도 당신은 꿋꿋하게 앞으로 나아가야 한다. 그렇다고 지나치게 무리해서 걸음을 서두를 필요는 없다. 단지 공포심을 느낄 때마다 안전지대 밖으로 조금씩 자신을 밀어내는 습관을 들인다면 공포에 맞서 점차 회복력을 키워갈 수 있을 것이다.

공포는 당신이 안전지대의 경계선에 도달했음을 알려주는 장치다. 다시 말해 어떤 장애물을 뛰어넘어 앞으로 나아가야만 성장할 수 있다고 가르쳐주는 안내판인 셈이다. 공포를 극복하기 위해 충분한 노력을 기울인다면 지금으로부터 몇 년 뒤에는 당신의 안전지대가 훨씬 넓어져 있을 것이다. 지금 당신을 두렵게 만드는 일도 그때가 되면 두 번 생각할 필요조차 없이 수월하게 해낼지 모른다. 내 멘토 중 한 사람은 이렇게 말하곤 했다.

"사람의 마음은 비닐봉지와도 같다. 한 번 부풀어 오르면 다시는 원래의 크기로 돌아가지 않는다."

당신의 안전지대도 그 점에서는 마찬가지다. 다만 그런 날을 맞이하기 위해서는 열심히 노력해야 한다.

당신의 안전지대는 얼마나 넓은가

따지고 보면 당신은 지금까지 살아오면서 그런 과정을 수없이 겪었을 것이다. 걸음마를 시작하던 때를 생각해보자. 아기는 처음에 한 걸음을 떼기조차 어려워한다. 하지만 얼마 지나지 않아 사방을 뛰어다니고 놀이터의 기구에도 기어오른다. 당신은 크면서 운동경기에 참가하거나, 새로운 수업을 듣거나, 누군가에게 데이트를 청하기를 두려워했을 수도 있다. 하지만 그런 상황들을 한 번씩 경험하면서 이내 공포는 사라졌고, 그렇게 한 명의 당당한 어른으로 성장했다. 이처럼 세상의 어떤 일이든 처음에는 벅차게 느껴질 수 있지만, 한 번 시도해본다면 두려움은 사라지고 더 먼 길을 향해 달려나갈 힘을 얻게 될 것이다.

남들이 어렵게 생각하는 일을 당신이 해낼 수 있는 이유는 그만큼 안전지대를 넓혔기 때문이다. 당신을 다른 사람들로부터 차별화할 수 있는 유일한 길은 그것뿐이다. 안전지대를 확장하는 작업이 진정으로 중요하다고 생각한다면, 이를 장기간 지속될 게임으로 바라봐야 한다. 참으로 좋은 소식은 당신이 그 게임에서 충분히 승리할 수 있다는 것이다. 선택은 당신의 몫이다. 명예의 전당에 헌액된 프로미식축구 선수 제리 라이스Jerry Rice는 이렇게 말했다.

"오늘 남들이 하려 들지 않은 일을 하면, 내일은 남들이 할 수 없는 일을 할 수 있다."

안전지대를 넓혀갈수록 더 많은 성장의 기회를 얻는다

안전지대를 벗어나는 법을 배운 사람이 무엇을 성취할 수 있는지 정확하게 표현해주는 말이라고 생각한다.

당신을 괴롭히는 공포의 정체가 무엇인지 곰곰이 생각하고 분석해보면 아마도 그 모든 것이 지적 공포에 불과하다는 사실을 깨닫게 될 것이다. 이 순간 당신은 어떤 실체적 위험에도 처해 있지 않다. 당신이 두려워하는 것은 존재하지도 않는 미래일 뿐이다. 공포의 힘은 강력하다. 당신은 안전지대의 경계를 넘어 공포의 건너편에 자유가 존재한다는 사실을 굳게 믿어야 한다. 공포에 지레 겁을 집어먹고 당신의 잠재력을 스스로 제한하는 대신, 그 감정을 있는 그대로 받아들이고 성장을 위한 도구로 활용하라.

어디서부터 그 여정을 시작해야 할지 잘 모르겠다면, 노트와 펜을 꺼내 다음의 '몸이 먼저 움직이는 행동 처방'의 질문에 답해보라. 너무 서두를 필요는 없다. 시간은 충분하다.

몸이 먼저 움직이는 행동 처방

❖ 당신이 느끼는 모든 공포를 나열하고 그 공포를 어디서 어떻게 학습했는지 적어보자.

❖ 각각의 공포로 인해 어떤 감정적 고통이 예상되는지 써보자. 그 공포가 진짜인지, 또는 상상인지 솔직하게 적어보자.

❖ 그 공포는 당신을 어떻게 방해하고 있는가?

❖ 공포심을 없애고 당신이 원하는 미래를 향해 나아가기 위해서는 어떻게 해야 할까?

❖ 공포를 당신에게 유리한 방향으로 활용할 방법을 나열해보자.

2장.

정체성
당신이 외면해온 내면의 이야기

지금부터는 당신의 마음속을 끝없이 맴돌고 있는 이야기에 정면으로 맞서보려고 한다. 아마 당신은 자신의 내면에 그런 이야기가 존재한다는 사실조차 알지 못할 것이다. 당신이 지난 몇 년 동안 경험했던 모든 일은 뇌에 차곡차곡 저장되어 자신이 과연 어떤 사람인지에 대한 믿음과 서사를 쌓아 올린다. 말하자면 당신은 자신의 머릿속에서 하나의 캐릭터로 변신하는 것이다. 그 캐릭터가 곧 당신의 정체성이다. 따라서 머릿속의 '나'라는 캐릭터가 어떤 일을 할 수 있거나, 혹은 할 수 없다고 스스로 되뇌는 이야기는 매우 설득력이 강할 수밖에 없다. 한 가지 긍정적인 사실은 그 캐릭터의 창조자가 바로 당신이라는 점이다. 또한 캐릭터는 진짜가 아니므로 얼마든지 바꿀 수 있다. 나는 그 이야기가 더 이상 당신의 발목을 잡지 못하도록 서사의 내용을 바꾸는 방법을 알려주려고 한다.

얼마 전 〈짐과 앤디Jim & Andy〉라는 제목의 훌륭한 다큐멘터리가 제작된 적이 있다. 이는 미국의 코미디언이자 배우였던 앤디 코프먼Andy Kaufman의 일대기를 다룬 영화인 〈맨 온 더 문Man on the Moon〉을 찍던 당시, 코프먼 역할을 맡아 열연을 펼친 배우 짐 캐리Jim Carrey의 모습을 담은 기록물이다. 앤디 코프먼은 사람들이 일반적으로 가능하다고 생각한 수준을 훨씬 뛰어넘어 연기의 영역을 크게 확장한 인물로 명성을 떨쳤으며, 자신과 배역 사이의 경계선 자체를 아예 없애버렸다는 평가를 받는다 마찬가지로 배역에 대한 몰입력이 뛰어난 '메소드 연기자'인 짐 캐리는 〈맨 온 더 문〉을 촬영하는 4개월 내내 코프먼이라는 사람으로 완벽하게 변신했다. 심지어 그는 카메라가 꺼진 후에도 앤디 코프먼이 되기 위해 노력했다. 〈택시Taxi〉라는 TV 프로그램에서 진짜 코프먼과 함께 출연했던 배우들은 실제 앤디 코프먼과 그를 연기하는 짐 캐리를 도저히 구별할 수가 없을 정도였다고 입을 모아 말했다. 캐리 역시 영화 촬영을 마친 뒤에 이제 자기가 누군지도 잘 모르겠다고 이야기했다. 예전에 자신이 무엇을 믿었는지, 그리고 무엇에 행복을 느꼈고 화를 냈는지도 잊어버렸다는 것이다.

"어느 순간 이런 깨달음이 밀려왔죠. '잠깐만. 짐 캐리가 그토록 잊어버리기 쉬운 사람이었다면, 짐 캐리는 도대체 누구지?'"

캐리에게 처음으로 찾아온 영적 깨달음은 자기가 어떤 사람인지에 대한 고정관념을 벗어나 개인적 정체성을 바꾸는 계기가 됐다. 그는 자신을 완전히 내려놓았고, 깊은 성찰의 시간을 거쳐 짐 캐리라는 사람은 과거 자신이 연기했던 하나의 배역에 불과하다는 사실을 알게 됐다. 그는 그 일을 매우 가치 있고 소중한 순간으로 기억한다.

"하나의 씨앗이 꽃으로 자라나기 위해서는 자신을 완전히 파괴하는 과정을 거쳐야 한다. 꽃이 활짝 피어나면 씨앗의 원래 모습은 하나도 남지 않는다."

나는 시나리오 작가 샤이아 러버프Shia LaBeouf가 각본을 쓴 영화 〈허니 보이Honey Boy〉에서 이 대사를 처음 들었다. 이 말이 내게 큰 울림을 선사한 이유는 우리 역시 뭔가를 이루기 위해서는 자신의 모습을 스스로 깨뜨리는 과정이 필요하기 때문이다. 당신이 진정으로 변하고 싶다면, 당신이라는 사람을 이루는 일부분이 죽거나 사라져야 한다. 그 출발점은 당신이 연기하는 배역을 바꾸는 것이다. 모든 사람은 삶이라는 무대에서 특정한 배역을 연기하고 있을 뿐이다.

당신의 인생에는 새로운 캐릭터가 필요하다

컴퓨터 게임을 처음 하는 사람은 으레 첫 번째 레벨부터 시작해서 게임에 대한 감을 익힌다. 그 과정에서 숱한 성장통을 겪고, 난관에 부딪히며 자신이 선택한 캐릭터가 여러 차례 죽기도 한다. 게임에 익숙해지기까지는 많은 시행착오가 필요하다. 하지만 조금씩 요령을 익히고 실력이 나아지면서 결국에는 첫 번째 레벨에서 해결해야 할 도전 요소를 모두 극복해낸다. 당신은 일말의 성취감을 느낀다. 이제 첫 번째 레벨의 게임만 반복하고 싶지는 않다. 당신은 흥분된 마음으로 새로운 도전이 기다리는 두 번째 레벨로 옮겨간다. 삶이 펼쳐지는 방식도 이와 마찬가지다. 새로운 도전(자신이 선택했든, 아니면 누군가 강요했든)에 맞서기 위해서는 끝없이 배우고, 성장하고, 변화해야 한다.

그동안 나는 갖은 우여곡절을 겪으면서 삶의 도전이 새로운 기회가 될 수 있다는 사실을 배웠다. 가령 '회사 설립'이라는 게임을 처음 시작했을 때만 해도 나는 솜씨가 형편없는 사업가에 불과했다. 당연히 비즈니스는 성공하지 못했다. 하지만 포기하지 않고 계속 시도를 거듭했다. 두 번째 게임을 시작했을 때는 솜씨가 조금 나아졌지만, 여전히 성공하기에는 실력이 충분치 않았다. 세 번째 게임에 돌입하자 마침내 무엇을 해야 하는지 조금씩 감이 잡히기 시작했다. 나는 처음 두 번의 시도에서 쌓아 올린 지식을 활용해서 세 번째 게임에 전념했다. 그렇게 도전 요소들을 하나씩 극복해가면서 다음 레벨로 올라섰다.

당신이 온종일 소파에 앉아 인스타그램만 들여다보는 사람의 캐릭터로 컴퓨터 게임을 한다고 상상해보자. 얼마나 지루할까? 아마도 그런 게임을 하려고 드는 사람은 아무도 없을 것이다. 캐릭터에 아무런 도전 요소가 없기 때문이다. 하지만 수많은 사람이 자신의 인생이라는 게임 속에서 그런 캐릭터를 선택한다. 우리는 오랜 시간에 걸쳐 자신의 캐릭터를 스스로 창조했고, 아침마다 잠에서 깨어 오늘도 그 캐릭터로 하루 내내 게임을 하기로 마음먹는다. 자기가 아는 것은 오직 그 캐릭터뿐이니 혹시라도 그 캐릭터를 사용해서 게임에 나서지 못하면 두려움을 느낀다. 앞에서 이야기한 공포심에 이어 당신이 행동에 나서지 않는 두 번째 이유는 본인이 선택한 캐릭터(당신의 정체성, 또는 자신이 어떤 사람인지에 대한 고정관념)에 집착하는 마음가짐이다. 자기 자신에게 거짓된 이야기를 들려주는 것은 너무도 쉽다. 다시 말해 우리의 정체성이 자신을 특정한 삶의 방식에 단단히 묶어두는 바람에 우리는 아무것도 바꾸지 못하고 다음 레벨로 올라서지도 못한다.

만일 당신이 기존의 캐릭터를 택하는 대신 새로운 도전을 기꺼이 받아들이고 자신의 목표를 이루기 위한 행동에 과감히 나설 수 있는 또 다른 캐릭터를 골라 게임을 시작한다면 어떨까? 당신은 더욱 현명하고 강해질 것이며, 삶은 더욱 흥미로워질 것이다. 정체성을 바꾸면 행동을 바꿀 수 있고, 행동을 바꾸면 삶의 방향을 바꿀 수 있다. 문제는 수많은 사람이 자신의 정체성을 절대 바꿀 수 없다고 착각하며 살아간다는 것이다.

내가 고객들과 정체성에 대해 이야기할 때면 그들은 이렇게 말하곤 한다. "그게 그냥 제 성격이에요." 하지만 성격이란 정확히 무엇일까? 성격을 뜻하는 단어 personality는 라틴어 페르소나persona에서 유래한 것으로, 이는 연극 무대에서 배우들이 쓰는 가면을 뜻한다.[1] 우리가 쓰고 있는 그 가면은 '우리가 되어야 한다고 생각하는 모습'이며, 우리의 선택과 행동에 영향을 미친다. 그리고 우리는 그 가면을 너무 오랫동안 써왔기 때문에, 진짜 우리 자신이 누구인지조차 잊어버리고 만다. 심지어 그 가면을 언제든 벗을 수 있다는 사실조차 깨닫지 못한 채 말이다. 작가이자 철학자인 앨런 와츠Alan Watts는 이렇게 말했다.

"당신은 5분 전의 당신과 같은 사람일 필요가 없다."

나는 이 말이 우리가 원한다면 언제든 다른 방식으로 행동할 수 있고, 새로운 가면을 선택할 수도 있다는 뜻이라고 생각한다. 스스로를 바꿀 수 있다는 사실을 깨닫는 것은 굉장히 힘이 되는 일이다. 하지만 동시에 우리가 가장 어려워하는 일이기도 하다. 각자 '나'라고 믿는 모습에 너무 깊이 집착하고 있기 때문이다. 그 탓에 우리의 자아는 우리가 다른 사람이 될 수도 있다는 생각을 결코 쉽게 받아들이지 않는다. 내가 누구인지에 대해 남자, 여자, 아들, 딸, 운동선수 등 수많은 이름의 역할을 쌓아 올려 스스로 틀 안에 가두어온 것이다.

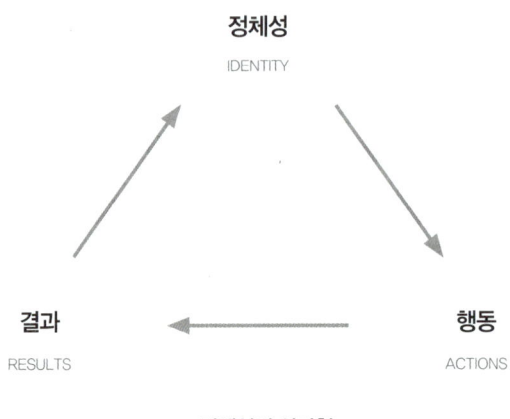

정체성의 삼각형

정체성은 행동을 불러온다. 당신이 생각하기에 본인이 게으르고 쉽게 포기하는 사람이라면, 당신은 결국 게으르고 쉽게 포기하는 사람이 될 수밖에 없다. 반대로 당신이 용감히 행동에 나서고 꿈과 목표를 향해 포기하지 않고 앞으로 나아가는 사람이라고 믿는다면, 당신은 그렇게 행동하게 될 것이다. 당신이 스스로를 어떤 사람이라고 생각하든, 바로 그 사람이 될 수밖에 없다. 위의 '정체성의 삼각형'처럼 당신의 정체성을 '행동'과 '결과'로 연결해서 생각해보자. 생각은 행동에 영향을 주고, 행동은 결과를 낳는다. 문제는 사람들 대부분이 자신이 원하는 미래와 현재의 정체성이 서로 어긋나 있다는 것이다. 정체성이 미래의 희망과 일치하지 않는 사람은 자신이 희망하는 미래를 만들어낼 수 없다. 그건 하나의 순환고리다. 당신이 원하는 미래를 창조하고 싶다면 정체성을 바꿔야 한다.

당신은 스스로에게 어떤 말을 들려주는가?

사람의 정체성은 자기 자신에게 들려주는 이야기, 다시 말해 당신의 머릿속에서 항상 배경음처럼 들려오던 바로 그 이야기에서 비롯된다. 미국의 성형외과 의사 겸 작가 맥스웰 몰츠Maxwell Maltz는 1960년에 펴낸 저서 《성공의 법칙Psycho-Cybernetics》에서 그 이야기를 '상상imagination'이라고 표현했다.

"인간은 자신이나 주위 환경에 대해 스스로 진실이라고 상상하는 바에 따라 행동하고, 느끼고, 수행한다. (…) 상상력은 목표의 '그림'을 그리는 역할을 하고, 신체의 자동적 메커니즘은 이 그림을 바탕으로 작동한다. 우리가 행동하거나 행동하지 못하는 이유는 세간의 믿음처럼 '의지' 때문이 아니라 '상상' 때문이다."[2]

아침에 우연히 듣게 된 노래가 온종일 머릿속을 맴도는 때가 있다. 우리는 언제든 그 노래를 다른 노래로 바꿀 수 있지만, 대부분의 사람들은 굳이 바꾸지 않고 머릿속에 맴도는 그 노래를 계속해서 흥얼거린다. 그 노래가 별로 마음에 들지 않더라도 말이다. 하지만 머릿속에서 같은 노래가 계속 맴도는 사이 어느덧 그 노래에 익숙해지고 나중에는 이를 편안히 여기게 된다. 우리가 자신에게 들려주는 이야기도 그런 식으로 마음을 지배한다.

불행한 느낌 속에서 삶을 살아가는 사람들은 대부분 불행해지기를 원치 않지만, 마음이 불행한 상태에 너무나 익숙한 나머지 그곳에서 편안함을 느끼고 본인을 매일 불행한 상태로 몰아넣는다. 우리가 자신에게 스스로 들려주는 이야기도 마찬가지다. 당신은 스스로 어떤 이야기를 들려주고 있는가?

당신이 믿거나 말거나 정체성은 현실을 왜곡한다. 다시 말해 정체성은, 사람의 사고와 감정을 왜곡해서 당신이 진짜라고 확신하는 대상만을 바라보게 한다. 인간의 관념은 통제된 환상일 뿐이다. 전문가들은 이를 인지 왜곡cognitive distortion이라고 부른다. 우리가 사물을 과장하고, 일반화하고, 꼬리표를 붙이고, 걸러내고, 극단화하고, 현실과 부합하지 않는 흑백논리로 몰아붙이는 이유도 인지 왜곡과 깊은 관련이 있다. 우리가 자신에게 들려주는 거짓된 이야기는 항상 부정적인 내용이 주를 이룬다. 그로 인해 업무와 대인관계에 영향을 미치고 목표를 달성하는 데도 지장을 준다.

따라서 당신이 자신에게 들려주는 이야기의 내용이 무엇인지 파악하는 일은 매우 중요하다. 그 이야기가 당신이 하거나 하지 않는 행동, 자신에 대한 관점, 다른 사람들을 향한 감정, 지나간 일에 부여하는 의미, 오늘날의 상황과 환경 등에 큰 영향을 미치기 때문이다. 그 어떤 것도 당신이 스스로 들려주는 이야기처럼 강력한 힘을 발휘하지 못한다. **당신의 이야기(정체성)가 바뀌지 않는 한 삶도 바뀌지 않는다.**

당신의 머릿속에서 하루 종일 들려오는 목소리가 '나라는 사람이 이 모양이기 때문에 내 삶이 불행하다'고 불평한다면, 그건 당신이 부정적 악순환에 빠져 꼼짝달싹도 하지 못한다는 증거다. 당신이 인간관계에서 실패를 맛보고 있다면, 그건 자신이 인간관계에 서투르다고 믿거나, 아니면 세상에 쓸만한 사람이 없어서 차라리 인간관계를 망가뜨리는 길을 택했다고 스스로 믿은 것이다. 모든 사람에게는 각자 자신에게 들려주는 이야기가 있다. 물론 그 어떤 이야기도 사실과는 거리가 멀지만, 우리는 그 이야기에 의지해서 하루하루를 살아간다. 왜 그럴까? 앞서 말한 '정체성의 삼각형' 때문이다. 정체성은 행동에 영향을 미치고, 행동은 결과를 낳고, 결과는 정체성에 피드백을 제공한다. 우리는 자기가 바로 그런 사람이라고 믿기에 그 정체성에 부합하는 방식으로 행동하고, 행동은 정체성을 더욱 강화하는 결과를 낳는다.

이를 피할 수 있는 유일한 방법은 당신의 머릿속에서 들려오는 이야기가 무엇인지 파악해서 본인이 원하는 결과에 걸맞게 이야기의 내용을 바꾸는 것이다. 물론 원래의 이야기에서 빠져나오기가 두려울 수는 있다. 그 이야기가 당신이 아는 모든 것이기 때문이다. 사람들은 언제나 그런 식이다. 뭔가를 원한다고 말하면서도 그것을 얻기 위한 행동에 나서지는 않는다. 최고의 삶을 원한다고 말하면서도 그런 삶을 누리는 데 필요한 행동을 하지 않고, 부유함을 추구하면서 돈을 벌지 않는다. 좋은 인간관계를 바란다고 말하면서 사람들과 좋은 관계를 맺으려 하지 않는다. 왜 그럴까?

동기부여가 필요하다는 착각

우리의 마음속에서는 의식과 무의식이라는 두 세력 사이에 끝없는 전투가 벌어진다. 의식적인 마음은 체중을 줄이고, 건강한 음식을 먹고, 운동을 열심히 해서 건강해지기를 원하지만, 무의식 중에 "나는 뚱뚱해"라고 생각하는 순간 우리는 다음과 같은 생각의 집중포화를 받는다. "나는 원래 그런 사람이니 영원히 그럴 수밖에 없어." "유전자를 바꿀 수는 없잖아." "우리 가족 중에 날씬한 사람은 아무도 없어. 나라고 뭐가 다를까?" "나는 운동선수가 아니야. 선수들처럼 남다른 체형을 타고났다면 살을 빼기가 훨씬 쉬울 텐데." "키가 조금 크다면 날씬해 보일 거야."

당신이 무의식 중에 유전자를 탓하며 살을 빼기가 불가능하다고 선언했다면, 왜 굳이 힘들게 운동하고 건강한 음식을 먹어야 하나? 당신은 그 행동이 무의미하다고 이미 결론을 내린 셈이다. 과일과 채소를 먹고 열심히 운동하는 일은 집에서 빈둥대며 피자를 먹는 것보다 훨씬 어렵다. 만일 내 몸이나 에너지 수준이 절대 변할 수 없다면, 차라리 운동은 집어치우고 온종일 피자나 실컷 먹고 쿠키와 아이스크림을 즐기는 편이 더 나을 것이다. 어차피 내 몸이 달라질 가능성이 전혀 없는 마당에 왜 굳이 운동에 힘을 빼야 하겠는가. 이렇듯 당신이 그 행위에 의미가 없다고 믿으면 한 조각의 동기부여도 생겨날 가망이 없다.

물론 특정한 체형을 지닌 사람들에게 전혀 문제가 없다는 말은 아니다. 어떤 사람들은 몸을 단련하고 살을 빼기가 남들보다 조금 더 어려울 수도 있다. 그러나 매우 희귀한 의료적 문제가 아니라면 유전자 때문에 살을 빼기가 불가능한 사람은 세상에 없다. 문제는 유전자가 아니라 건강해지는 데 필요한 행동(유익한 음식 섭취와 주기적 운동)을 삶의 우선순위에 올려두고 습관으로 삼지 않은 데 있다.

자신의 몸을 바꾸는 데 성공하는 사람들은 먼저 의지력을 기르는 작업부터 시작한다. 하지만 목표 달성을 위한 여정을 시작하는 데 동기부여는 그다지 필요치 않다. 동기부여는 행동에 뒤이어 생겨나기 때문이다. 당신이 해야 할 일은 먼저 행동에 뛰어드는 것이다. 일단 저지르고 나면, 그 행동을 지속하고자 하는 동기부여가 생겨난다. 헬스클럽에 가기가 싫었지만 억지로 그곳에 가서 운동하다 보니 자기도 모르는 사이에 운동이 재미있어진 적이 있나? 그건 당신이 실천한 행동이 그 행위를 지속하고자 하는 동기부여를 불러왔기 때문이다. 하지만 행동하기 위해 매번 그런 식으로 자신을 강요할 수는 없다. 가장 중요한 일은 꾸준함을 기르는 것이다. 동기부여는 순간적인 감정이지만 꾸준함은 의사결정의 산물이다. 인간의 사고체계에서 의식이 차지하는 비율은 5퍼센트에 불과하고 나머지 95퍼센트는 모두 무의식이다.[3] 다시 말해 무의식의 비율이 무려 열아홉 배나 높다. 우리가 자신의 상황을 명확하게 인지하고 이를 바꾸려는 확고한 의지를 품지 않는 한, 무의식은 언제나 뇌에 내장된 기본값으로 돌아가려 한다.

성공의 기회를 거머쥐고자 하는 사람은 먼저 자신에게 들려주는 이야기를 바꿔야 한다. 이야기를 바꿔 긍정적인 결과를 얻기 시작하면, 정체성도 바뀌기 시작할 것이다. 시간이 흐르면서 내면의 저항은 점차 줄어든다. 하지만 이야기를 바꾸지 않은 채 유전자 탓에 살을 뺄 수 없다는 핑계만 늘어놓는다면 체중을 줄이기는 훨씬 어려울 것이다. 그런 마음가짐으로는 살을 빼는 데 필요한 행동을 취할 수 없다.

당신이 멋진 몸을 만들고 체중을 줄여야 한다고 자신을 설득해서 어느 정도 성과를 냈다 하더라도, "이제 이 정도는 누릴 자격이 있어"라는 태도를 보인다면 기존의 정체성을 완전히 바꾸지 않았다는 뜻이다. 당신의 생각은 이렇게 흘러갈 것이다. "10킬로그램이나 뺐으니 피자 한 판 정도는 먹어도 되겠지." 며칠 뒤에는 이런 마음을 품는다. "헬스클럽을 하루쯤 건너뛰어도 문제가 없을 거야." 그다음에는 이렇게 생각한다. "아이스크림 좀 먹는다고 큰일이야 있겠어?" 그러던 어느 날 당신은 예전의 몸무게로 되돌아갔다는 사실을 깨닫고 이렇게 의아해할 것이다. "대체 무슨 일이 생긴 거지?" 당신은 스스로 달라졌다고 생각할지 모르지만, 정체성은 하나도 바뀌지 않았다. 당신의 정체성은 원래의 몸무게에 여전히 고정되어 있다. 게다가 실패한 다이어트의 결과는 그 정체성에 다시 피드백되어 자신이 절대 체중을 줄일 수 없다는 기존의 믿음을 굳혀주고, 그로 인해 결국 아무것도 바꿀 수 없는 상황이 반복된다. 이 이야기가 익숙한 사람은 당신만이 아닐 것이다. 몸무게를 상당 부분 줄인 사람 중에 90~97퍼센트는 처음의 몸무게로 되돌아간다는 통계가 있다. 한순간 반짝 유행하고 사라지는 다이어트 기법이나 단기적 사고방식으로는 당신의 정체성을 바꿀 수 없다.

    이는 누구에게나 보편적인 현상이다. 조직 변화 전문가 돈 켈리Don Kelley와 대릴 코너Daryl Conner가 1970년대 개발한 '변화의 감정 주기Emotional Cycle of Change' 이론은 당신이 바꾸려고 애쓰는 모든 대상에 예외 없이 적용된다.[4] 변화의 노력을 처음 시작한 사람들은 모두 '무지의 낙관주의uninformed optimism' 상태에 놓인다. 변화를 위해 어떤 대가를 치러야 할지 알지 못하니, 그들의 눈에는 삶이 그저 아름답게만 보일 뿐이다. 하지만 오래 지나지 않아 앞으로 어떤 어려움이 닥칠 거라는 사실을 알게 되면서, 그들은 이 변화에 그만한 노력을 들일 가치가 있는지 의구심을 품는 '지식의 비관주의informed pessimism' 단계로 접어든다. 그 뒤에는 상황이 점점 나빠지면서 결국 '절망의 골짜기valley of despair'에 빠져든다. 이 지점에 도달한 사람들은 대부분 변화의 노력을 포기한다. 변화를 통해 얻을 수 있는 혜택이 너무 요원하게 느껴지

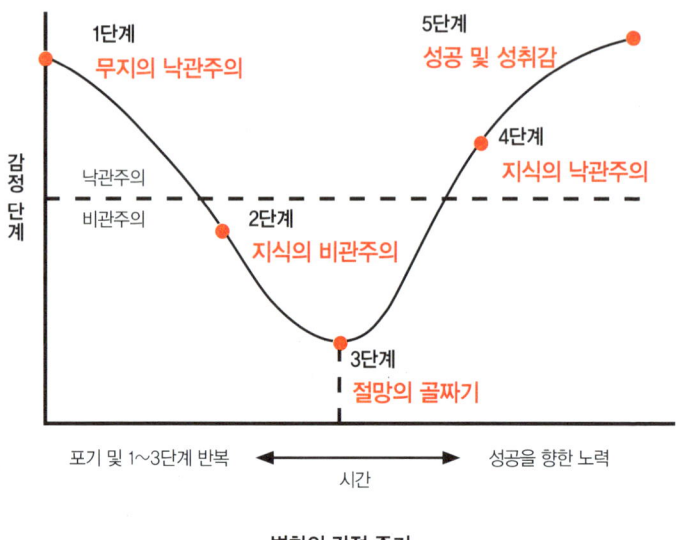

변화의 감정 주기

는 탓이다. 그래서 변화를 위한 또 다른 노력을 시작한다. 그렇게 처음에는 모든 게 흥분되고 신나는 '무지의 낙관주의'로 되돌아갔다가 결국 '절망의 골짜기'에 빠져 포기를 선언하는 쳇바퀴 같은 주기를 반복한다. 그럼에도 그러한 노력이 중요한 이유는 그동안 쌓인 새로운 경험과 지식들을 바탕으로 절망의 골짜기에서 벗어날 수 있기 때문이다. 이 주기를 오래 반복한 사람들은 드디어 그래프의 가장 오른편 끝을 향해 오를 때가 된 것이다.

영원히 좋거나 영원히 나쁜 것은 세상에 없다. 꾸준히 행동하면 더 많은 경험과 지식을 쌓을 수 있다. 당신은 마치 컴퓨터 게임을 할 때처럼 실력을 기르고, 다음 레벨로 올라가고, 다시 실력을 쌓아 다음 단계로 오른다. 그렇게 포기하지 않고 하루하루 자아를 고쳐나가면 어느덧 '지식의 낙관주의informed optimism' 단계에 도달한다. 그곳에서 당신은 강력한 모멘텀을 경험하고 마침내 성공에 이른다. 포기가 없으면 실패도 없다.

성공을 향한 최선의 길은 목표를 생각하는 방식을 바꾸는 것이다. 체중을 줄이고 싶은 사람은 단순히 체중 감량을 목표로 하기보다 먼저 정체성을 바꾼다는 목표를 세워야 한다. 남들이 인스타그램에 수없이 올려놓은 사진을 들여다보며 "내가 저 사람 같은 유전자를 타고났다면 멋진 몸매를 만들 수 있을 텐데"라고 부러워하기보다는, "나도 저런 몸을 만들기 위해 열심히 노력 중이야"라고 말할 수 있어야 한다. 당신의 정체성이 '한 명의 뚱뚱한 젊은이'에서 '식이요법과 몸 관리에 세심하게 신경을 쓰는 열정적인 운동 애호가'로 바뀌는 순간, 행동이 어떻게 바뀔지 상상해보길 바란다.

당신은 자신이 생각하는 그 사람이 아니다

20세기 초에 활동한 미국의 사회학자 찰스 호튼 쿨리Charles Horton Cooley는 이렇게 말했다.

"나는 당신이 생각하는 그런 사람이 아니다. 또한 나는 내가 생각하는 그 사람도 아니다. 나는 당신이 나를 어떤 사람으로 생각할 거라고 믿는 바로 그 사람이다."

이 말은 한 번 더 찬찬히 음미할 필요가 있다. 정체성의 복잡성을 참으로 절묘하게 포착한 문장이기 때문이다. 풀어보자면 이런 뜻이다. '나'의 정체성은 내가 스스로 어떤 사람이라고 생각하는 것, 혹은 타인이 나를 어떤 사람이라고 생각하는지에 의해 정해지지 않는다. 정체성은 다른 사람이 나를 어떻게 생각할지에 대해 '내가 생각하는' 바로 그 관점을 바탕으로 형성된다.

한 가지 예를 들어보자. 내가 고등학교 때 꽤 친했던 친구 한 명은 어린 시절 매우 가난한 집에서 자랐다. 그 친구는 자신이 얼마나 가난한지를 두고 늘 주위 사람들에게 농담을 던졌다. 그는 부모님이 돈 때문에 서로 싸우고 빚더미에서 허덕이는 모습을 지켜봤다. 주머니 사정이 워낙 빠듯하다 보니 갖고 싶은 물건을 손에 넣은 적도 거의 없었다. 게다가 다른 아이들이 가난한 자신을 업신여길 거라고 지레짐작하며 늘 부끄러워하며 살았다. 그런 경험은 돈에 대한 관념이나 스스로의 자존감에 영향을 미쳤고, 결국 자신이 평생 무일푼으로 살아가리라고 믿게 하는 데 결정적인 영향을 미쳤다. 지금 그는 어떤 모습일까? 그 친구는 서른다섯 살이 된 지금도 여전히 빈털터리다! 왜 그럴까? 그것이 그의 정체성이기 때문이다. 그 친구가 하는 행동은 자신에게 들려주는 이야기와 정확히 일치한다. 언젠가 그가 자신을 깎아내리는 농담을 멈추는 날이 올지도 모르겠지만, 그의 자기 파괴적 정체성은 여전히 태업을 일삼으면서 본인을 현실의 구렁텅이로 몰아넣는 데 한몫을 할 것이다. 자기가 평생 돈에 시달릴 거라고 스스로 생각하는 한 그 친구의 행동 역시 자신의 예언을 뒷받침하는 방향으로 이루어질 수밖에 없다. 말하자면 본인의 말을 자진해서 현실로 만들어내는 것이다. 그런 행동은 열심히 일하지 않고, 돈을 낭비하며 가난의 악순환을 벗어나기 위한 노력을 게을리하는 등 여러 가지 형태로 펼쳐질 수 있다.

복권에 당첨된 사람 중 70퍼센트가 몇 년 후에 예전처럼 빈털터리가 되는 이유도 바로 여기에 있다.[5] 대형 계약을 맺고 어마어마한 돈을 손에 쥔 프로 운동선수들이 불과 몇 년 만에 파산에 이르는 사례와도 무관하지 않다. 물론 다른 의사결정도 그 결과에 영향을 미쳤겠지만, 문제를 초래하는 요인은 대부분 당사자의 정체성이다. 그들은 자기가 성공해서 부유한 삶을 누릴 수 있다고 생각한 적이 없다. 다시 말해 큰돈을 손에 넣은 뒤에도 그들의 정체성은 조금도 변하지 않았다.

앞서 말한 고등학교 친구처럼 나도 가난한 어린 시절을 보냈다. 게다가 그 친구와 마찬가지로 나 자신의 가난한 처지를 두고 주위 사람들에게 자주 농담을 던지곤 했다. 하지만 스무 살이 되자 더는 빈털터리로 살고 싶지 않았다. 그때 내게 가장 큰 스트레스를 준 것은 은행 계좌의 잔액을 확인하는 일이었다. 이것저것 내야 할 돈이 너무 많다 보니 통장에 있는 몇백 달러가 과연 내 돈인지 아니면 은행에 몇백 달러 빚을 지고 있는 건지 잘 구분이 되지 않았다.

하지만 그런 식으로 계속 살고 싶지 않았다. 그래서 가난뱅이의 정체성을 버리고자 행동을 바꿨다. 소비 습관을 점검했고 조금이라도 돈을 아끼기 위해 노력했다. 그렇게 얼마의 시간이 흐르자 은행 계좌의 잔액을 확인하는 일이 더는 무섭지 않았다. 내가 원하던 풍족한 미래가 점점 가까워지고 있다는 사실이 눈에 보였기 때문이다. 그렇게 나는 매일 계좌를 들여다보기 시작했고, 스스로를 빈털터리라 불렀던 농담 역시 그만두었다. 그 덕에 내 머릿속에서 내가 나에게 들려주는 이야기 역시 조금씩 바뀌었다. "내 계좌에 돈이 조금 더 있었더라면"에서 "열심히 일해서 부자가 되어 나와 내 가족들의 삶을 더 풍요롭게 만들 거야" 등 그 자체로 동기부여가 되는 말들을 들려주기 시작했다. 은행 계좌의 잔액을 확인하는 일은 어느덧 습관으로 자리 잡았으며, 그로부터 13년이 지난 지금까지도 이어지고 있다.

당신의 정체성은 행동에 영향을 미치고, 행동은 결과를 낳는다. 그리고 그 결과는 늘 당신의 정체성을 뒷받침한다. 단순히 뒷받침하는 정도가 아니라 정체성을 더욱 견고하게 만든다. 따라서 당신이 어떤 행동을 통해 원하는 결과를 얻지 못했다면, 그 이유는 당신의 정체성 때문이라고 생각해도 좋다. 당신이 멋진 몸을 갖지 못했고, 원하는 만큼 돈을 벌지 못했고, 인간관계가 생각대로 이뤄지지 않았고, 사업이 뜻대로 되지 않았다면, 그건 모두 본인의 정체성 때문이다. 이제 그 정체성을 바꿀 때가 됐다.

정체성을 바꾸려면 먼저 행동을 바꿔라

'나는 어떤 사람인가'를 스스로 정의하는 일도 중요하지만, 그건 이 게임의 절반에 불과하다. **행동을 바꾸지 않으면, 결국 아무것도 바꾸지 못한다.** 당신이 꿈꾸는 성공적인 미래를 현실로 바꾸기 위해서는 행동해야 한다. 더 많이 행동할수록 더 많은 결과가 바뀌기 시작할 것이며, 시간이 흐르면서 당신의 정체성도 바뀌게 될 것이다.

오늘날 나는 많은 청중 앞에서 강연하는 일에 꽤 익숙해졌지만, 처음부터 그랬던 것은 아니다. 영업사원으로 일하기 시작했을 때 대중을 상대로 처음 강연했던 순간을 돌이켜 보면 지금도 손발이 오그라든다. 강연의 주제는 펭귄들이 서로 뭉치는 모습을 예로 들어서 우리가 하나의 팀으로 함께 뭉치고 협력하는 일이 얼마나 중요한지를 강조하는 것이었다. 마침 핼러윈이 가까워지던 시기라 나는 월마트에 가서 몸에 잘 맞지도 않은 아동용 펭귄 의상을 구매했다. 그리고 그 옷을 입고 무대에 올랐다. 강연을 시작하자 몸이 부들부들 떨렸다. 전에는 그런 일을 해본 적이 한 번도 없었기 때문이다. 내가 일했던 회사의 대표는 나를 억지로 무대 위로 올려보내고는 남들 앞에서 말하는 요령을 스스로 익히게 했다. 물론 그 펭귄 의상은 끔찍했고 앞으로 다시는 이런 파격적인 일을 시도하지 않겠다고 마음먹었지만, 나는 그날 이후로 기회가 있을 때마다 무대 위에 오르고 팀 회의를 이끌었다.

그러면서 조금씩 실력을 키워나갔다. 내가 그 회사를 떠날 무렵에는 대중을 상대로 한 강연 경험이 2만 시간을 넘었다.

처음 사회생활을 시작했을 때 나는 결코 좋은 강연가가 아니었다. 그러나 좋은 강연가가 되기 위한 행동을 멈추지 않았고, 그 결과 역시 점차 좋아졌다. 행동이 만든 결과들이 결국 내 정체성 역시 바꿔놓았다. 이제 나는 수천 명의 청중 앞에서도 즐거운 마음으로 강연을 할 수 있다. 이처럼 하나의 견고한 시스템을 무너뜨리려면 원하는 결과를 얻어낼 만한 행동이 필요하다. 그 행동에 따라 결과가 달라지고, 결과는 정체성을 바꾼다. 결국 진정한 성장을 위해서는 공포를 극복하고 안전지대를 벗어날 수 있어야 한다.

흥미로운 사실은 처음 행동에 나설 때는 그런 일이 가능할 거라고 믿을 필요조차 없다는 것이다. 나탈리Natalie는 내 코칭 프로그램에 참여한 고객 중 한 사람이었다. 처음에 그녀는 자신이 세운 10만 달러라는 매출 목표를 달성하기란 불가능하다고 생각했다. 단지 자기가 새로 시작한 코칭 사업에 조금씩 모멘텀을 쌓아 올리면 언젠가 더 많은 돈을 벌 수 있고 사업도 성장하리라고 믿었을 뿐이다. 나탈리는 일에 최선을 다했고, 고객들에게도 세심하게 신경을 썼다. 그러다 보니 어느 순간부터 자기가 얼마나 매출을 올리는지 전혀 관심을 두지 않게 됐다(하지만 나는 이 방식을 별로 권하지 않는다. 우리는 자신의 목표 달성 과정을 늘 주목해야 한다). 어느 날 실적을 확인해보니 그녀가 거둔 매출은 17만 달러가 넘어 있었다. 나탈리는 실적에는 관심을 두지 않은 채 본인이 한계라고 생각했던 경계선을 스스로 무너뜨렸다. **정체성을 바꾸려면 어떤 일이 가능하다고 믿기 전에 먼저 행동에 나서야 한다.** 사람들 대부분은 그 사실을 깨닫지 못하고 행동하기를 망설인다. 자신을 믿지 못하기 때문이다. 하지만 당신이 자신을 믿느냐 못 믿느냐는 아무런 상관이 없다. 당신이 해야 할 일은 오직 행동하는 것이다. 그래야만 정체성을 바꿀 수 있다.

작가 겸 스포츠 심리학자 트레버 모아와드Trevor Moawad가 들려준 어느 소년의 이야기는 꽤 흥미롭다. 그 아이는 고등학교 1학년에 다닐 때 공부를 게을리하고 나쁜 무리와 어울렸다. 걸핏하면 친구들과 싸우고 학교에 지각하는 일도 잦았으며, 어떨 때는 등교조차 하지 않았다. 숙제도 거의 제출하지 않았고, 가끔 한다고 하더라도 좋은 점수를 받지 못했다. 그런 학생이 대학에 가기는 거의 불가능했으므로 그는 대입 시험을 치를 생각조차 하지 않았다. 하지만 그의 어머니는 아들을 가까스로 설득했고, SAT 시험을 치르게 했다. 결과는 어땠을까? 이메일로 전송된 소년의 성적표에는 1,600점 만점에 1,480점이라는 점수가 찍혀 있었다. SAT 기준으로는 매우 높은 점수였다. 그 소년은 큰 충격을 받았고 어머니 역시 놀랄 수밖에 없었다. 그동안 아이가 보인 행동을 생각하면 부정행위가 있었을지 모른다는 의심이 들었지만 그는 정직하게 시험을 치렀다.

시험 성적을 받아든 소년의 마음속에서 뭔가 변화가 생겼다. 그는 자기가 똑똑한 사람일지도 모른다고 생각하기 시작했다.

2학년에 진학하면서부터는 모든 게 달라졌다. 소년은 열심히 학교생활을 했다. 이전과는 다른 부류의 아이들과 어울렸고 말썽을 부리지도 않았다. 학교를 빼먹는 대신 매일 아침 일찍 등교했다. 본격적으로 공부를 시작하면서 성적은 눈에 띄게 좋아졌고, 그를 대하는 사람들의 태도 역시 달라졌다. 그러자 그의 눈앞에 '대학 진학'이라는 새로운 선택지가 놓였다. 오랜 기간 학업을 등한시한 탓에 처음에는 지역의 전문대학에 진학할 수밖에 없었지만, 이후 아이비리그의 명문대학교로 학교를 옮겼고 결국에는 국제적 명성을 지닌 잡지사의 성공적인 CEO가 되었다. 따지고 보면 이 모든 성공은 그가 손에 쥐었던 SAT 점수에서 비롯됐다. 그 점수 덕분에 소년이 자신을 생각하는 방식이 바뀐 것이다. 그때가 바로 그의 정체성이 변화한 순간이었다. 우리에게 가장 중요한 것은 정체성을 바꾸는 일이다.

하지만 이 이야기에는 아무도 예상치 못한 반전이 숨어 있다. 사실 이 모든 변화는 하나의 실수에서 비롯된 것이었다. 그 소년은 대입 자격시험을 치른 지 12년 뒤에 미국 대입 자격시험을 주관하는 칼리지 보드College Boards에서 한 통의 이메일을 받았다. 당시 그 소년을 포함한 몇몇 학생의 시험 점수가 잘못 계산됐다는 내용의 메일이었다. 그의 실제 점수는 1,480점이 아니라 740점이었다. 사실 소년은 그때 형편없는 점수를 받았지만, 이를 알게 됐을 때는 그 사실이 전혀 중요하지 않았다. 중요한 점은 그가 자신을 똑똑한 사람이라고 믿기 시작한 덕에 자신의 삶을 바꿀 만한 똑똑한 행동을 하기 시작했다는 것이다. 그로 인해 행동을 바꿨고, 그 행동을 통해 새로운 결과를 얻었으며, 그 결과는 자신이 똑똑한 사람이라는 정체성을 더욱 확고히 했다. 이 모든 것은 SAT 점수와 아무런 관련이 없었다. 단지 그가 얼마나 똑똑한 사람인지 자신에게 들려주는 이야기가 중요했을 뿐이다.

이 이야기는 당신이 정체성을 바꾸고 행동에 변화를 주었을 때 이전과 전혀 다른 결과를 낳을 수 있고, 그 결과는 좋든 나쁘든 당신의 정체성을 굳혀준다는 사실을 완벽하게 입증하는 사례다. 정체성은 그토록 강력한 힘을 발휘한다. 그리고 이를 바꾸는 일은 누구에게나 가능하다.

잠시 한숨을 돌리고 당신의 정체성이 무엇인지 진지하게 생각해보자. 당신은 지금 어떤 가면을 쓰고 있나? 똑똑한 사람? 아둔한 사람? 사업을 어려워하는 사람? 성공을 위해 안간힘을 쓰는 사람? 남들 앞에 나서기가 무섭거나 그런 일에 소질이 없는 사람? 잠시 본인의 정체성을 곰곰이 생각한 다음 사람들이 좀처럼 자신에게 묻지 않는 질문을 던져보자. "혹시 어린 시절 나에게 그런 믿음이 주입된 계기가 있진 않았는가?"

누구를 보고 어떤 것을 배울 것인가

어느 고객과 이런 대화를 나눈 적이 있다.

"저는 돈 자체를 두려워한 적은 없었지만, 돈을 벌기 위해서는 힘들게 일해야 한다는 사실은 알고 있었죠. 그것이 제게 그렇게 매력적인 일은 아니었습니다."

"혹시 당신이 어렸을 때 힘들게 일하는 것을 나쁘게 말한 사람이 있었나요?"

예상했던 대로 그는 부모님의 영향을 받았다. 개인 사업을 하던 그의 아버지는 매우 성실하게 일했지만, 그 때문에 가족과는 거의 시간을 보내지 못했다. 모두가 함께하는 저녁 식사에 참석하는 일도 드물었고 아이들의 야구 경기도 보러 가지 못했다. 따라서 어린 시절의 내 고객에게 있어 사업에서 성공한다는 것은 매일 일만 하면서 가족을 소홀히 한다는 뜻이었다. 돌이켜 보면 그가 지금까지 삶을 살면서 뭔가에 도전해야 했을 때(운동경기, 학교, 업무 등) 일찌감치 포기한 적이 많았던 이유는, 목표를 달성하려고 아등바등 노력해야 하는 상황을 피하기 위해서였다. 하지만 그는 자신의 아버지가 가족을 향한 사랑을 입증하는 유일한 방법이 그들에게 풍족한 삶을 선사하는 것이었으며 그것이 아버지가 알고 있던 전부였다는 사실을 미처 깨닫지 못했다. 세상에는 두 부류의 사람이 있다. 하나는 힘들여 노력하는 것이 가장 중요하다고 믿는 사람들이고, 또 하나는 힘든 일을 악마처럼 여기는 사람들이다. 아마도 내 고객은 두 번째 부류에 속할 것이다.

다행히도 나는 어렸을 때 그런 문제를 겪지 않았다. 그건 모두 삼촌 덕분이었다. 나는 아버지가 늘 힘들게 일하는 모습을 지켜보며 어린 시절을 보냈지만, 삼촌은 아버지와 전혀 딴판이었다. 유리를 생산하고 자르는 사업을 하던 삼촌은 직원이 200명도 넘는 회사의 소유주였고, 사업에서 크게 성공해 전 세계를 돌아다녔다. 근사한 집에서 살면서 멋진 보트와 자동차를 몰고 다니기도 했다. 삼촌은 내 지인 중에 가장 정이 많고 너그러운 사람이었다. 친척들이 뭔가를 부탁하면 삼촌은 늘 팔을 걷어붙이고 나섰다. 삼촌은 나의 첫 번째 멘토였고 내가 가장 존경한 인물이기도 했다. 나도 그런 사람이 되고 싶었다. 그는 열심히 노력하면 어떤 사람이 될 수 있는지를 내게 몸소 보여주었다. 어린 시절 삼촌처럼 훌륭한 모델이 없었다면 오늘날 내가 어떤 사람이 됐을지 상상도 할 수 없다.

그때는 그런 생각을 하지 못했다. 했다 하더라도 지금처럼 표현하지 못했겠지만, 나는 아버지와 삼촌을 지켜보면서 두 사람 사이에 한 가지 분명한 차이점을 발견했다. 아버지는 늘 뭔가를 원한다고 말하면서도 원하는 바를 이루기 위해 노력한 적이 한 번도 없었다. 하지만 삼촌은 원하는 것이 있을 때면 곧바로 행동에 뛰어들어 목표를 이루기 위해 열심히 노력했다.

우리 가족 중에서 내게 근면한 노력의 가치를 일깨워준 사람은 삼촌뿐만이 아니었다. 내 어머니는 2008년까지 부동산 업계에서 일했다. 하지만 2008년에 접어들면서 경제 위기가 닥치자, 이전까지 꽤 많은 수입을 올리던 어머니는 한 푼도 돈을 벌지 못하는 상황에 몰리고 말았다. 그때 어머니는 이것저것 핑계를 대는 대신 머리를 짜내어 한 가지 특별한 해결책을 찾아냈다. 그렇게 키가 155센티미터에 불과했던 어머니는 바퀴가 열여덟 개나 달린 커다란 트럭을 몰고 미국 본토의 48개 주를 누비기 시작했다. 하루아침에 트럭 운전사가 된 것이다. 물론 나중에 경기가 회복됐을 때는 부동산 업계로 돌아갔지만, 어떤 상황에서도 자신이 할 수 있는 일을 찾아서 하면 된다는 것을 어머니는 몸소 내게 보여주었다.

내가 삼촌과 어머니에게 배운 점은 세상을 살아가다 원하는 것이 생길 때면 제자리에 가만히 앉아 일이 잘 풀리기만 기다려서는 안 된다는 것이다. 일단 자리에서 일어나 행동에 뛰어들고 그 결과물을 손에 쥐어야 한다. 나는 지금 운영하는 회사에도 그 정서를 불어넣기 위해 애쓰고 있다.

당신의 생각과 말을 따르라

그렇다면 행동은 어떻게 바꿀 수 있을까? 그 작업은 당신의 믿음, 생각, 언어에 세심하게 주의를 기울이는 일에서부터 시작된다. 미국의 사업가 겸 작가 제시 이츨러Jesse Itzler가 들려준 채드 라이트Chadd Wright의 이야기를 함께 살펴보자. 미 해군 소속 특수부대인 네이비 씰 출신의 라이트는 한 번에 수백 킬로미터를 뛰는 초超 장거리 달리기 선수로 활동 중인 열렬한 스포츠맨이다. 이츨러는 라이트를 만났을 때 자기 친구 한 명이 장거리 달리기에 도전하고 싶어 하지만 한번에 8킬로미터 이상을 달려본 적이 없다고 말했다. 어느 날 라이트는 이츨러의 친구를 초대해서 함께 뛰었고, 그 친구는 그날 160킬로미터가 넘는 거리를 거뜬히 주파했다. 어떻게 그럴 수 있었을까? 비밀은 오직 하나였다. 라이트는 그 친구에게 두 가지 말을 끝없이 되풀이하며 달리게 했다. 첫 번째는 "나는 멈추지 않는다"라는 말이었다. 당신이 자신을 향해 이 말을 수없이 되풀이하면 결국 어떤 일이 생기는지 아는가? 절대 멈추지 않는다. 당신이 그렇게 계속 달려 나가듯, 이츨러의 친구도 자신을 채찍질하며 계속 뛰었다.

그가 되풀이했던 두 번째 말은 "고통에 관심을 두지 말라"는 것이었다. 라이트는 사람이 160킬로미터를 달리면 당연히 고통을 느낀다는 사실을 알고 있었다. 그가 제시한 해결책은 고통에 대해 말하거나 생각하지 말고, 그 대신 자신이 감사히 여기는 대상을 떠올리라는 것이었다. 이츨러의 친구는 잠시 멈춰 설 때마다 자신이 감사히 여기는 것에 대해 이야기했다. 그리고 달리는 순간에는 오직 긍정적인 생각만 했다. 이런 방법을 생각한 사람은 채드 라이트뿐만이 아니었다. 긍정적인 자기 대화가 운동선수들의 성적에 영향을 미친다는 사실을 입증한 연구 결과는 수없이 많다.[6] 8킬로미터도 달리기 힘들어하던 그 평범한 친구는 이 간단한 방법으로 160킬로미터가 넘는 거리를 거뜬히 주파했다. 그리고 이 일을 계기로 자신의 정체성을 바꿀 수 있었다.

언뜻 보기에는 간단한 방법 같아도 막상 현실에 적용해보는 것은 어렵게 느껴질 수 있다. 무엇보다 그 과정이 부자연스럽게 느껴지기 때문이다. 앞에서도 말했지만 우리는 자신이 원하는 상황보다는 원치 않는 상황에 대해 더 많이 생각하는 경향이 있다. 따라서 늘 긍정적인 생각에 정신을 집중할 수 있도록 부단히 노력해야 한다. 당신이 삶에서 원하는 것은 무엇인가? 그것을 얻어내기 위해 행동에 나서는 순간 삶의 모습은 어떻게 달라질까?

배우 겸 영화감독 매튜 맥커너히Matthew McConaughey는 내 팟캐스트 방송에 출연해서 어렸을 때 "나는 못해!"라고 말했다가 부모님에게 엉덩이를 맞았던 일을 이야기한 적이 있다. 그의 부모님은 아이들이 그 말을 입에 담는 일만큼은 절대 허락하지 않았다고 한다. "부모님은 '못할 거야'라는 단어가 매우 나쁜 말이라고 가르쳤어요. 물론 '제기랄', '빌어먹을' 같은 욕을 해도 크게 혼났지만, '못한다'라고 말하는 순간 엉덩이를 맞을 각오를 해야 했죠."

그토록 어린 시절부터 긍정적인 태도가 몸에 밴 맥커너히가 큰 성공을 거두고 지구상에서 가장 멋진 남자 중의 한 명으로 꼽히게 된 일은 전혀 놀랍지 않다. 그는 "나는 못한다"라는 말을 입에 담지 못한 덕분에 자신이 원하는 바를 무엇이든 이룰 수 있다고 생각하면서 자랐다. 맥커너히는 슈퍼히어로의 정체성을 개발했고, 그 정체성은 그의 삶을 평생 뒷받침했다.

내가 되고자 하는 사람이 되어 하루를 살아볼 것

이 장의 서두에서는 배우 짐 캐리가 고작 몇 개월 동안 앤디 코프먼의 역할을 했을 뿐인데도 나중에는 짐 캐리라는 사람이 누구였는지 완전히 잊어버렸던 사례를 이야기한 바 있다. 이 이야기는 당신에게도 적용될 수 있다. 지금의 당신은 지난 몇 년 동안 당신 스스로 쌓아 올린 배역일 뿐이다. 물론 당신을 구성하는 모든 것이 진정한 자아가 왜곡된 모습은 아니겠지만, 당신이 지금 살아가는 삶을 창조한 것은 바로 그 오래된 배역이다. 당신이 진정으로 원하는 삶을 이루기 위해서는 변화가 필요하며, 그 출발점은 기존의 정체성을 바꾸는 작업이 되어야 한다. 성공의 비결은 이처럼 간단하다. 자신이 영원히 뚱뚱하리라고 생각하는 사람이 하루아침에 운동선수 같은 몸매를 만들 수는 없다. 자기가 원하는 일자리를 얻지 못할 거라고 믿는 사람이 갑자기 꿈의 일자리로 이직할 수 없다. 친구들이나 가족들과 끈끈하게 지낼 기회가 영영 없으리라고 포기한 사람이 갑자기 지인들에게 열렬한 환영과 지지를 받을 수는 없다. 그런 삶을 이루기 위해서는 꾸준하고 의식적인 노력을 쏟아야 한다. 그런 의미에서 당신도 원래의 배역을 벗어던지고 잠시라도 진정으로 원하는 사람이 되어보면 어떨까? 오늘만큼은 새로운 가면을 쓰고 새로운 배역을 연기해보자.

자, 당신에게 임무를 부여한다. 자신의 가장 이상적인 모습을 떠올려보라. 이왕이면 꿈을 크게 꾸고 당신이 삶에서 원하는 모든 것을 이미 성취한 사람의 모습을 그려보라. 그들은 인간관계가 풍부하고, 돈이 많고, 건강한 신체를 갖추었고, 가족들과 행복한 삶을 나누고, 좋은 직장에서 일하거나 훌륭한 사업체를 운영 중이고, 당신이 바라는 기쁨, 평화, 행복을 마음껏 누리고 있다. 다시 말해 그들은 당신이 이루고 싶은 목표를 아무런 부족함 없이 모두 성취한 사람들이다. 당신이 보기에 그들의 삶은 참으로 완벽하다.

이제 그 사람들이 보낼 법한 전형적인 하루의 모습을 할 수 있는 만큼 자세하게 묘사해보라. 언제 자리에서 일어나는가? 아침 일과는 어떤가? 어떤 음식을 먹나? 운동은 얼마나 자주 하나? 주위에는 어떤 사람들이 있나? 직장 경력이나 사회생활은 어떤가? 자기 자신을 향해 어떤 말을 하나? 다른 사람들에게는 어떻게 말하나? 친구들은 어떻게 대하는가? 낯선 사람들은 어떻게 상대하나? 그 사람들의 특징이나 행동을 세세히 파악하려고 노력해보라. 모든 것을 알아냈다면 이제 당신의 다음 임무는 행동하는 것이다. 하루 동안 그들이 행동하는 방식을 그대로 똑같이 따라해보라.

이제 내일 아침 자리에서 일어난 뒤부터, 당신은 그 사람이 되어 행동해야 한다. 그 사람이 쓴 가면을 따라서 써보라. 부자가 되고 싶다면 돈을 버는 재주가 있는 사람이 되어 하루를 보내라. 똑똑한 사람이 되기를 원한다면 내일 하루는 지식에 목마른 사람이 되어보라. 그 사람이 기상하는 시간에 일어나고, 그 사람이 운동을 즐기고 건강한 음식을 먹는다면 똑같이 따라해보라. 그 사람이 개방적이고 활발한 성격을 지녔다면, 커피숍에서 옆자리에 앉은 손님이나 주문을 받는 직원에게 말을 걸어보라. 그가 사람들에게 친절하고 남들과 어울리기를 좋아한다면, 당신 역시 하루쯤 그런 사람이 되어볼 수 있을 것이다. 새로운 사람이 되어 하루를 살아도 위험한 일은 아무것도 없다. 그 역할이 마음에 들지 않을 때는 언제든 평범한 당신 자신으로 돌아가면 그만이다.

 그 사람이 특정한 상황을 맞이했을 때 어떻게 행동하는지 잘 모르겠다면, 잠시 걸음을 멈추고 생각해보자. 헬스클럽에 가야 할 시간인데도 영 마음이 내키지 않는다. 이때 그 사람이라면 어떻게 할까? 사업을 하거나 직장에서 일하다가 뭔가를 실수했다면, 그 사람은 어떻게 문제를 처리할까? 배우자와 말다툼을 했다면, 그 사람이라면 어떻게 화해할까? 아이가 식품점 한가운데서 떼를 쓴다면, 그 사람이라면 어떻게 행동할까? 아마도 그런 생각이 드는 순간은 수도 없이 많을 것이다. 그 덕에 당신은 미처 깨닫지 못했던 본인의 결점이나 잘못된 행동을 알게 될 수도 있다. 어디에서 무엇을 하든 그 사람의 삶을 본받는 법을 배워보자.

 그렇게 하루를 보내는 도중에도 자신도 모르게 원래의 당신으로 돌아가고 싶을 때가 있을 것이다. 그건 당신의 정체성이 당신을 안전지대로 되돌려 보내려고 유혹하는 신호다. 그럴 때면 걸음을 멈춰서서 호흡을 가다듬어야 한다. 그 상태를 극복하기 위한 해결책은 쉬운 길을 선택하고자 하는 유혹에 최선을 다해 저항하는 것이다. 당신은 본인이 꿈꾸는 이상적인 자아라면 절대 하지 않았을 행동에 대한 충동을 느낄지도 모른다. 따라서 그 순간은 본인의 진정한 자아를 발견해서 행동을 교정할 기회이기도 하다. 가장 이상적인 버전의 당신을 현재로 소환해서 그 사람처럼 행동하라. 그러기 위해서는 안전지대 밖으로 한 발을 내밀고 도전에 과감히 맞서야 한다. 도전을 극복하지 못하면 변화하지도 못한다. 단 하루만이라도 당신의 정체성을 완전히 바꿔 다른 가면을 써보고, 어떤 기분이 느껴지는지 지켜보라. 이는 마치 셔츠를 입는 것과 같다. 오늘 입어본 셔츠가 마음에 들면 계속 착용할 수도 있고, 마음에 들지 않으면 다음 날 다른 셔츠로 갈아입으면 그만이다. 남의 옷을 한 번 입어본다고 큰 해가 되지는 않는다.

죽기 직전 나는 어떤 사람으로 남고 싶은가

나는 그렇게 종교적인 사람은 아니지만, 삶의 마지막 순간에는 자신의 잠재력을 모두 발휘했을 때 될 수도 있었던 바로 그 사람을 대면하게 되리라고 믿는다. 그러므로 세상을 떠난 뒤 신이든 다른 어떤 존재든 나를 심판할 누군가를 만난다면, 나는 내가 완벽한 사람이 되기 위해 한평생 무엇을 했는지 모든 항목을 점검해가며 낱낱이 평가받고 싶다. 내 삶의 목표는 내가 지닌 잠재력을 남김없이 발휘해서 이 세상과 주위 사람들에게 최대한 긍정적인 영향을 안겨주는 것이다. 나는 최고의 부모이자 돈을 가장 가치 있게 쓴 사람으로 남고 싶다. 또 세상의 모든 존재를 사랑한 사람으로 신 앞에 서고 싶다. 만일 세상을 하직한 뒤에 가장 이상적인 모습의 나를 만날 기회가 있다면, 내가 그런 사람이 되지 못했다는 사실에 실망하고 싶지 않다. 오히려 이 세상에서 살아가는 동안 내 잠재력을 그보다 더 크게 발휘할 수 없었음을 깨닫게 되기를 원한다. 그 사람을 바라보면서 마치 쌍둥이 형제를 만난 듯한 느낌을 받고 싶다.

당신도 나와 같은 목표를 세울 수 있다. 만약 그 목표를 향해 제대로 가고 있는지 확실치 않다면 스스로에게 이 질문을 던져라.

"지금 내가 하는 일은 목표에 다가서는 데 도움이 되는가, 아니면 나를 목표에서 더 멀어지게 하는가?"

참으로 간단한 질문이다. 당신이 하는 일이 목표에 가깝게 다가서는 데 도움이 된다면, 계속 실천하라. 그렇지 않으면 즉시 중단하라. 필요하다면 하루에 백 번이라도 스스로에게 질문하라. 그 질문을 통해 오래된 버전의 자아에서 새로운 버전의 자아로 정체성을 바꿀 수 있을 것이며, 본인이 원하는 삶을 창조하기 위해 마땅히 되어야 하는 사람이 될 수 있을 것이다.

기억하라. **당신의 정체성은 행동에 영향을 미치고, 행동은 결과를 낳고, 결과는 정체성을 강화한다.** 결과는 행동의 그림자이므로 예전과 다른 결과를 불러올 만한 행동을 시작하면 정체성도 바뀌기 시작할 것이다. 당신이 어떤 행동을 하느냐보다 더 중요한 것은 어떤 사람이 되느냐는 것이다. 물론 자신이 원하는 사람이 되기 위해서는 특정한 행동을 통해 결과를 얻어내야 하겠지만, 먼저 과거의 가면을 벗어던지고 과감히 정체성을 바꾼다면 마음의 문을 열고 가능성으로 가득한 새로운 세계를 온몸으로 받아들일 수 있다. 새로운 가면을 쓰면 그 가면에 걸맞은 행동이 자연스럽게 나올 것이다. 목표를 이루고 자신이 원하는 삶을 누리고 싶다면 먼저 정체성을 바꿔야 한다.

몸이 먼저 움직이는 행동 처방

❖ 당신이 자신에게 들려주는 이야기 중에 삶에서 추구하는 목표를 달성하는 데 지장을 주는 대목이 있다면 종이에 적어보자.

❖ 만약 그런 이야기가 있다면 그 뿌리를 따라가 볼 필요가 있다. 그 이야기가 어떻게 시작됐고 현재 당신의 삶에 어떤 영향을 주는지 생각해보자. 아마도 당신의 삶에 큰 영향(긍정적이든 부정적이든)을 미친 누군가가 떠오를 것이다. 또는 유아기, 고등학교 시절, 성년기 초기의 기억이나 경험이 생각날지도 모른다.

❖ 당신이 성취하고자 하는 목표를 이루기 위해 지금 당장 멈춰야 하는 말, 사고방식, 믿음, 언어는 무엇인가?

❖ 당신이 성취하고자 하는 목표를 이루기 위해 지금 당장 시작해야 하는 말, 사고방식, 믿음, 언어는 무엇인가?

3장.

목적
당신이 진정으로 원하는 것은 무엇인가?

공포의 본질을 있는 그대로 파악하고 정체성을 바꿀 준비가 되었다면, 다음 스테이지로 넘어갈 준비가 끝난 것이다. 이번 순서는 당신이 삶에서 진정으로 원하는 바가 무엇인지를 명확하게 규명하는 것이다. "당신이 진정 원하는 것은 무엇입니까?" 이 질문에 대한 답을 찾아가는 것이 이번 3장에서 살펴볼 주제다.

"크리스마스 선물은 뭘 받고 싶니?"

해마다 가을이 되면 어머니는 내게 이렇게 물었다. 그럴 때마다 나는 항상 똑같이 대답했다.

"뭐든 괜찮아요. 아무거나 주세요."

그런 애매한 대답이 마음에 들지 않았던 어머니는 내가 무엇을 원하는지 알아내기 위해 이리저리 애쓰곤 했다. 하지만 나는 어머니에게 확실한 단서를 제공한 적이 없었다. 어머니가 그렇게 물었던 시기는 언제나 크리스마스까지 꽤 많은 시간이 남아 있는 때였고, 시간이 지나면 내게 필요한 물건이 떠오를 거라는 생각했기 때문이다. 하지만 일은 생각대로 흘러가지 않았다.

크리스마스 아침이 찾아오면 내 마음은 흥분과 기대로 가득했다. 전날 밤에 잠을 이루지 못한 적도 있었다. 하지만 잠을 못 자서 피곤한 것쯤이야 아무것도 아니었다. 나는 날이 밝자마자 누나를 깨워서 아래층으로 뛰어 내려갔다. 한시바삐 선물상자를 열어보고 싶어 조바심이 날 지경이었다. 당시 나는 내가 무슨 선물을 받고 싶었는지 잘 몰랐지만, 상자에 담긴 선물이 옷이 전부였다는 사실을 깨달았을 때처럼 이 열 살짜리 소년이 크게 실망한 순간은 없었다. 내 입에서는 이런 말이 튀어나왔다.

"옷은 필요 없어요."

이런 일이 생길 줄 미리 알고 있던 어머니는 그저 미소를 지을 뿐이었다.

"엄마가 뭘 갖고 싶은지 물었을 때 아무거나 괜찮다고 했잖아."

나는 할 말이 없었다. 내가 "구하라, 그러면 얻을 것이다"라는 말의 뜻을 이해하게 된 것은 이런 일을 몇 차례 겪은 뒤의 일이었다.

사람이 목표를 세울 때도 마찬가지다. 당신이 삶에서 뭔가를 기대하거나 원한다면, 먼저 그것이 무엇인지 명확히 이해해야 한다. 사람들이 행동에 나서지 못하는 세 번째 이유가 바로 자신의 목표를 제대로 이해하지 못하는 것이기 때문이다.

만일 당신이 세계에서 가장 활을 잘 쏘는 양궁선수 옆에 서서 과녁을 향해 함께 활시위를 당긴다고 상상해보자. 그 사람은 당연히 당신보다 훨씬 좋은 점수를 얻을 것이다. 하지만 양궁선수의 눈을 가리고 제자리에서 몇 바퀴를 돈 뒤에 활을 쏘게 한다면 어떨까? 당신이 더 나은 점수를 얻을 가능성이 크다. 당신은 과녁을 볼 수 있고, 양궁선수는 그럴 수 없기 때문이다. 우리가 목표를 향해 나아갈 때도 마찬가지다. 목표를 분명히 파악하지도 않고 이를 달성하기 위해 노력하는 일은 눈을 가린 채 과녁을 향해 무턱대고 활을 쏘는 일과 다를 바가 없다. 그런 목표는 달성하기가 매우 어렵다. 목표는 선명할수록 눈에 더 잘 띈다. 그러므로 눈을 가리고 무작정 화살을 쏘아대기보다는 소총의 조준경을 들여다보듯 정밀하게 과녁을 겨냥해야 목표물을 맞힐 확률이 높아진다.

'당신이 원하는 것은 무엇인가?' 언뜻 간단한 질문처럼 들리지만, 당신은 이 질문에 구체적으로 대답할 수 있는가? 자기가 진정으로 무엇을 원하는지 모르는 사람은 한둘이 아니다. 어떤 사람들은 그 답을 알고 있다고 생각하면서도 100퍼센트 확신하지 못한다. 본인이 원하는 것이 확실하지도 않으면서 어떻게 그것을 얻기를 기대하는가?

당신이 세운 목표는 0점짜리다

수천 명의 고객을 코치하는 동안 그들에게 목표가 무엇인지 물었고, 많은 사람이 이런 식으로 대답했다. "몸무게를 줄이고 싶어요." "괜찮은 직장을 갖고 싶습니다." "더 많은 돈을 벌었으면 좋겠어요." "대인관계를 개선했으면 합니다." 물론 모두 바람직한 생각이기는 하다. 당신이 정말 그런 일을 이룰 수 있다면 삶은 분명히 더 나아질 것이다. 하지만 저 문장들은 목표로서는 빵점이다. 너무 애매하고 막연하기 때문이다.

'체중을 줄인다'라는 말의 의미는 무엇인가? 얼마나 줄이고 싶은가? 2킬로그램? 30킬로그램? 당신의 목표가 그저 체중을 줄이는 것이라면 1킬로그램만 빼도 이미 목표를 이룬 것이다. 축하한다! 당신은 목표를 성공적으로 달성했다. 하지만 그렇다고 삶이 조금이라도 나아졌나? 아마 그렇지 않을 것이다. 정말 체중을 줄이고 싶다면 목표를 구체적으로 설정해보라. 체지방률은 몇 퍼센트 낮추고 싶고 근육량은 얼마나 늘리고 싶은가? 당신이 원하는 것과 똑같은 몸매를 지닌 사람은 누군가? 그 사람의 사진을 구해서 욕실 거울 앞에 붙여두고 매일 손을 씻을 때마다 그 사진을 바라보며 오늘도 열심히 운동해야 한다고 자신을 독려하자.

당신이 돈을 더 많이 벌고 싶다면, 얼마나 많은 돈을 벌고 싶은가? 은행 계좌에 잔액이 얼마나 남아 있기를 바라나? 얼마나 많이 저축하고 얼마큼 투자하고 싶은가? 당신의 목표가 대인관계를 개선하는 데 있다면 어떻게 그 목표를 성취할 생각인가? 현재의 대인관계가 좋거나 나쁘다는 사실을 무엇을 근거로 판단하는가? 대인관계 개선의 목표를 어떤 식으로 설정할 것이며, 그 목표에 어떻게 도달할 계획인가?

사업 성공을 꿈꾸는 사람은 많지만, 막상 '성공'의 정확한 의미가 무엇인지 물었을 때 제대로 답하는 사람은 별로 없다. 성공이 뭔지도 모르는 사람이 과연 성공할 수 있을까? 애매한 목표를 설정하는 일이 문제인 이유는 그 목표가 사람에 따라 전혀 다른 것을 의미할 수도 있기 때문이다. 경제적 자유, 평온한 마음, 내면적 평화, 건강한 인간관계, 자기만족 같은 말의 진정한 의미는 도대체 무엇인가? 이 단어들은 내용이 전혀 구체적이지 않다. 당신에게는 경제적 자유를 안겨줄 만한 돈이 어떤 사람에게는 오히려 경제적 퇴보를 뜻하는 금액일 수도 있다. 우리는 성공의 의미를 늘 구체적으로 파악해야 한다. 지금부터라도 자신이 성공한 모습을 마음속에 그려보는 연습이 필요하다.

    내 생각에 사람들 대부분은 자기가 하고 싶은 일을, 하고 싶은 시기에, 원하는 사람과 함께하는 데만 관심이 있는 듯하다. 게다가 목표를 결정할 때도 눈앞에 선택지를 늘어놓고 이것저것 고르기 일쑤다. 사람들이 행동하는 데 어려움을 느끼는 이유는 자신이 원하는 목표에 대한 분명한 그림이 없기 때문일지도 모른다. 당신이 뭔가를 성취하기 위해 아무리 열심히 노력해도 그 뭔가에 대해 정확히 알지 못하면 동기부여는 어려워질 수밖에 없다. 이를 파악하는 게 어렵다면 먼저 아래의 질문들에 답하면서 목표의 내용을 구체적으로 정리해보자.

우리는 무엇을 위해 사는 걸까?

자신이 열정을 느끼는 분야를 명확히 알고, 이를 추구하는 사람들은 추진력을 얻기 쉽고 의욕이 충만해지며 성취감을 더 잘 느낀다. 문제는 대부분의 사람들이 그 열정을 깨닫지 못한 채 살아간다는 것이다. 그들 모두가 우울증에 빠져서 그런 것이 아니라 이 세상에서 어떤 일을 해야 좋을지 확신이 없기 때문이다. 당신도 그런 부류에 속하는 사람이라면 함께 문제를 해결해보자.

나는 일본인들이 이키가이生き甲斐라고 부르는 개념을 좋아한다. 우리말로 표현하면 '존재의 이유' 또는 '삶의 보람' 정도로 번역되는 말이다. 미국의 기업가 마크 윈Marc Winn은 '이키가이 다이어그램ikigai diagram'이라고 불리는 도표를 개발했다. 그의 설명에 따르면 삶에서 가장 중요한 네 가지 요소가 한 곳으로 집중되는 그림의 중심 부분이 당신이 세상을 살아가는 목적이라고 한다.

1. 당신은 무엇을 좋아하는가?
2. 당신은 무엇에 소질이 있는가?
3. 당신은 어떤 일을 해서 돈을 벌 수 있는가?
4. 이 세상에는 무엇이 필요한가?

조금 시간을 내어 이 질문들의 답을 곰곰이 생각해보라. 당신이 열정을 쏟고 싶은 대상과 삶의 의미를 조금 더 깊이 들여다보고, 생각하는 모든 것을 종이에 옮겨 적어라. 사업이나 직장에 관련된 내용뿐 아니라 봉사하기, 책 읽기, 아이스크림 먹기, 강아지와 놀기 등 당신이 좋아하는 모든 일을 빠짐없이 기록해야 한

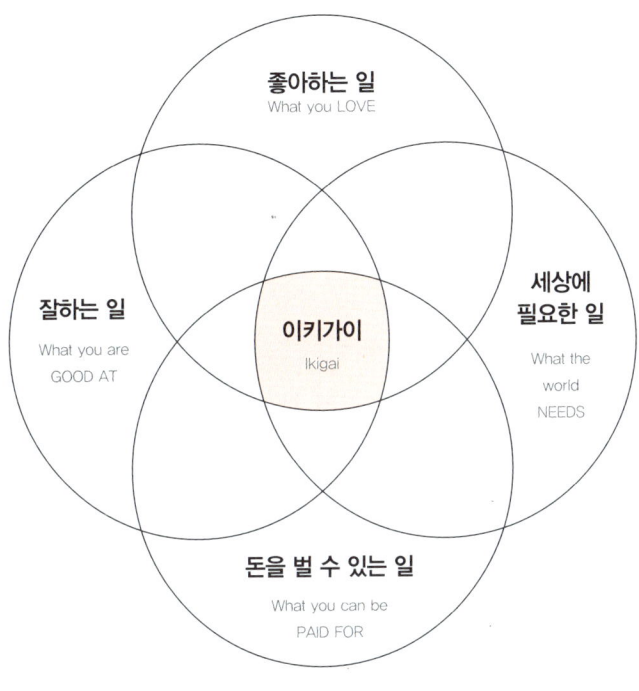

이키가이 다이어그램

다. 이 네 가지 질문에 대한 답을 모두 적었다면, 이제 답이 한 곳으로 겹치는 부분이 있는지 찾아보라. 당신 생각에 이 네 가지 영역에 모두 속하는 것이 하나라도 있다면, 그것이 바로 당신의 '이키가이'다. 하지만 나는 여기서 한 걸음 나아가 사람들이 좀처럼 묻지 않는 한 가지 질문을 더 보태려 한다.

Q. 돈이 되지는 않더라도 당신이 배우거나 수행하는 데 흥미를 느끼

는 일은 무엇인가?

마찬가지로 크든 작든 마음속에 떠오르는 모든 대답을 종이에 적어보자. 당신이 뭔가에 흥미를 느낀다는 말은 그 대상에 대해 어느 정도 열정을 소유하고 있다는 뜻이다.

나는 '이키가이'라는 개념을 조금 더 일찍 배웠으면, 하고 후회할 때가 많다. 지금만큼은 아니지만, 사람이라는 존재 자체를 연구하고 조사하는 데 예전부터 관심이 많았기 때문이다. 나는 뇌과학, 신경학, 심리학, 유아 발달 같은 학문을 좋아하고, 한 사람이 지금과 같은 모습으로 자라난 이유나 과정을 알아내기 위해 노력한다. 지금 내가 하는 일에 큰 열정을 느끼는 것도 그런 학문적 취향과 무관하지 않다. 당신이 어떤 대상에 열정을 느끼는 이유는 그로 인해 얻을 수 있는 긍정적인 결과(즉 당신 자신과 가족들의 삶에 더해지는 가치) 때문이거나, 그 열정이 세상에 미치는 영향 때문일 것이다.

당신이 열정을 쏟을 만한 대상이나 삶의 목표를 아직 파악하지 못했다고 해도 괜찮다. 하지만 그것을 알아내기 위해 매일 노력하지 않는 것은 문제다. 당신 앞에는 자석처럼 강하게 자신을 끌어당기는 가슴 뛰는 미래가 펼쳐져야 한다. 그러기 위해서는 당신이 원하는 미래의 모습을 구체적으로 상상할 필요가 있다.

평생 먹고살 돈이 있다면 무엇을 하고 싶은가?

삶의 목표는 대개 당신의 코앞에 놓여 있는 법이다. 그렇다면 이를 어떻게 찾아내야 할까? 이런 식으로 한번 생각해보자. 당신은 세상의 모든 일이 가능할 것만 같았던 어린 시절을 기억하는가? 그때는 당신도 우주비행사가 되거나 왕이 될 수 있었고, 심지어 그 두 가지 직업을 한꺼번에 다 가질 수도 있었다. 하지만 당신은 자라나면서 무엇이 '현실적'이고 그렇지 않은지를 배웠고, 그 지식을 바탕으로 자신의 가능성을 스스로 줄여나갔을 것이다.

자, 이제 당신의 마음속에서 어린 시절의 자신을 끄집어내자. 그 어떤 제약 없이 내면의 순수한 꿈들을 들춰내자. 예를 들어 당신이 내일 아침 침대에서 일어났을 때 은행 계좌에 5억 달러가 입금됐다는 문자 메시지가 와 있다고 상상해보자. 실수로 벌어진 일이 아니라 어느 익명의 후원자가 당신에게 5억 달러를 기부했다면 당신은 앞으로 어떤 일을 하고 싶은가?

당신도 다른 사람들과 마찬가지로 처음에는 그동안 사고 싶어 했던 물건을 마음껏 사들일 게 분명하다. 일단 집부터 한 채 사고, 전 세계를 여행할 수 있는 비행기를 한 대 구입해본다. 갖고 싶었던 차도 몇 대 사고, 내친김에 보트도 한 대 산다. 얼마간은 이런 식으로 돈을 써대며 물건을 사들일 것이다. 사고 싶었던 모든 것을 사들여도 아직 엄청난 돈이 남아 있다. 아마 죽을 때까지 돈 걱정은 하지 않아도 될 듯하다. 그렇다면 지금부터 무엇을 할 작정인가? 어떤 일을 하며 시간을 보내고 싶은가?

아마 이 시점부터는 질문에 대답하기가 좀 어려워질 것이다. 그 이유는 우리가 삶에서 내리는 의사결정이 대부분 돈과 관련 있으며, '어떻게 하면 더 많은 돈을 벌 것이냐'의 문제로 압축되기 때문이다. 한편으로 생각하면 의식주를 위해 돈을 지출해야 하는 것은 우리에게 주어진 현실이기 때문에, 누구든 일해서 돈을 버는 것은 당연한 일이다. 하지만 그로 인해 좋아하지 않는 직장에서 근무하거나 별로 열정을 느끼지 않는 사업을 운영하는 사람들이 있는 것도 사실이다. "내게 평생 먹고살 돈이 있다면 어떻게 시간을 보낼 것인가?"라는 질문이 유용한 이유는, 당신을 그런 문제에서 벗어나게 해주기 때문이다. 다시 말해 돈을 벌어야 한다는 사실을 염두에 두지 않고도 자신이 진정으로 원하는 목표를 생각할 수 있게 해주는 것이다. 인간은 지금보다 훨씬 나아지고 발전할 수 있는 존재다. 하지만 수많은 사람이 쳇바퀴 같은 일상의 노예가 되어 하루하루를 살아간다. 우리는 일하고, 퇴근하고, 음식을 데워 먹고, 소파에 앉아 TV를 보고, 잠자리에 드는 생활을 매일같이 반복한다. 문제는 사람들이 그런 생활에 너무 익숙하다 보니 삶에 다른 선택지가 있다는 생각 자체를 하지 못한다는 것이다. 이 사실을 깨달은 지금, 당신이 진정으로 원하는 것이 무엇인가? 그 질문의 답을 찾아보자.

앞에서 이야기한 이키가이 질문으로 다시 돌아가서, 당신이 생각한 답을 바탕으로 삶의 목표를 세운 다음 이를 모두 종이에 옮겨보자. 왜 종이에 적어야 할까? 연구에 따르면 종이에 적힌 목표는 한결 생생하고 실제적인 느낌을 주기 때문에, 당사자가 이를 추구하고 성취할 가능성이 더 크다고 한다.[1] 할 수 있는 만큼 최대한 선명하고 구체적으로 목표를 세우자. 당신이 해야 할 일에 대한 단서를 제공한다면 아무리 사소한 내용이라도 관계없다. 예를 들어 단순히 체중을 줄이겠다고 종이에 적기보다는 몇 킬로그램을 줄이기를 원하고, 체지방률은 몇 퍼센트로 낮출 예정이며, 자신이 추구하는 이상적인 체격은 어떤 모습이고, 앞으로 지켜야 할 식이요법이나 운동 계획은 무엇인지를 명확하게 기술하라. 그래야만 당신이 새롭게 구축할 정체성의 한 부분으로 이 변화를 통합할 수 있다. 하지만 이 전투에서는 당신이 '무엇을' 원하는지 파악하는 일이 전부가 아니다. 아직 작업은 끝나지 않았다. 좀 더 깊이 파고들어야 할 문제가 남았기 때문이다.

"왜?"라고 묻기

목표를 종이 위에 적으면 이를 더 적극적으로 추구하게 되는 것은 사실이지만, 그것만으로 모든 게 해결되는 것은 아니다. 안타까운 사실은 자기가 어떤 행동을 "왜" 하는지 알지 못하면 목표에 도달하지 못할 확률이 높다는 것이다. 다시 말해 우리는 본인이 추구하는 목표와 깊은 정서적 유대감을 쌓아야 한다.

하루는 내 고객에게 목표가 무엇인지 물었다. 그러자 그는 더 많은 돈을 버는 것이라 답했다. 이 역시 훌륭한 목표였지만, 선명함이 부족했다. 나는 더 깊이 캐물었다.

"왜 돈을 벌고 싶나요?"

"빚에서 벗어나고 경제적으로 안정된 삶을 누리고 싶어서죠."

"좋은 생각입니다. 하지만 왜 그런 삶을 원하시나요?"

"가족을 부양하고 싶기 때문입니다."

"좋군요. 그런데 왜 가족을 부양하고 싶죠?"

대화는 그렇게 더 깊은 이유를 파고들며 이어졌다. 그 결과 처음에는 단순히 더 많은 돈을 벌고자 했던 막연한 목표가 그에게 돈이 필요했던 구체적인 이유가 되어 윤곽을 드러냈다. 알고 보니 그는 이혼한 아내와 양육권 분쟁을 벌이고 있었다. 그의 수입이 시원찮다 보니 두 아이는 별로 부유하지 못한 동네에서 전처와 함께 살고 있었다. 우리는 이 대화를 통해 그의 마음속에 자리 잡은 무의식적 공포를 발견할 수 있었다. 그는 자신의 아이들이 행여 불이익을 받으며 자라날지도 모르고, 좋지 않은 환경으로 인해 성장에 지장을 받거나 심지어 물리적인 위험에 처할 수도 있다고 걱정했다. 그는 아이들이 그런 환경에서 벗어나 더 나은 삶을 살아갈 기회를 주고 싶었던 것이다. 그러기 위해서는 더 많은 돈을 벌어 집을 장만하고 양육권을 되찾아와야 했다. 비록 그가 우려한 최악의 사태가 현실이 되지 않는다고 해도, 그는 아이들에게 더 큰 성공의 가능성을 안겨줄 위치에 있는 사람이 바로 자신이라는 사실을 알고 있었다. 더 많은 돈을 번다는 목표를 달성하면 아이들의 인생 궤도를 완전히 바꿔놓을 수 있기 때문이었다. 그는 아이들을 위해 열심히 일했다. 요컨대 더 많은 돈을 벌겠다는 단순한 목표보다는, 우리가 "왜"라는 질문을 거듭하며 찾아낸 근본적인 욕구가 그의 행동에 훨씬 큰 추진력을 제공한 것이다. 그의 진정한 목표는 돈이 아니라 아이들에게 더 나은 삶을 선사하는 데 있었다.

프라이스닷컴^{Price.com}을 창업한 억만장자 사업가 제프 호프만^{Jeff Hoffman}은 내 팟캐스트에서 출연해 자신도 비슷한 방법을 사용해서 영업사원들의 사기를 북돋는다고 말한 적이 있다. 제프는 자기 회사에 영업사원들이 새로 입사하면 항상 그들에게 목표가 무엇인지 묻는다. 직원들 대부분은 더 많은 돈을 벌고 싶다는 목표를 이야기하지만, 제프는 그들이 돈을 벌고자 하는 가장 중요한 이유가 무엇인지 밀힐 때끼지 계속 질뮤을 던진다. 어느 직원은 자신의 어머니에게 집을 사주고 싶어 했다. 그의 어머니는 가족들과 더 나은 삶을 살기 위해 푸에르토리코에서 미국까지 이민을 왔고, 플로리다의 조그마한 아파트에서 살고 있었다. 어머니의 꿈은 본인 소유의 주택에서 살아보는 것이었고, 그 직원은 어머니의 꿈을 이뤄주고 싶었다.

제프는 그 직원에게 본인이 꿈꾸는 완벽한 주택의 사진을 구해서 매일 바라볼 수 있도록 책상 앞에 붙여놓으라고 말했다. 제프는 그 직원의 책상 옆을 지나칠 때마다 영업 실적이 어떤지 묻는 대신 이렇게 질문했다. "어머니께 집을 사드린다는 목표에는 얼마나 가까워졌나?"

내 고객과 제프의 영업직원에게는 돈이 진정한 목표가 아니었다. 그들의 목표는 돈을 이용해서 사랑하는 사람들의 삶을 바꿔주는 것이었다. 당신의 목표가 삶에서 더욱 크고 더욱 의미 있는 무언가에 연결되어 있다면, 새벽 5시에 침대에서 일어나기 위해 억지로 노력하거나 초과 근무를 하려고 애쓸 필요가 없다. 그냥 자연스럽게 그렇게 될 뿐이다. 그 목표를 달성하는 순간 사랑하는 사람들의 삶이 바뀔 거라는 사실을 알고 있기 때문이다.

당신이 진정으로 원하는 게 무엇인지, 그리고 왜 그것을 원하는지(즉 목표 뒤에 놓인 정서적 이유가 무엇인지) 모르겠다면, 일곱 단계의 "왜"라는 질문을 스스로 던져보자. 삶의 목적을 더욱 잘 이해하는 데 도움이 될 것이다. 당신이 세운 목표의 첫 번째 항목을 시작으로 자신에게 "왜?"라고 질문하자. 그 대답을 종이에 적고, 다시 "왜?"라고 물으면서 더욱 깊이 이유를 파고들자. 이 과정을 일곱 번 반복한 뒤에 어떤 결과가 나왔는지 확인해보자. 아마 예전과 전혀 다른 관점에서 당신의 목표를 바라볼 수 있게 될 것이다.

목표를 가진 사람은 뒤돌아보지 않는다

자신의 진정한 목표를 파악한 사람은 미래를 향해 저절로 이끌려간다는 느낌을 받는다. 당신은 그 목표를 향한 지속적인 추진력을 얻었으므로 동기부여에 대해서는 더 걱정하지 않아도 된다. 동기부여motivation와 추진력drive은 어떻게 다른가? 동기부여가 캠프파이어에 처음 불을 붙이는 불쏘시개라면, 추진력은 장작더미 속에서 밤새 활활 타오르는 커다란 통나무와도 같다. 사람들은 행동의 비결이 동기부여라고 말한다. 나는 어떻게 하면 자신에게 더 많은 동기를 부여할 수 있느냐고 묻는 메시지를 하루에도 수십 통씩 받는다. 하지만 그들은 자기가 잘못된 질문을 하고 있다는 사실을 잘 모른다. 물론 동기부여도 행동의 물꼬를 트는 역할을 한다는 점에서는 어느 정도 의미가 있다. 그러나 당신이 목표를 달성할 때까지 포기하지 않고 그 행동을 계속 이어가게 만드는 것은 추진력과 꾸준함이다.

순간적인 동기부여를 바탕으로 행동하는 사람과 지속적인 추진력을 장착한 사람은 확연히 다르다. 그들의 눈을 바라보고, 목소리를 듣고, 몸짓 언어를 관찰하면 금방 알 수 있다. **추진력이 강한 사람은 어떤 일을 하더라도 도중에 포기할 거라는 느낌을 주지 않는다.** 마치 영화에서 실종된 아이를 찾는 엄마가 미친 듯이 거리를 헤매는 모습과도 흡사하다. 그것이 바로 추진력이다. 아이 엄마는 목표를 추구하기 위해 노력하거나 자신을 억지로 몰아붙일 필요가 없다. 그녀는 온몸의 세포 하나하나를 동원해서 아이를 찾는다는 목표를 이루기 위해 자기가 할 수 있는 모든 일을 한다. 그녀는 목표에 저절로 이끌린다. 그것이 바로 다른 사람들과의 차이점이다. 그런 사람에게 플랜B 따위는 아무런 의미가 없다. 플랜A에 쏟아야 할 집중력을 흩뜨릴 뿐이다. 유일한 선택지는 원래 세워둔 목표를 성공적으로 달성하는 것이다.

얼마 전, 친구 한 명이 다이어트에 시간을 내기가 어렵다고 고충을 호소한 적이 있다. 그녀는 건강한 음식을 먹고 운동도 열심히 할 요량으로 계획을 세우지만, 그때마다 자신의 일상에 번번이 발목을 잡힌다는 것이다. 회사에서 근무하고 아이들을 돌보는 데 대부분의 시간을 쓰다 보니 일을 마친 뒤에는 지칠 대로 지쳐서 운동할 힘이 남아 있지 않다는 것이다. 결론은 시간이 부족하다는 말이었다. 나는 친구에게 이렇게 물었다.

"아이들에게 밥을 차려주는 일을 잊은 적이 있어?"

그러자 그녀는 살짝 기분이 상한 말투로 이렇게 대답했다.

"그런 일은 절대 없지! 아이들에게 밥 차려주는 일을 어떻게 잊을 수 있겠어?"

"그 일의 우선순위가 가장 높다는 뜻이지?"

"물론이지."

그 친구는 아이들에게 밥을 차려주는 일을 삶의 가장 높은 우선순위로 올려놓은 것처럼, 자신이 오래도록 건강한 삶을 누리기 위해 운동하는 것을 또 다른 우선순위로 삼아야 한다. 하지만 그녀는 그런 식으로 생각하지 않는다. 물론 그런 사람이 그 친구만은 아니다. 나는 시간이 부족해서 목표를 달성할 수 없다는 사람들의 불평을 하루에도 수십 번씩 듣는다. 그리고 나는 그들에게 매번 같은 말을 한다. 일단 목표를 세웠으면 이를 삶의 가장 중요한 우선순위로 두어야 한다고 말이다. 너무나 당연한 일인데도 사람들은 그 사실을 종종 간과한다. 그들이 목표를 이루는 데 하나같이 실패하는 이유는 바로 그 때문이다.

내 코치는 언젠가 이렇게 말한 적이 있다. "시간이 없다고 핑계를 대기보다는 차라리 목표에 관심이 없다고 속 시원히 말하는 편이 낫다." 다소 거친 표현일지도 모르지만, 모든 사람이 새겨들어야 하는 말이다. 사람들은 중요한 일이라면 어떻게든 시간을 낸다. 운동할 시간이 없다는 말은 운동이 그만큼 중요하지 않다는 뜻이다. 사업을 쌓아 올릴 시간이 부족하다는 말은 사업이 그만큼 중요하지 않다는 의미일 수 있다. 배우자나 아이들과 함께할 시간을 내지 못하거나 원만한 대인관계를 구축할 시간이 부족하다면, 그건 가족이나 대인관계가 당신에게 별로 중요하지 않기 때문일지도 모른다. 만약 당신에게 뭔가가 진정으로 중요하다면 그 일을 해낼 '방법'을 찾겠지만, 중요하지 않다면 그 일을 하지 않을 '핑계'를 찾을 것이다.

당신이 원하는 삶을 창조하는 일은 가장 중요한 우선순위가 되어야 한다. "시간이 없어"라는 말은 당신이 꾸며낼 수 있는 가장 궁색한 변명이다. 말하자면 목표를 이루는 데 실패한 책임을 외부의 대상에 전가하는 것이다. 언뜻 듣기에는 당신이 마치 시간의 희생자라도 되는 것 같지만, 그건 절대 사실이 아니다. 당신은 시간의 희생자가 아니라 시간을 계획하는 능력이 형편없는 사람일 뿐이다.

당신은 이제 조수석에서 운전석으로 자리를 바꿔 앉아야 한다. 그리고 자신이 목적하는 바를 향해 "예스"라고 외치며 달려가야 한다. 어떤 일이 일어났든 또는 일어나지 않았든, 그 결과를 책임질 사람은 오직 당신뿐이다. 그 일을 이루는 데 필요한 행동을 하도록 스스로를 독려하는 최고의 방법은 자기가 진정으로 무엇을 원하는지 확실하게 파악하는 것이다. 매일 아침 자리에서 일어날 때마다 목표에 정신을 집중하자. 그리고 그 목표와 함께 미래를 향해 나아가보자.

몸이 먼저 움직이는 행동 처방

❖ 당신이 돈 걱정을 하지 않을 정도로 부자가 된다면 어떻게 시간을 보낼까?

_____
_____

❖ 당신이 삶에서 큰 성공을 거둔다면 그건 무엇을 의미하는가? 어떤 기분이 느껴질까? 성공의 모습은 어떨까? 맛은 어떨까? 구체적으로 적어보자.

_____
_____

❖ 당신에게 가장 중요한 미래의 목표는 어떤 모습인가? 구체적이고 생생하게 적어보자.

_____
_____

❖ 그 목표를 달성하면 어떤 기분이 느껴질까?

_____
_____

4장.

시각화
행동으로 직결되는 연결고리

당신이 그리는 미래의 그림은 얼마나 선명한가? 아마 선명하지 않을 가능성이 크다. 물론 체중을 줄이겠다거나, 더 많은 돈을 번다는 목표를 세웠을 수는 있다. 하지만 그 목표의 진정한 의미는 무엇인가? 보이지도 않는 과녁을 향해 화살을 쏠 수는 없다. 목표는 가능한 구체적이어야 한다. 목표가 바로 눈앞에 보이는 것처럼 선명할 때 당신이 그토록 원하는 미래가 자신을 자연스럽게 앞으로 끌어주는 느낌을 받을 것이다. 4장에서 이야기할 '시각화'는 당신이 그 작업에 박차를 가할 수 있도록 돕는다. 그 지점까지 도달한 사람은 이제 행동에 나설 준비를 마친 것이다. 그 마지막 단계의 이야기를 시작해보자.

열세 살 되던 해, 나는 친구 에디가 속한 팀을 상대로 농구 시합에 나간 적이 있다. 에디의 농구 실력은 나보다 월등히 좋았고, 팀 내에서도 최고의 선수로 꼽힐 정도였다. 나도 우리 팀에서는 나름 잘하는 편이었지만, 시합 전날 밤에는 긴장이 되어 어쩔 줄 몰랐다. 어머니가 내일 시합에 출전하게 되어 기쁘냐고 물었을 때 나는 "아뇨, 무서워요"라고 대답했다.

당시 어머니는 유명한 라이프 코치 겸 연설가인 토니 로빈스의 녹음테이프를 자주 들었다. 어머니는 로빈스의 방송을 듣고 '시각화visualization'라는 개념을 배웠다고 했다. 시합에 나서기가 무섭다는 내 말을 듣고 어머니는 이렇게 말했다.

"네 방으로 가서 경기 장면을 상상해봐."

"그게 무슨 뜻이에요? 농구 경기를 어떻게 상상하죠?"

"경기가 어떻게 펼쳐졌으면 좋겠는지 생각해보고 그 장면들을 마음속에 그려보는 거야. 그럼 진짜 경기가 시작했을 땐 이미 시합을 치러본 것처럼 느껴져서 무섭지 않을 거야."

나는 욕실 바닥에 누워 머릿속으로 시합을 상상하기 시작했다. 내가 그곳에서 보낸 시간은 약 5분 정도였지만, 족히 30분은 지난 것처럼 느껴졌다. 그리고 그 행동은 정말 효과가 있었다. 그 시합의 승패는 더 이상 기억나지 않지만, 마음속에서 이미 한 번 경기를 치른 덕분에 한결 차분하게 게임에 임할 수 있었던 것만은 생생하게 기억한다.

나는 상상 속의 미래를 두려워하는 대신 내게 힘을 안겨주는 미래를 스스로 상상했고, 그건 마치 마법과도 같은 효과를 발휘했다. 당시 내가 활용한 뇌의 부위가 망상활성체계reticular activation system, RAS였다는 사실을 깨달은 것은 그로부터 한참이 지난 뒤의 일이었다. RAS는 척추의 맨 윗부분에 자리 잡은 새끼손가락 굵기의 신경세포, 즉 뉴런neuron 다발이다. 이 기관은 누구나 활용할 수 있다. 다 같이 한번 실험해보자.

1. 지금 당신이 있는 공간을 20초 정도 둘러보면서 눈에 보이는 '빨간색' 물건의 개수를 세어보라.
2. 빨간색 물건은 총 몇 개인가?
3. 자, 이제 눈을 감고 그 공간에 '갈색' 물건은 몇 개 있었는지 기억해보라.

아마 빨간색 물건들을 잘 기억할 수 있겠지만, 갈색 물건들은 기억하지 못할 가능성이 크다. 그 이유는 무엇일까? 갈색 물건에는 아예 신경을 쓰지 않았기 때문이다. 당신은 주위에서 오직 빨간색 물건만 찾아냈다. 이처럼 사람은 자기가 보려고 마음먹은 대상만 바라보게 되어 있다.

사람의 뇌는 1초 동안 수조 비트의 정보를 받아들일 수 있다.[1] 지금 당신은 무엇을 바라보고 있나? 무엇을 듣고 무엇을 만지나? 어떤 냄새를 맡고 무슨 맛을 경험하나? 우리를 둘러싼 세계에는 너무나 많은 정보가 존재하기 때문에 뇌가 모든 것을 다 처리하지 못한다. 수조 비트의 정보 중에 뇌가 초점을 맞추는 것은 40~50비트에 불과하고 나머지는 다 걸러진다. 그것이 바로 RAS의 역할이다. 마치 뇌라는 이름의 문 앞에 버티고 선 문지기와도 비슷하다. 그 문지기는 어떤 정보를 받아들이고 어떤 정보를 걸러낼지 어떻게 결정할까? 간단하다. 그것을 결정하는 것은 바로 당신이다. 비록 당신이 그 사실을 알지 못한다 해도 말이다.

한 가지 예를 들어보자. 나는 예전에 새 트럭을 구매하기 전까지 자동차에 관심을 둔 적이 한 번도 없었다. 새로 산 트럭은 이름조차 생소한 리드풋 그레이라는 색깔의 포드 랩터 제품이었다. 그런데 이 트럭을 몰고 거리를 돌아다니자 다른 포드 랩터 트럭들이 유달리 많이 눈에 띄는 것이 아닌가? 게다가 리드풋 그레이 색깔의 차도 자주 보였다. 물론 원래부터 그랬던 것은 아니다. 왜 이런 일이 생겼을까? 사람은 관심이 없는 대상에 절대 눈길을 주지 않기 때문이다. 이와 반대의 경우도 마찬가지다.

나는 언젠가 페이스북을 보다가 플로리다에서 고등학교를 함께 다녔던 친구 라이언의 프로필을 우연히 발견했다. 당시는 라이언을 마지막으로 만난 지 족히 10년은 넘었을 때였고, 반가운 마음에 그의 프로필을 몇 분 정도 훑어봤다. 신기한 경험을 한 것은 바로 그 다음 날의 일이었다. 카페에서 그 친구의 뒷모습을 발견한 것이다. 그 사람이 뒤를 돌아봤을 때 그가 라이언이 아니라는 사실을 알아차렸지만, 그 순간 뇌가 나도 모르는 사이에 그 친구에게 초점을 맞추고 있다는 것 역시 깨달았다. 이처럼 사람의 뇌는 한 대상에 관심을 보이면 그 순간부터 그 문제의 답이나 해결책을 찾아내고자 애쓰거나, 대상과 대상을 연결 짓는다.

뇌는 이미 당신이 원하는 것을 알고 있다

스탠퍼드 대학교의 신경과학자 앤드루 후버맨 Andrew Huberman 교수는 내 팟캐스트 방송에 출연해서 RAS가 세상의 거의 모든 정보를 자의적으로 걸러내는 역할을 한다고 설명했다. 뇌의 화학물질들은 신경계를 유도해서 당신이 뇌에 지시한 대상을 찾는 데 더 많은 자원을 집중하게 한다. 우리가 주위 사람들에게 감사하는 법을 연습하는 일이 그토록 긍정적인 효과를 발휘하는 이유도 여기에 있다. 그 행위로 인해 세로토닌 serotonin 이라는 호르몬이 증가하면서 주위 환경에 존재하는 사물에 긍정적인 느낌을 품게 만들기 때문이다. 또 우리가 콘서트장이나 운동경기장 안을 걸어가면 행사장의 떠들썩한 소음 탓에 바로 옆사람의 말조차 들리지 않을 때가 있다. 하지만 그런 소음 속에서도 누군가 내 이름을 부르면 소리가 난 곳을 향해 반사적으로 고개를 돌리게 된다. 그건 아세틸콜린acetylcholine과 에피네프린epinephrine이라는 신경전달물질의 작용으로 인해 뇌가 그 정보를 중요하게 인지했기 때문이다.

당신의 RAS는 본인의 신념 체계나 정체성과 일치하는 데이터나 패턴을 끊임없이 찾아낸다. 그 말은 당신이 인지하든 말든 시스템 설정의 열쇠를 쥔 사람은 결국 당신 자신이라는 뜻이다. 당신은 뇌를 지키는 문지기에게 본인이 관심 있는 정보만 입장시키라고 명령한다. 그 정보의 내용이 긍정적인지 부정적인지는 개의치 않는다. 당신이 뉴스를 시청할 때 세상이 당장 멸망할 것 같다는 소식만 골라서 듣는다면, 결국에는 조만간 세상이 멸망할 거라고 믿게 될 것이다. 당신은 주로 누구와 대화를 나누나? 어떤 사람들과 어울리나? 어떻게 시간을 보내나? 당신 주변에 부정적인 생각을 지닌 사람만 가득하고 그로 인해 세상 모든 일이 당신에게 불리하게 작용한다는 피해의식을 품으면, 실제로 당신에게 불리한 일만 계속해서 일어날 것이다. 게다가 사람의 뇌는 부정적인 생각에 기본적으로 초점이 맞춰져 있으므로, 당신이 개입해서 바로잡지 않으면 이런 상황이 저절로 바뀔 가망은 거의 없다. 그러나 뇌의 매개변수를 설정하는 것은 결국 당신 자신이기 때문에, 당신은 뇌가 뭔가 다른 데 초점을 맞추도록 대본을 새롭게 쓸 수 있다. 다시 말해 당신이 긍정적인 생각에 초점을 맞추고 삶에서 진정으로 원하는 대상에 집중하면, RAS는 그 생각에 부합하는 정보를 찾아 나서고 더 많은 긍정적인 정보를 받아들이게 되는 것이다. 이 과정은 자신을 향해 긍정적인 질문을 던짐으로써 시작된다.

뇌는 늘 문제에 대한 해결책을 찾아내고 질문의 대답을 얻으려고 애쓴다. 풀지 못한 문제를 위협적인 요소로 인식하기 때문이다. 부정적이라는 말은 무슨 뜻인가? 공포, 죄책감, 수치심의 정체는 무엇인가? 이는 모두 해결해야 할 문제 또는 대답해야 할 질문일 뿐이다. 그렇다고 문제를 해결하지 않거나 질문에 대답하지 말라고 뇌를 설득할 수도 없다. 그런 일은 아예 시도조차 하지 말라. 뇌와 싸워서 이길 수 있는 사람은 세상에 없다. 그러니 뇌와 싸우려 들지 말고 자신에게 던지는 질문의 내용을 바꿔보면 어떨까. 질문을 바꾸면 느낌을 바꿀 수 있고, 그 느낌은 당신이 하는 모든 일에 영향을 미쳐 더 적극적으로 행동에 나서도록 동력을 제공할 것이다. 그것이 긍정적 순환고리의 출발점이다.

예를 들어 당신이 직장을 그만두고 개인 사업을 시작할 계획을 세우고 있다고 해보자. 하지만 돈이 넉넉지 않아 과연 회사 문을 열 수 있을지 걱정스럽다. 물론 합리적인 우려일 수 있다. 당신은 이렇게 자문하기 시작한다. "나는 빈털터리가 될까?" "내가 생각지 못한 문제가 터지는 건 아닐까?" 당신이 그런 식으로 궁금해하는 순간, 뇌는 사업이 잘못 돌아갈 만한 온갖 시나리오를 구글보다 더 열심히 찾아낸다. 당신이 그 생각에 열중한 탓에

RAS가 맡은 바 임무를 더 충실히 수행하는 것이다. 그 결과 계속해서 어떤 일이 잘못될 가능성을 더욱 확장시킨다. 그 문제의 원인은 애초에 당신이 그런 부정적인 질문에만 매달린 데 있다. RAS의 역할은 당신이 구하는 대답을 찾아주는 것뿐이다.

당신은 대본의 내용을 바꿔야 한다. 자신에게 이렇게 물어보자. "지금이 직장을 그만둘 적기인 이유는 무엇일까?" 또는 "내가 이 사업을 운영할 어떤 자격을 갖췄을까?" 이처럼 질문들은 긍정적이어야 한다. 그리고 그 질문들을 모두 종이에 적고 사업 일지의 필수 항목으로 포함시켜 놓자. 가장 중요한 일은 본인에게 스스로 긍정적인 질문들을 던짐으로써 뇌가 그 질문에 대한 대답을 찾아낼 수 있도록 유도하는 것이다.

만일 사업에서 성공할 자격이 없다는 생각이 자꾸 든다면, 이 정체성을 뒤바꿀 질문을 해보자. "나는 실패할까?"라고 묻는 대신 질문을 뒤집어 "내가 성공을 거둘 자격이 있는 이유는 무엇일까?" 혹은 "내가 성공하면 어떤 좋은 일을 할 수 있을까?", "내가 성공하면 가족과 내 삶이 어떻게 나아질까?"라고 질문해보자.

또 당신이 좋은 부모가 아닐지도 몰라 우려스럽다면, 다음과 같은 질문들을 통해 뇌가 정반대되는 생각을 할 수 있도록 유도해보자. "아이들의 삶을 더 낫게 만들어주기 위해 오늘 할 수 있는 일은 무엇일까?" "오늘 나는 아이들에게 어떤 부모일까?" "내가 지닌 부모로서의 가장 큰 장점을 어떻게 활용할 수 있을까?"

중요한 것은 미래에 얻을 수 있는 혜택에 시선을 고정하고 당신이 가고자 하는 방향에 초점을 맞추는 일이다. 그래야만 멋진 미래를 유혹할 수 있고, 좋은 기회가 생길 때마다 이를 놓치지 않고 손에 넣을 수 있다. 질문은 초점을 바꾸고, 초점은 당신의 느낌을 지배한다. 하지만 여기서 멈추지 않고 한 단계 더 진화할 수 있는 방법을 알려주고자 한다. 내 어머니가 농구 시합 전에 일러준 것처럼 시각화의 힘을 이용해서 당신이 원하는 미래가 바로 코앞에 있는 듯이 뇌를 설정하는 것이다.

당신이 원하는 미래를 정상화하라

나는 열세 살 때 농구 시합에서 뛰는 장면을 시각화한 경험이 있지만, 사실 그건 딱히 새로운 방법은 아니다. 운동선수들은 오랫동안 비슷한 훈련 방법을 사용해왔고, 최고의 선수들은 지금도 시각화를 훈련하고 있다. 이는 초자연적인 현상이나 비밀스러운 의식과는 거리가 멀다. 시각화(심리적 형상화) 작업이 운동선수의 성적을 높여준다는 이론을 뒷받침하는 과학적 연구 결과는 넘쳐난다. 그 훈련이 선수들의 운동 능력을 개선하고 새로운 기술을 습득하는 능력을 강화해준다는 것이다. 2017년 발표된 어느 연구 결과에 따르면, 운동선수의 성적을 개선하기 위해서는 외부적 요인에 의존하기보다 시각화 작업을 활용한 동기부여가 훨씬 효과적이라고 한다.[2] 결국 핵심은 선수가 경기 결과뿐만 아니라 결과를 얻는 과정에 집중하는 데 있다는 것이다.

인간이라는 종족은 일의 결과나 사실관계에 극도로 집착하는 존재다. 우리는 어떤 일을 시도하기도 전에 먼저 그 일이 가능하다는 증거를 원한다. 증거가 없이 행동하기란 무섭기 때문이다. 인간의 뇌는 예전에 해보지 않은 일을 두려워한다. 물론 자신의 안전을 보호한다는 측면에서는 합리적인 대응이라고 할 수 있다. 하지만 아직 경험한 적이 없는 미지의 대상에 접근하는 데는 그런 식의 대응에 한계가 있을 수밖에 없다.

1954년 전까지는 인간이 1마일(약 1.6킬로미터)을 4분 이내로 달리는 게 가능하다고 생각한 사람은 아무도 없었다. 아무도 그 기록을 깨지 못했다. 전문가들은 물론이고 의사들까지도 1마일을 4분 이내로 주파하는 일이 물리적으로 불가능하다고 주장했다. 사람이 그 정도까지 몸을 혹사하면 심장이 터질지도 모른다는 것이 그들의 생각이었다. 그 방면에 가장 정통한 전문가들이 그렇게 말하니 대중의 믿음도 그런 식으로 굳어질 수밖에 없었다. 그러다가 로저 배니스터Roger Bannister라는 선수가 등장했다. 1954년, 배니스터는 1마일을 3분 59초 4의 기록으로 달렸고, 불가능이 가능으로 바뀔 수 있다는 사실을 입증했다.

이 이야기에서 가장 놀라운 대목은 최초로 배니스터가 그 기록을 세운 지 3개월 뒤에 다른 선수가 두 번째로 4분 벽을 깼고, 그 뒤로 2년 동안 무려 300명의 선수가 1마일을 4분 안에 주파했다는 것이다. 어떻게 그런 일이 가능했을까? 인간이라는 종족이 1954년부터 1956년 사이에 갑자기 더욱 강하고 빠른 존재로 진화한 것일까? 인간의 폐활량이 변했을까? 그렇지 않다. 다만 인간이 자신의 한계를 생각하는 방식이 변했을 뿐이다. 1마일을 4분 이내에 달릴 가능성은 늘 그곳에 존재했다. 하지만 그럴 수 있다는 믿음이 존재하지 않았다. 그로 인해 수많은 사람이 한계를 넘어서지 못하고 스스로 자신의 발목을 잡은 것이다.

오래전부터 사람들은 하늘을 올려다보면서 자유롭게 날아다니는 새들을 부러워했다. 만일 인간이 하늘을 날 수 있다면 얼마나 좋을까 하고 생각했다. 하지만 그런 일은 절대 불가능하다 믿었고, 일어날 수 없는 일이었다. 1903년, 라이트 형제가 제작한 비행기가 불가능을 가능으로 바꿔놓기 전까지 말이다.

이와 마찬가지로 사람들은 인간이 우주에 진입하기가 불가능하다고 생각했다. 하지만 1961년, 소련의 우주비행사 유리 가가린Yuri Gagarin은 인류 최초로 우주 궤도에 올랐다. 모든 사람은 인간이 달에 착륙하는 일이 절대 불가능하다고 믿었을 때도 1969년에 닐 암스트롱은 인류 역사상 처음으로 달 표면에 발을 내디뎠다.

솔직히 말해 당신은 인류가 유인 우주선을 발사해서 지구로부터 약 40만 킬로미터 가까이 떨어진 곳에서 지구 궤도를 시속 3,700킬로미터로 돌고 있는 거대한 바위 위에 안착시키고, 다시 그 바위 위를 이륙해서 지구로 안전하게 귀환시킬 수 있다고 믿는가? 게다가 지금 우리의 주머니에 든 스마트폰보다도 훨씬 성능이 떨어지는 컴퓨터를 이용해서? 그건 도무지 말도 안 되는 일이었다. 하지만 그 불가능을 가능으로 만든 건, 언제나 당신과 같은 평범한 사람들이었다. 그러니 당신에게도 불가능을 가능으로 바꿀 수 있는 힘이 있다.

시각화 시나리오 다시 쓰기

당신이 원하는 사업을 시작하더라도 성공할 수 없다고 믿는 이유에 대해 스스로 어떤 핑계를 대고 있는지 생각해보자. 물론 섣불리 사업에 뛰어들기보다는 자신의 한계를 구구절절 설명하며 도전을 미루는 게 마음이 더 편할 수도 있다. 불가능한 일에 매달려봐야 시간 낭비에 불과하니, 차라리 소파에 앉아 인스타그램을 뒤적이거나 TV를 보는 편이 나을지도 모른다. 당신이 생각하는 본인의 한계는 행동에 나서지 않을 핑계나 어려운 일을 외면할 핑계가 되어준다. 당신은 그 핑곗거리를 바탕으로 자신에게 또 다른 이야기를 들려주고 또 다른 방식으로 본인을 설정한다. 이는 정체성의 또 다른 일부로 자리 잡거나 자신이 어떤 사람이어야 한다는 환상으로 굳어진다. 당신은 이런 악순환을 거치며 자신의 머릿속에 꼼짝없이 붙잡혀 본인의 성장과 발전에 스스로 발목을 잡는다.

시각화는 특정한 행위를 실행에 옮기기 위한 심리적 준비를 가능케 해주는 도구다. 이 작업을 잘 활용하면 위의 악순환을 끊어내고 당신이 현재 시도하고 있는 일이 반드시 성공할 것이라고 뇌를 설득할 수 있다. 당신이 원하는 삶이 이미 실현됐다고 뇌가 착각하는 순간, 그 삶을 이루기 위한 행동에 나서기가 훨씬 쉬워진다.

가령 당신이 직장에서 현재 1년에 6만 달러의 연봉을 받는다고 가정해보자. 나중에 일자리를 옮긴다면 6만 달러 이하의 연봉을 받게 될 곳으로는 절대 가지 않을 가능성이 크다. 본인의 가치가 그 이상이라는 사실을 잘 알고 있기 때문이다. 다시 말해 자신의 가치를 정확히 인식하고 있으므로 6만 달러 이하를 제시하는 일자리는 받아들이지 않을 것이다. 그 금액이 당신의 가치를 나타내는 새로운 기준이 된 셈이다. 시각화는 심리적 기준선을 높임으로써 이 과정을 더욱 앞당길 수 있게 해주는 훌륭한 도구다. 하지만 여기서 멈춰서는 안 된다. 우리는 자신이 원하는 미래의 모습을 마음속으로 그려볼 뿐 아니라 처음에는 불가능해보였던 목표를 평범하고 당연한 현실처럼 느낄 수 있어야 한다.

미래의 목표를 시각화함으로써 당신이 얻게 될 최대의 혜택은 스스로가 그 일을 해낼 수 있다는 사실을 당연히 받아들이게 되는 것이다. 만약 당신의 목표가 사업에서 성공하는 것이라면, 해당 목표를 달성했을 때 어떤 기분일지, 어떤 삶이 펼쳐질지 등에 대해 시각화할 수 있어야 한다. 그리고 그 작업에 성공한 순간 당신은 목표를 달성할 수 있다는 사실을 자연스럽게 받아들이게 되고, 이는 세상에서 오직 당신만이 할 수 있는 특별한 능력으로 자리 잡게 될 것이다.

손쉽게 시각화하는 법

몇 년 전, 나는 여자친구(지금의 아내)와 함께 6개월 동안 로마에서 살 계획을 세웠다. 그리고 2016년을 맞이하며 다음 해에는 그 계획을 꼭 실천에 옮기기로 마음먹었다. 하지만 그 목표를 정말 이룰 수 있을지는 확신할 수 없었다. 당시 내가 벌여놓은 사업이 막 성과를 내기 시작한 참이었고, 집을 새로 산 지도 얼마 되지 않았을 때였기 때문이다. 그 계획을 실행에 옮기기에는 많은 준비가 필요했지만, 꼭 한번은 로마에서 살아보고 싶었기에 핑계는 집어치우기로 했다. 그리고 2017년 새해가 밝았을 때, 나는 그해 7월 1일까지는 로마에 이주하는 작업을 마치겠다고 나 자신과 약속했다. 그 약속은 그해 가장 중요한 목표가 되었고, 목표를 이루는 데 최선을 다했다. 그 목표를 매일 시각화하는 데 그치지 않고 오감五感을 사용해서 시각화의 효과를 조금 더 강화하기 위해 노력했다.

먼저 로마에서 살고 싶은 지역을 구체적으로 결정하기로 했다. 나는 '로마의 외국인들'이라는 페이스북 모임에 가입해서 로마에 거주하는 사람들과 우리가 원하는 환경이나 조건을 두고 대화를 나누었다. 그러자 많은 사람이 트라스테베레Trastevere라는 지역을 추천했다. 나는 구글맵의 스트리트뷰 기능을 이용해서 이 동네를 '걸어 다니기' 시작했다. 이는 한 단계 높은 차원의 시각화 작업이었다. 또 그 동네의 커피숍도 하나 찾아냈다. 나는 매일 아침 텍사스주 오스틴에 위치한 집에 앉아 커피를 마실 때마다 내가 찾은 로마의 커피숍에 앉아 있는 모습을 시각화하며 그 경험을 더욱 강화시켰다. 그뿐만이 아니라 현지의 길거리에서 들려오는 소음을 녹음한 '로마의 소리'라는 파일을 헤드폰으로 듣기도 했다. 나는 매일 아침 로마의 거리를 걸어 커피숍으로 향했다. 마음속으로는 로마 교외에 앉아 커피를 마셨지만, 사실 나는 집에 앉아 헤드폰을 착용하고 그 도시의 소음을 들으며 커피를 홀짝였다. 나는 머릿속으로 그 거리를 바라보고, 입으로 커피의 향과 맛을 음미하고, 헤드폰을 통해 그 도시의 소음을 듣고, 손에 커피잔을 들고 그곳의 의자에 앉아 로마를 즐겼다. 매일 아침 열정적으로 내 몸의 모든 감각을 이용해서 로마를 경험했다.

    나는 이런 방식으로 뇌와 몸을 설득해서 그 목표가 가능하다고 스스로 믿게 했을 뿐 아니라, 나 자신이 그 목표를 이루기 위해 적극적으로 행동할 수 있도록 동기를 부여했다. 그 덕에 내 뇌는 문제나 걱정거리에 집중하는 대신 목표의 실현 가능성에 초점을 맞출 수 있었다. 내가 그곳의 와인과 음식, 그리고 냄새와 소리를 시각화하는 작업을 몇 달 동안 꾸준히 실천하자, 로마로 떠난다는 목표에 더욱 열정적으로 임하게 됐고, 나중에는 7월 1일까지 기다리기가 너무 힘들어졌다. 마음 한구석에 자리 잡았던 온갖 문제나 걱정거리가 더 이상 장애물로 여겨지지 않았다. 나는 로마로 가는 데 필요한 모든 준비에 최선을 다했고, 덕분에 우리는 예정보다 한 달 일찍 그곳으로 떠날 수 있었다. 그곳으로 거주지를 옮기는 일이 과연 가능할지 반신반의하던 사람이 한시라도 일찍 그곳에 도착하게 되기를 간절히 바라는 사람이 된 것이다. 그 과정이 별로 어렵거나 고통스럽지는 않았다. 오히려 내가 원하는 미래가 나를 이끌어준다는 느낌을 받았다. 이것이 바로 정상화normalization의 과정이다.

정상화, 상상을 현실로 만드는 힘

오래전, 나는 정상화가 사람에게 얼마나 큰 힘을 발휘하는지 깨달은 적이 있다. 앞에서도 잠시 이야기했던 댄 삼촌은 플로리다의 시에스타 키Siesta Key에 자리 잡은 아름다운 동네에서 살았다. 나는 어린 시절 삼촌의 집을 놀러 갈 때마다 사촌 동생과 함께 골프 카트를 타고 이곳저곳 돌아다니며 그들이 살고 있던 큰 집을 구경하곤 했다. 그때 속으로 이렇게 계속 중얼거렸던 기억이 난다.

언젠가는 나도 이런 집에서 살 거야.
언젠가는 나도 이런 집에서 살 거야.
언젠가는 나도 이런 집에서 살 거야.

그때는 스스로를 독려하는 일이 얼마나 중요한지 잘 몰랐지만, 여러 대의 페라리가 줄지어 서 있고 멋진 경치가 내려다보이는 해변의 큰 집에서 살아가는 미래의 느낌을 스스로 정상화한 셈이다.

몇 년 전 오스틴으로 처음 이주했을 때, 내가 이사한 동네는 여러모로 환경이 좋지 않았다. 그래서 언젠가는 조금 더 나은 집으로 옮기고 싶었다. 나는 살고 싶은 동네와 집을 찾아낸 뒤에 '긍정적 시각화 positive visualization' 도구를 활용해서 그 멋진 집에 거주하는 사람의 느낌을 정상화했다. 시간이 날 때마다 내가 살기 원하는 동네를 운전해서 돌아다니며 거리의 느낌은 어떻고 집들은 어떻게 생겼는지 주의 깊게 관찰했다. 이 나들이의 목적은 그 지역의 집이나 자동차가 얼마나 멋진지 막연히 동경하는 것이 아니라, 그곳에서 살아가는 사람들의 삶을 일부라도 경험하며 그 느낌을 마음속에서 정상화하는 데 있었다. 오늘날 나는 내가 그토록 열심히 탐구하고 꿈꿨던 동네에서 살고 있다.

오스틴에 거주하는 내 친구 한 명은 나보다 더 적극적으로 정상화 작업을 실천했다. 나처럼 이 도시의 특정 지역에서 살고 싶어 했던 그 친구는 어느 날 그 동네를 운전해 돌아다니다 아직 공사 중인 현대식 주택 앞을 우연히 지나쳤다. 마침 주말이어서 공사하는 사람들도 없었던 터라 그는 잠시 차를 세우고 집 주위를 둘러봤다. 언덕 위에 자리 잡은 그 집에는 풀장도 있었고 오스틴 시내의 멋진 풍경도 내려다보였다. 바로 자신이 꿈꿨던 집이었다. 친구는 어떻게든 그 집에서 살고 싶었다. 그래서 매일 업무를 마친 뒤에 그 집을 향해 운전하며 이렇게 계속 중얼거렸다.

나는 집으로 돌아가는 중이다.
나는 집으로 돌아가는 중이다.
나는 집으로 돌아가는 중이다.

그는 자기가 그 집에 살면서 방과 방 사이를 걸어 다니는 모습을 시각화하는 일을 거듭했다. 그렇게 시간이 흐르자 그 집에서 살아가는 느낌을 정상화할 수 있게 됐다.

얼마 후 완공된 집은 어떤 사람에게 팔렸고 그 집이 다시 매물로 나온 것은 그로부터 몇 년이 흐른 후였다. 친구는 기회를 놓치지 않고 그 집을 사려 했으나 대출 자격을 얻지 못해 실패했다. 그럼에도 그는 포기하지 않고 긍정적인 생각을 이어갔다.

이건 내 집이다.
이건 내 집이다.
이건 내 집이다.

그로부터 60일 뒤, 그가 운영하는 회사가 좋은 실적을 냈고, 마침내 그에게 대출 자격이 주어졌다. 그 친구는 시각화를 시작한 지 4년 만에 그 집을 살 수 있었다. 어떻게 보면 우연이라고 할 수도 있겠지만, 나는 그보다 훨씬 심오한 어떤 힘이 작용했다고 믿는다.

당신은 무엇을 원하는가? 사람들과 훌륭한 인간관계를 맺고 싶은가? 하지만 어린 시절 정반대의 모습을 목격하면서 형성된 정체성 탓에 건강하고 따뜻한 인간관계를 맺기가 불가능하다고 느끼는가? 그렇다면 건강하고 따뜻한 인간관계를 소유한 사람들과 어울리고, 인간관계를 쌓는 법을 배우고, 이를 정상화하라.

당신은 더 나은 부모가 되기를 원하나? 하지만 어린 시절에 겪은 일로 자기가 훌륭한 부모가 될 수 있다는 사실을 100퍼센트 확신하기 어려운가? 주변에서 훌륭한 부모들을 찾아 그들과 시간을 보내면서 좋은 부모가 되는 느낌을 정상화하라. 포르쉐를 사고 싶은가? 매장에 가서 포르쉐를 시험 운전해보라. 꼭 살고 싶은 도시나 동네가 있는가? 에어비앤비로 숙소를 예약해서 그곳에 묵어보라.

당신이 추구하는 목표가 무엇이든, 시각화 작업에는 오감을 동원해야 본인의 상상을 더 풍부한 경험으로 구현할 수 있다. 예를 들어 당신이 해변의 집에 살고 싶어 한다고 해보자. 그 집에서 아침마다 바다를 바라보며 커피를 마시는 장면을(당신에게는 풍부한 상상력이 필요하다!) 시각화하라. 날씨가 따뜻한 날에는 바깥으로 나가 피부에 닿는 햇볕의 느낌을 느껴보라. 바다 냄새가 나는 초를 사서 켜놓거나 헤드폰으로 바다의 소리를 들어보라. 시각화에는 마음의 역할도 중요하지만, 당신의 몸도 마음속의 상상을 현실로 구현하는 작업에 함께해야 한다. 진정으로 정체성을 바꾸려면 몸과 마음의 활약이 모두 필요하다. 마음에 들려주는 이야기와 몸으로 실천하는 행동이 강력한 조합을 이룬다면 기존의 정체성을 바꾸고 원하는 미래를 향해 나아가는 데 큰 힘이 될 것이다.

시각화하는 습관

시각화는 일상적인 습관이 되어야 한다. 매일 10분만 시간을 내어 당신이 원하는 미래를 마음속으로 그려보라. 예전에 그 작업을 한 번도 해본 적이 없는 사람도 아래의 단계를 순서대로 따르면 도움이 될 것이다.

STEP 1. 여섯 번 정도 크게 심호흡한다.
STEP 2. 이 경험에 특정한 '감정'을 불어넣어 당신의 뇌와 몸을 모두 현재에 집중시킨다. 이 과정에서 가장 효율적으로 활용할 수 있는 감정 중 하나는 '감사함'이다. 당신이 사랑하는 사물이나 사람을 생각하면서 행복감이나 기쁨의 감정을 시각화해보

라. 미래를 시각화하는 과정에서 마치 미래가 현실이 된 듯 감격하며 무한한 감사의 느낌을 경험하는 사람들도 적지 않다. 우리가 미래를 두려워한다는 것은 미래에 감사함을 느끼는 것 또한 가능하다는 뜻이다. 몸과 마음을 훈련함으로써 아직 도래하지 않은 미래에 감사하는 연습을 하자.

STEP 3. 당신이 원하는 미래가 정확히 무엇인지, 그리고 당신이 시각화 및 정상화하려는 미래가 어떤 모습인지 마음속으로 선명하게 그려낸다.

STEP 4. 그 시나리오를 마음껏 상상한다. 이 작업에는 풍부하고 구체적인 감각을 활용해야 자신이 정말로 그 미래에 도달한 듯한 느낌을 받을 수 있다.

STEP 5. 이 과정을 매일 반복해서 뇌에 각인시킨다. 그러다 보면 "나는 XYZ를 갖고 싶어"라는 마음이 어느 순간 "나는 XYZ를 갖게 될 거야"라는 확신으로 변하고 있음을 느끼게 될 것이다. 만일 이런 느낌이 든다면 그 미래가 당신을 '끌어당기고' 있다는 뜻이다.

당신이 원하는 미래를 마음속에 그려내는 순간, 이를 성취할 순간이 가깝게 다가왔다는 느낌이 들고, 자신이 그런 삶을 이루어냈다는 사실이 자랑스럽고 기쁘게 생각될 것이다.

긍정적 미래에서 에너지를 끌어오기

당신이 긍정적인 미래를 시각화하는 연습을 통해 기쁘고 흥분되는 감정을 경험했다면, 그건 기쁘고 흥분되는 미래를 상상했기 때문이다. 당신이 꿈꾼 미래가 절대 실현되지 않을 거라는 좌절감이 밀려왔다면, 그 이유는 미래에 관한 온갖 부정적인 가능성만을 떠올렸기 때문일 것이다. 둘 중 어디에 초점을 맞출지는 당신에게 달렸다.

그동안 많은 사업가와 만나 상담을 진행하면서 어느 분야의 사업이든 성공에 가장 중요한 요인은 사업가의 마음가짐이라는 사실을 알게 됐다. 사업가의 마음이 올바른 방향을 향하지 않으면 회사도 올바른 길을 걸어갈 수 없다. 이는 어떤 사업 분야를 막론하고 변함없는 진리다. 내가 사업가들에게 무슨 걱정거리가 있느냐고 물으면 늘 똑같은 대답이 돌아온다. "내가 계약한 고객들에게 그들이 원하는 결과물을 안겨주지 못하면 어쩌죠?" "어떤 사람이 내 부탁을 거절하면 어떻게 하나요?" "회사를 성장시키고 조직을 구축하는 일이 걱정됩니다." "누군가를 해고해야 하는 상황이 벌어지면 어떻게 해야 할까요?"

이런 공포감이나 심리적 태도는 그들의 몸짓 언어를 통해 확연히 드러난다. 그들이 이런 주제를 두고 이야기할 때는 몸가짐이나 표정부터 바뀐다. 그 이유는 자신이 상상한 미래에서 부정적인 에너지를 끌어오기 때문이다. 요컨대 당신이 뭔가를 우려

한다면, 그건 스트레스에 가득한 미래를 상상하기 때문이다.

당신이 울창한 숲속을 걷다가 30미터쯤 앞에서 호랑이 한 마리를 발견한 꿈을 꾸는 중이라고 상상해보자. 당신은 그 자리에 멈춰 서서 소리를 내지 않으려 애쓴다. 호랑이는 처음에 당신을 발견하지 못하고 반대 방향으로 걸음을 옮기는가 싶더니, 당신이 한숨을 돌리는 순간 고개를 돌려 당신을 마주 본다. 그대로 호랑이는 잠시 노려보다가 당신을 향해 달리기 시작한다. 당신은 뒤돌아서 달아난다. 하지만 호랑이는 순식간에 당신을 따라잡는다. 등 뒤에서 소리가 들리고 입 냄새까지 느껴진다. 어깨 너머로 돌아보니 호랑이는 당신을 덮치기 위해 막 공중으로 뛰어오르려는 참이다. 한껏 입을 벌린 호랑이가 당신을 찍어누르기 직전 꿈에서 깨어난다. 이후 정신을 차리고 여기가 어딘지 깨닫는 데 조금 시간이 걸린다. 숨이 턱 끝까지 차오르고, 땀이 맺히며, 심장은 두근댄다. 사실 당신은 방 안에서 한 발자국도 움직이지 않았다. 밤새도록 침대 위에 누워 있었을 뿐이다. 그런데도 당신의 몸은 그 꿈이 실제였던 것처럼 반응한다. 사람의 마음은 상상만으로 신체적 느낌을 만들어낼 수 있다. 맥스웰 몰츠는 이렇게 말했다. "인간의 신경계는 실제 경험과 상상의 경험을 구분하지 못한다." 하지만 그런 일이 생기는 것은 비단 잠을 잘 때뿐만이 아니다.

지금 나는 책상에 앉아 이 글을 쓰면서 내가 미래에 크게 키워놓은 사업을 한순간에 말아먹는 장면을 마음속으로 상상해본다. 참으로 놀라운 사실은 사업이 망할 때 느낄법한 감정을 바로 생생하게 경험할 수 있다는 것이다. 내가 그렇게 생각하는 순간 뇌에서 코티솔과 아드레날린을 포함한 여러 화학물질이 분비되어 그런 감정을 유발하기 때문이다. 얼마나 놀라운 일인가. 1장에서 이야기한 대로 나는 존재하지도 않은 미래를 멋대로 꾸며낸 뒤에 아무런 위험도 존재하지 않는 현재 시점에서 미래에 대한 두려운 감정을 경험하는 것이다.

인간은 지구상에서 가장 복잡한 생명체다. 우리는 상상만으로 미래를 창조해내는 놀라운 능력을 갖췄다. 아이러니한 사실은 우리가 본인이 원하는 미래보다는 원치 않는 미래에 초점을 맞추는 데 시간을 쏟으면서 뇌를 잘못된 방향으로 사용한다는 것이다. 그런 사람이 행동에 나서기는 어려울 수밖에 없다. 수많은 사람이 공포로 가득한 앞날을 상상하고, 미래를 피하려고 노력하는 이유도 여기에 있다. 누가 암울하기만 한 미래를 위해 행동하려 할 것인가? 당신이 어떤 미래를 상상하든, 그곳에서 에너지를 얻고 느끼는 것은 바로 지금이다. 그러므로 당신이 상상하는 미래의 모습이 무엇인지 늘 정확히 알아차려야 한다.

성공한 사람들에게는 앞날에 좋지 않은 일이 생길 거라고 막연히 걱정하거나 공포에 사로잡히는 대신 본인이 원하는 미래를 꿈꾸고 상상하는 능력이 있다. 당신이 뇌의 특정 부위를 훈련함으로써 부정적인 미래를 상상하는 일을 최소한으로 줄이거나 차단하는 법을 배운다면, 시각화의 힘을 통해 당신이 목표한 미래로부터 긍정적인 에너지를 끌어올 수 있을 것이다. 그러기 위해서는 당신에게 추진력과 동기를 부여하는 것이 무엇이고, 자신이 어떤 목표를 지향하는지 분명하게 알아야 한다.

당신이 희망하는 미래가 분명히 실현될 거라고 끊임없이 자신을 설득하라. 사업이 성공했을 때 스스로 자랑스러워하는 모습을 그려보라. 당신이 세상에 얼마나 긍정적인 영향을 미치고 가족들에게 얼마나 풍요로운 삶을 선사할 수 있을지 상상해보라. 신체적 에너지가 확연히 달라짐을 느끼게 될 것이다. 나는 당신이 그 에너지를 바탕으로 원하는 미래를 향해 거침없이 달려갈 수 있다고 믿는다. 그동안 많은 사람들이 각자의 안전지대를 벗어나 꿈꾸던 앞날을 향해 과감히 뛰어드는 모습을 수없이 지켜봤기 때문이다. 그러니 당신 역시 충분히 할 수 있다.

몸이 먼저 움직이는 행동 처방

❖ 당신이 바라는 이상적인 미래는 어떤 모습인가? 그때가 되면 당신은 무슨 일을 할 것인가? 누구와 함께, 언제 그 일을 할 작정인가?

❖ 당신이 원하는 바를 이루기 위해서는 망상활성체계^{RAS}가 무엇에 집중하도록 뇌를 설정해야 할까?

❖ 당신이 미래의 목표를 달성하면 어떤 결실을 얻을 수 있을까?

❖ 당신의 시각화 과정에 오감을 모두 동원하려면 어떻게 해야 할까?

아주 작은 행동 설계의 비밀

2부

지금까지 당신의 발목을 잡아온 장애물들에 대해 알아봤다면,
이제부터는 행동에 뛰어드는 방법에 대해 살펴보자.

혹시 장기적 목표를 세우고 있지는 않은가?
이는 대단히 중요한 일이긴 하지만, 5년, 10년, 20년 뒤의
목표에만 매달리고 있다면 그건 명백한 실수다.
앞으로 얼마나 많은 일을 해내야 하고, 얼마나 오랫동안
그 일을 지속해야 하는지 생각하면 발걸음은 무거워질 뿐이다.
따라서 지금부터는 '사소한 일'에 집중해볼 것이다.

다시 말해 당신을 꼭 가야 할 곳으로 데려다주는
일상적 행위(마이크로 액션)에
초점을 맞추는 방법에 대해 알아보고자 한다.

5장.
방향
내면의 GPS를 설정하라

제임스 클리어가 쓴 《아주 작은 습관의 힘》에는 내가 무척 좋아하는 인용구가 나온다. "당신의 모든 행동은 미래에 자기가 되고 싶은 사람에게 던지는 한 장의 투표지와도 같다." 현시점에서 당신에게 꼭 필요한 일, 즉 단기적인 마이크로 액션에만 집중하라는 것이다. 당신이 설정한 미래의 목표를 달성하기 위해서는 오늘 당장 어떤 행동을 해야 하는지, 더 단순하게는 다음 30분 이내에 무엇을 해야 하는지에 초점을 맞춰야 한다. 목표를 달성해가는 과정은 마치 여행을 떠나는 일과도 같다. 지금부터 당신이 어느 쪽으로 방향을 잡아야 하고 어떤 일을 해야 하는지 정확히 파악하는 순간에 대해 이야기해보자.

자동차를 운전하다 보면 때로 '헤드라이트만 바라보고 전진하기 Living in the Headlights' 라는 방법(내가 이렇게 이름을 붙였다)으로 차를 몰아야 하는 순간이 있다. 사연은 이렇다. 내 친한 친구 마이크는 휴스턴에 거주한다. 내가 사는 오스틴으로부터 자동차로 2시간 정도 떨어진 곳으로, 그 친구의 집을 방문할 때면 난 대부분 늦은 밤이 되어서야 출발한다. 어두운 밤에 차를 끌고 집을 나서면 목적지는커녕 도중에 거쳐야 하는 갈림길이 어딘지도 알 수 없다. 사방이 온통 캄캄하나 보니 눈 앞에 펼쳐진 100미터 이외에는 아무것도 분간할 수 없다. 그러다 보면 자연스럽게 그 거리만을 운전하는 데 집중하게 된다. 100미터를 지난 뒤에는 다음번 100미터에 다시 초점을 맞춘다.

우리의 삶도 이와 비슷한 방식으로 접근할 필요가 있다. 당신은 지금부터 10년 뒤, 3개월 뒤, 심지어 당장 내일 어떤 일이 벌어질지 예측할 수 없다. 당신이 바라볼 수 있는 것은 오직 오늘뿐이다. 따라서 어제와 비교해서 오늘 단 1퍼센트라도 더 나은 사람이 되기 위해 할 수 있는 모든 일을 해야 한다. 다시 말해 헤드라이트에 비치는 눈앞의 100미터에만 온 정신을 집중해야 한다. 100미터를 나아가면 또 다른 100미터가 기다리고 있을 것이고, 길은 그렇게 계속 이어질 것이다.

당신이 과거에 아무런 행동도 하지 않았다는 사실은 전혀 문제가 되지 않는다. 그보다는 당신이 지금 어디에 있느냐, 그리고 앞으로 어디로 가고 싶은지가 더 중요하다. 미래에 대해 스트레스를 받지 마라. 10년 뒤, 1년 뒤, 심지어 1개월 뒤에 손에 넣고 싶은 성공, 행복, 기쁨, 평화 따위는 잊어버리고, 오늘 자신을 레벨 업하는 데 집중하라. 오늘 이외에는 우리에게 아무것도 주어져 있지 않다. 그것이 우리가 삶을 살아가는 자세여야 한다. 왜냐하면 하루하루가 곧 오늘이기 때문이다. 눈앞을 밝히는 헤드라이트만 바라보며 앞으로 나아가고, 오늘 할 수 있는 만큼 최선을 다해 조금씩 발전해야 한다.

3장에서는 당신이 삶을 살아가는 목적이 무엇인지, 그리고 당신이 원하는 삶을 위해 어떤 목표를 달성해야 하는지 파악하는 연습을 했다. 당신의 마음속에 삶의 구체적인 목표가 자리 잡았다면, 이제는 행동에 나설 시간이다. "천 리 길도 한 걸음부터"라는 옛말이 있다. 첫 번째 발걸음을 떼지 않는 사람은 두 번째 발걸음을 옮길 수 없다. 당신이 행동에 나서지 않은 이유 중 하나는 너무 먼 목적지에 초점을 맞춘 나머지 그곳에 도달하기까지 얼마나 많은 걸음을 걸어야 할지 지레 겁을 먹기 때문이다. 당신이 지금 해결해야 할 문제는 그게 아니다. 이 순간 가장 중요한 것은 용감하게 첫 번째 발걸음을 내딛는 일이다. 그다음에는 두 번째 발걸음에 집중하고, 세 번째, 네 번째 발걸음을 이어가야 한다.

지금 당장은 **걸음의 속도를 높이기보다 올바른 방향을 잡는 일이 훨씬 중요하다.** 방향을 제대로 설정하고 그 방향을 향해 조금씩 전진한다면, 결국에는 목적지에 도달할 것이다. 도중에 장애물도 만날 것이고 걷는 속도에 따라 도달하는 시간도 조금씩 달라지겠지만, 아무리 천천히 움직인다 해도 결국에는 목적지에 도착한다.

삶의 목표도 마찬가지다. 당신이 세운 목표를 이루기 위해서는 다음 세 가지 조건을 반드시 갖춰야 한다.

1. 방향
2. 행동
3. 시간

이 세 가지 요소에만 오롯이 집중한다면 누구나 목표 지점에 도달할 수 있다. 그중에서도 처음으로 생각해봐야 할 점은 당신이 정확하게 어느 지점을 향하고 있느냐는 것이다.

방향: 당신의 목적지는 어디인가?

자동차에서 내비게이션을 사용하려면 다음 두 종류의 정보를 입력해야 한다. 현재 당신이 있는 곳과 당신이 가고자 하는 곳. 내비게이션은 이 두 가지 정보를 파악한 뒤에 경로를 설정한다. 그리고 당신은 그 경로를 통해 목적지로 이동한다.

| 현재 위치 | ------ 간격 ------ | 목적지 |

우리의 삶도 마찬가지다. 당신은 본인이 어떤 사람이 되고 싶은지, 그 목표를 이루기 위해서는 어떤 일을 해야 하는지 결정해야 한다. 삶의 경로는 당신이 어떤 목표를 설정하고 그 목표를 이루기 위해 어떤 행동을 실천할 것인가에 따라 정해진다. 그것이 바로 현재 위치와 목표 지점 사이에 가로놓인 간격gap이다.

1. 당신은 어떤 사람이 '되기'를 원하는가
2. 당신은 어떤 일을 '해야' 하는가

잠시 시간을 내어 당신이 지금 어떤 '목적지'를 향하고 있는지 생각해보라. 그 목적지가 선명하게 모습을 드러내는 순간, 그

다음 발걸음이 그곳까지 경로를 설정하는 일을 도울 것이다.

행동: 시작하고, 멈추고, 계속하기

당신이 가고자 하는 목적지(즉 당신이 되고 싶은 사람)를 내비게이션에 입력했다면, 이제 가속 페달을 밟아야 한다. 비록 1시간에 1킬로미터밖에 전진하지 못한다고 해도 조금씩 앞으로 나아가는 것이 중요하다.

목적지로 향하는 경로를 설정하고 필요한 행동을 실천하기 위한 효과적인 연습 중 하나는 일주일에 10분 정도 시간을 내어(내 경우는 일요일 저녁이나 월요일 오전이 가장 적합한 시간이다) 지난주를 되돌아보고 이번 주에 할 일을 계획하는 것이다. 이 때 다음 세 가지 질문에 대답해보자.

1. 이번 주에 시작해야 할 일은 무엇인가?
2. 이번 주에 멈춰야 할 일은 무엇인가?
3. 이번 주에도 계속해야 할 일은 무엇인가?

다시 말해 이번 주에 당신이 시작하고, 멈추고, 계속해야 할 일을 미리 생각해보라는 것이다. 그렇다고 뭔가 거창한 계획을 세우라는 말이 아니다. 그보다는 사소한 부분을 조금씩 개선해 나가는 작업이 훨씬 중요하다. 매일같이 실천하는 행동을 통해 작은 변화를 이루어내고, 이를 바탕으로 자아를 조금씩 '레벨 업' 해야 한다. 뭔가 잘못된 점이 있거나 어떤 일을 더 잘 해낼 수도 있었다는 사실을 알게 됐다면 이를 개선해서 다시 정상궤도로 돌아오면 그만이다.

당신과 다른 사람들의 차이는 오늘 하루, 다음 1시간, 심지어 다음 30분 이내에 어떤 행동을 하느냐에 따라 결정된다. 자신이 해야 할 일을 최대한 단순하게 줄이고, 오직 그 행동을 실행하는 순간에 집중하라. 뭔가 잘못된 일이 있다면 원래의 궤도로 돌아올 수 있도록 즉시 행동을 바꾸라. 당신의 목표에 조금 더 가까이 다가서려면 오늘 어떻게 첫발자국을 떼어야 할까?

시간: 장기전을 준비하라

속도보다 더 중요한 것은 방향과 행동이다. 방향을 잘못 잡거나 아예 행동조차 하지 않는 사람은 목적지에 도착할 수 없다. 삶을 바꾸는 데는 그만한 시간이 필요하다. 그런 현실을 피할 방법은 없다. 임신한 아내에게 이렇게 말하는 남편은 없을 것이다. "아기를 낳으려면 10개월이 걸린다는 사실은 잘 알지만, 5개월로 줄일 수는 없을까? 그러면 연말에 멋진 휴가를 떠날 수 있을 텐데." 이 말을 들으면 누구든 정신 나간 사람이라고 생각할 것이다. 인간의 임신 기간이 10개월이라는 것은 바꿀 수 없는 사실이기 때문이다.

우리가 목표를 세울 때도 마찬가지다. 방향을 올바르게 설정하고, 목적지에 도달하는 데 필요한 일을 꾸준히 실천하면, 시간이 알아서 목표를 이루어준다. <mark>매일 거창한 발전을 이뤄내고자 노력할 필요는 없다. 성공이란 사소한(때로 지루한) 행동이 반복적으로 쌓인 결과물이다.</mark> 따라서 매일 조금씩 자아를 개선하는 작업이 무엇보다 중요하다. 당신은 매일 저녁 잠자리에 들기 전에 오늘 아침보다 지금 더 나은 사람이 됐고 목표에 한 걸음 더 다가섰다는 사실을 확인해야 한다. 요컨대 오늘 당신이 해야 할 일은 어제보다 1퍼센트 더 나아지는 것이다. 그게 전부다.

물론 당신이 지금 당장 누리기를 원하는 삶이 있을 것이다. 하지만 그런 삶을 이루려면 조금 시간이 걸린다. 방향을 제대로 설정하고 올바르게 행동하면, 그 행동이 아무리 시소할지라도 결국에는 당신이 원하는 곳에 도달하게 될 것이다. 동작이 느려도 꾸준한 사람이 경주에서 이기게 되어 있다.

지금 편하고 나중에 힘든 삶, 지금 힘들고 나중에 편한 삶

우리가 지금 당장 올바른 선택을 내리기가 그토록 어려운 이유는 무엇일까? 그건 '지연된 만족 delayed gratification'보다는 '즉각적 만족 instant gratification'을 선택하기가 훨씬 쉽기 때문이다. 지금 치즈버거를 하나 먹으면 어떨까? 당연히 맛있다. 적어도 이 순간에는 그렇게 느껴진다. 비록 먹고 난 뒤에 피곤하고, 속이 더부룩하고, 에너지가 떨어지는 느낌을 받을지라도 치즈버거를 먹는 바로 그 순간에는 즉각적 만족감을 경험할 수 있다. 불행히도 우리는 자라날 때부터 즉각적인 만족감에 너무 익숙해진 나머지 이제는 어떤 형태의 보상도 참을성 있게 기다리지 못한다.

 나는 올해 서른여섯 살이 되었다. 그렇게 많은 나이도 아니지만 내가 어렸을 때만 해도 아이들과 둘러앉아 이야기를 나누다가 누군가 태양이 지구에서 얼마나 멀리 떨어져 있는지 물으면 요즘처럼 스마트폰을 꺼내 곧바로 답을 얻어낼 수 있는 시절이 아니었다. 그 대답을 얻기 위해서는 자전거에 올라타고 도서관에 가서 백과사전을 뒤져야 했다. 여러 권의 백과사전 중에 태양 Sun이라는 단어의 첫 글자인 'S'가 포함된 책이 운 좋게 책꽂이에 남아 있다면, 그 책을 찾아서 지구에서 태양까지의 거리는 계절에 따라 1억 4,700만 킬로미터에서 1억 5,200만 킬로미터 정도라는 답을 얻어냈을 것이다. 만일 누군가 'S'로 시작하는 단어가 실린 책을 대여했다면, 아마도 우리는 그 답을 얻지 못했을 가능성이 크다.

 오늘날 우리가 언제나 즉각적 만족을 기대하도록 길들여진 이유 중 하나는 손가락 하나만으로 수많은 지식을 편리하게 얻을 수 있기 때문일 것이다. 만일 내가 지구에서 태양까지의 거리를 급하게 알아내야 한다면, 굳이 전화기를 꺼내거나 자리에서 일어날 필요도 없이 인공지능 프로그램 시리Siri에 묻고 곧장 답을 얻어낼 수 있다. 뭔가를 사고 싶을 때는 아마존으로 주문해서 다음 날(때로는 바로 그날) 손에 넣는다. 어딘가를 가야 한다면 우버나 리프트가 몇 분 이내에 집 앞까지 차를 보내준다. 배가 고플 때도 집을 나서거나 오븐을 켤 필요가 없이 우버이츠나 도어대시 같은 배달 앱을 이용하면 내가 선택한 레스토랑의 음식이 금방 배달된다.

    기술은 우리의 삶을 쉽고 편리하게 만들어준다는 장점이 있지만, 사람들로 하여금 항상 즉각적인 만족감을 기대하게 한다는 것이 가장 큰 단점이다. 성공은 즉각적 만족감을 추구해서는 이루기가 불가능한 몇 안 되는 목표 중 하나다. 오직 꾸준하고 지속적인 행동을 통해서만 성공을 손에 넣을 수 있다. 헬스클럽에 가서 한 번 운동한 뒤에 멋진 복근이 생기기를 기대하는 사람은 없을 것이다. **건강한 신체, 성공적인 비즈니스, 훌륭한 인간관계는 구글에서 뭔가를 검색하듯 순식간에 완성되지 않는다. 이 모두가 지연된 만족을 요구하는 일이다.** 우리는 꾸준함과 인내력을 기르고, 토끼보다는 거북이가 되는 법을 배워야 한다.

    삶은 고되다. 여기저기 크고 작은 상처를 입지 않고 인생이라는 경험을 마무리하는 사람은 아무도 없다. 하지만 사람들은 그럴 필요가 없는데도 삶을 스스로 더욱 어렵게 만든다. 모든 사람 앞에는 두 가지 선택지가 놓여 있다. 우리는 지금 수월하고 나중에 힘겨운 삶을 택할 수도 있고, 지금 힘겹고 나중에 수월한 삶을 택할 수도 있다. 당신은 어떤 삶을 선택할 것인가?

지연된 만족을 선택하는 이유

당신이 게으른 사람이라고 생각하는가? 그렇지 않다. 당신은 게으른 삶의 방식을 선택했을 뿐이다. 당신은 일을 미루는 사람이라고 생각하는가? 아니다. 일을 미루는 사람이 되는 길을 택했을 뿐이다. 언뜻 듣기에는 둘 사이에 큰 차이가 없는 것 같지만, 앞의 문장은 당신의 정체성을 나타내고 두 번째 문장은 선택을 의미한다. 우리가 게으르거나 일을 미루는 사람의 정체성을 소유했다면 이에 걸맞은 행동을 하게 된다는 말은 1장에서도 언급했다. 당신 앞에는 지금과 다른 길을 선택할 가능성의 문이 활짝 열려 있다. 특정한 행동을 취하기 전에 늘 선택의 순간이 닥치는 것이다. 소파에 누워 아무 일도 하지 않고 빈둥대는 것도 하나의 행동이자 선택이다. 하지만 게으른 삶을 즐기는 사람은 이에 따르는 결과를 스스로 감당해야 한다. 그건 지금 수월하고 나중에 힘겨운 삶을 선택했다는 뜻이기 때문이다.

사업을 키우기 위해 열심히 일할 때는 당연히 힘이 든다. 하지만 빈털터리가 되는 일도 그에 못지않게 힘들다. 내가 스물네 살에 첫 번째 사업에서 실패했을 때 자동차 할부금이 5개월이나 밀려 있었다. 그래서 은행을 찾아가 차를 가져가지 말아달라고 사정해야 했다. 나는 무일푼이 되는 것도, 열심히 일하는 것도 힘들다는 사실을 잘 안다. 그 두 가지 상황을 모두 겪어봤기 때문이다. 그런 우여곡절을 겪으며 또 한 번 빈털터리가 되기보다는 열심히 일하는 편이 더 낫다는 결론에 도달했다. 지연된 만족을 택하기로 한 것이다.

내가 정체성을 바꾸고 삶을 바꾸고자 마음먹은 데는 그럴만한 계기가 있었다. 나는 사람이 진이 빠지고 녹초가 되도록 일해야만 꼭 성공을 거두는 것은 아니라는 사실을 알게 됐다. 그래서 다른 사람들을 믿고 업무를 위임하는 법을 배웠다. 하지만 가장 중요한 대목은 내가 진정으로 열정을 쏟을 만한 대상(이키가이)을 찾아냈다는 것이다. 나는 일이라고 생각하지 않고 오직 좋아한다는 이유만으로 최선을 다할 수 있는 목표를 발견했고, 그로 인해 모든 게 달라졌다. 지난 12년의 세월을 돌이켜 보면 나름대로 열심히 일한 덕분에 현재의 위치로 올라올 수 있어 다행이라고 생각한다. 그것이 바로 내 선택이었다.

당신이 매번 어떤 행동을 취하고 뭔가를 선택할 때마다 본인이 원하는 목적지로 한 걸음 다가설지 그렇지 않을지를 스스로 결정하는 것이다. 선택은 전적으로 당신의 몫이다. 하지만 지금 수월하고 나중에 힘겨운 삶을 선택한다면, 힘들어지는 건 단지 본인의 삶뿐만이 아니라는 사실을 기억해야 한다. 당신의 선택은 주위 사람들에게도 영향을 미친다.

한 번은 어느 행사에서 강연을 마치고 자리에 앉아 있을 때 조금 뚱뚱해 보이는 사내가 내게 다가와 말을 걸었다. 그는 체중을 줄이기 위해 운동하거나 건강한 생활 습관을 유지하는 일이 너무 힘들다고 고충을 털어놓았다. 나는 이렇게 물었다.

"지금 생활 습관을 바꾸지 않으면 앞으로 10년이나 20년쯤 뒤에는 어떤 일이 생길 것 같습니까?"

"체중이 너무 많이 나가서 일찍 죽을까 걱정이죠. 딸의 결혼식에서 함께 걷지 못할 수도 있고, 손주들과도 놀아주지 못할지도 모르고요."

"그런 상황을 일종의 고통이라고 표현한다면 어느 쪽 고통이 더 클까요? 올바른 음식을 먹고, 운동하고, 건강한 생활 습관을 지켜야 하는 고통과 딸의 결혼식에서 함께 걷지 못하거나 손주들과 놀아주지 못하는 고통 두 가지 중에서 말입니다."

"그런 식으로는 생각해본 적이 없습니다. 하지만 지금 생활 습관을 바꾸는 고통보다는 나중에 딸의 결혼식에서 함께 걷지 못하는 고통이 훨씬 클 것 같네요."

"그 생각을 서로 연결하려고 노력해보세요. 다음번에 당신이 건강한 음식을 먹거나 운동하는 일을 포기하고 싶어지면, 미래에 겪을 고통을 생각해보고 그 생각이 당신의 행동에 동기를 부여하는지 지켜보시기를 바랍니다."

아주 짧은 대화였고 내가 그에게 알려준 건 아주 사소하게나

마 관점을 바꾸는 법이었지만, 그는 꽤 큰 깨달음을 얻은 듯했다.

    6개월 뒤, 그는 내게 이메일을 보내 그동안 15킬로그램도 넘게 살을 뺐다는 소식을 전했다. 그리고 미래에 가족들과 함께하는 삶을 살지 못하는 고통이 지금 생활 습관을 바꾸는 고통보다 훨씬 크다는 사실을 깨달은 덕에 그 모든 일이 가능했다고 말했다. 지금 힘겨운 삶이 나중에 힘겨운 삶보다 더 나쁜 결과를 가져오는 일은 절대 없다. 지금 열심히 움직여 땀을 흘리면, 나중에 그만한 보상이 반드시 돌아온다. 그 덕에 그의 인생이 바뀌었고, 그는 자신을 원하는 삶으로 이끌어줄 진정한 변화를 이루어냈다. 우리의 삶은 지금 수월하고 나중에 힘겨울 수도 있고, 지금 힘겹고 나중에 수월할 수도 있다. 무엇을 택할지는 당신의 몫이다.

인생은 트레이드오프 게임이다

우리는 단 하루를 살아도 수없이 많은 선택의 순간을 마주한다. 당신은 삶의 어떤 부분에서 당장 수월한 길을 선택했나? 그로 인해 당신의 미래는 얼마나 힘겨워질 것인가?

    사람은 주어진 상황에 따라 뭔가를 꼭 포기해야만 하는 순간을 맞는다. 세계적인 성공 연구자 나폴레온 힐Napoleon Hill은 자신의 책 《생각하라 그리고 부자가 되어라Think and Grow Rich》에서 당신의 경제적 목표를 달성하기 위해 밟아야 하는 여섯 단계를 이야기했다. 첫 번째 단계는 자기가 원하는 구체적인 금액을 생각하는 것이고, 두 번째는 그 금액을 손에 넣기 위해 무엇을 희생해야 하는지 파악하는 것이다. 비록 그는 돈이라는 특정한 대상을 예로 들었지만, 어떤 목표를 달성하기 위해서 뭔가를 희생해야 한다는 논리는 세상 어느 곳에나 적용된다.

우리의 삶은 거대한 트레이드오프trade-off(두 목표의 가치가 부딪힐 때 어느 한쪽을 취하기 위해 다른 쪽을 희생시키는 일) 게임이다. 누구도 모든 것을 다 가질 수는 없으며, 하나를 집어 들기 위해서는 반드시 다른 하나를 내려놓아야 한다. 하지만 자신이 이루고자 하는 목표를 분명히 찾아내고 그 목표를 향해 하루하루 꾸준히 살아간다면, 이후 평생의 꿈이 탐스러운 열매를 맺었을 때 그 희생은 가치 있었다고 말할 수 있을 것이다.

끝으로 5장에서 소개할 '몸이 먼저 움직이는 행동 처방'은 당신이 내면의 GPS를 작동시키는 과정을 돕고자 작성했다. 가고자 하는 방향을 분명히 설정하고, 그곳에 도달하는 데 필요한 행동을 시작하라. 또 멈추고, 계속하라. 그런 과정을 거치면서 어느덧 목적지에 가까워질 것이다. 그다음 단계로는 가능한 힘을 덜 들이고 목표를 달성할 방법을 찾아야 한다. 목적지를 향해 가는 길목에서 온갖 장애물과 저항을 마주치겠지만, 몇몇 간단한 기법을 사용하면 길 위에 흩어져 있는 장애물을 제거하고 저항을 극복할 수 있다.

몸이 먼저 움직이는 행동 처방

❖ 당신의 목표 지점은 어디인가? 그곳으로 향하는 여정을 출발하기 위해서는 아무리 사소해도 반드시 실천해야 하는 행동은 무엇인가?

❖ 목표 지점에 도달하려면 어떤 행동을 시작하고, 멈추고, 계속해야 할까?

❖ 목표를 이루려면 삶의 어떤 부분에서 지금 힘겹고 나중에 수월한 길을 선택해야 할까?

❖ 목표를 달성하는 과정에서 무엇을 포기해야 할까?

6장.
장애물 치우기
집중을 방해하는 것들

눈앞에 널려 있는 잡다한 장애물을 말끔히 걷어내고 트랙에 반질반질하게 기름을 칠해서 순탄한 여정을 시작하고 싶은가? 이를 위해서는 당신 주위에서 집중을 방해하는 요소들을 깨끗이 제거하고 꼭 필요한 일에만 전념하는 법을 배워야 한다. 우리는 우리도 모르는 사이에 무언가로부터 끊임없이 집중력을 방해받아 왔다. 마치 비밀리에 훈련이라도 받는 것처럼 말이다. 그로 인해 생긴 나쁜 습관에서 벗어나려면 어느 정도의 시간이 필요하다. 하지만 걱정하지 마라. 습관은 누구나 고칠 수 있다.

2011년, 스물한 살의 로리 매킬로이Rory McIlroy는 차세대 타이거 우즈라는 별명을 얻을 만큼 실력 있는 프로 골프 선수로 인정받고 있었다. 그는 당시 프로 골프 4대 메이저 대회 중에서도 가장 권위가 높은 마스터스 대회에 참가해 뛰어난 실력을 선보였고, 순위표의 맨 꼭대기에 이름을 올린 채 최종 라운드에 돌입했다. 그는 당일 오전 아홉 홀을 마칠 때까지 2위 그룹을 네 타 차이로 앞서고 있었기 때문에 그가 우승을 차지하는 건 시간문제인 듯했다. 하지만 예상치 못한 일이 생겼다. 그가 한순간에 완전히 무너져버린 것이다. 매킬로이는 채를 휘두르는 족족 실수를 했고, 이후 클럽하우스에서 받아본 성적표에는 공동 15위라는 처참한 결과가 적혀 있었다. 이는 대회 역사상 최종 라운드에 진출한 선수가 기록한 최악의 성적이었다.

당시를 회상하며 매킬로이는 시합 중에 갑자기 집중력이 떨어지고 주의가 산만해졌다고 말했다. 부상을 당한 것도 아니고, 골프채를 휘두르는 법을 잊은 것도 아니었다. 단지 집중력이 흐트러졌고, 그 결과 경기 운영이 흔들렸으며, 본인의 잠재력을 끝까지 발휘하지 못했을 뿐이다. 그것이 대회에서 우승한 선수와 순식간에 처참한 성적을 받아든 선수의 유일한 차이였다. 집중력이 흐트러져 원하는 결과를 내지 못하는 건 비단 운동선수들에만 벌어지는 일이 아니다. 사실 우리는 평생에 걸쳐 집중력을 방해받는 훈련을 해왔다고 볼 수 있다.

아침에 눈을 뜬 순간부터 밤에 잠자리에 들 때까지 우리는 매순간 집중력을 방해하는 요소들에 끊임없이 노출된 채로 하루를 보낸다. 광고, 스마트폰, 인스타그램과 틱톡을 포함한 여러 SNS, 이메일, 각종 알람, 아이들, 지인들 등 우리는 수많은 방해자의 손길에 침략당하며 그 수렁에 빠져 살아간다. 그리고 이런 일은 하루도 빠짐없이 반복되고, 이 과정을 거치며 우리는 숨 쉬듯이 방해 요소들에 익숙해진다. 사람들이 아주 잠깐의 지루함도 참지 못하는 이유 역시 바로 그 때문이다.

아무것도 하지 않으면, 큰일이라도 나는 걸까? 전혀 그렇지 않다. 인간의 뇌는 이런 '정지 기간 down time'에 새로운 아이디어를 생산하고 문제의 해결책을 찾아낸다. 연구에 따르면 우리가 단순히 집 밖을(특히 야외의 자연을) 걸어 다니기만 해도 신경계를 안정시킴으로써 편안한 기분을 느낄 수 있다고 한다.[1] 하지만 우리는 항상 뭔가를 해야 한다고 자신도 모르게 뇌를 몰아붙인다. 그 말은 가만히 앉아서 아무것도 하지 않으면 불편할 뿐만 아니라 심지어 그 상황이 고문처럼 느껴진다는 뜻이다! 2014년에 진행된 어느 연구에서는 조사에 참여한 남성의 67퍼센트와 여성의 25퍼센트가 15분간 혼자 자리에 앉아 멍하니 생각만 하기보다는 차라리 그 시간에 전기 충격을 받는 편이 낫다고 응답했다는 결과가 나왔다.[2] 우리는 뭔가에 끊임없이 자극을 받는 데 익숙해진 나머지 잠시라도 혼자서 조용히 앉아 있지를 못한다.

마케팅 전문가들에 따르면 미국인들은 하루 평균 4,000회에서 1만 회 정도 광고에 노출된다고 한다.[3] 그들은 매일같이 344번 휴대전화를 들여다본다. 활동하는 시간이 하루 16시간이라면 3분에 한 번씩 전화기를 집어 드는 셈이다.[4] 사람들이 하루 평균 소셜미디어에 소비하는 시간도 2시간 25분에 달한다. 너무나 많은 사물과 사람이 우리의 관심을 끌기 위해 시시각각 경쟁한다. 우리가 뭔가에 주의를 기울일 수 있는 시간이 예전보다 훨씬 짧아진 것도 놀랄 일이 아니다. 연구에 따르면 디지털 시대가 시작된 이후로 인간의 주의 집중 시간 attention span이 눈에 띄게 줄어들었다고 한다.[5] 현대인들이 역시상 어느 때보다 집중력을 더 많이 방해받는다는 점은 부인할 수 없는 사실이다. 하지만 사람들은 그런 방해 요소들이 생산성을 저해하고 자신이 원하는 삶을 살아가거나 목표를 이루는 데 지장을 준다는 사실을 알지 못한다. 당신이 이런 방해 요소들을 적절히 제거함으로써 본인에게 필요한 행동에 오롯이 집중하는 법을 배운다면 마치 초인 같은 생산성을 개발할 수 있을 것이다. 이 장에서는 그 방법을 중점적으로 이야기할 생각이다.

사람마다 타고난 집중력은 각자 다르다. 하지만 그 수준을 높일 방법은 분명히 있다. 어떻게 해야 할까? 방법은 간단하다. 매일같이 실천하는 것. 바로 연습이다. 문제는 우리가 주위의 잡다한 요소들에 집중력을 방해받는다는 사실을 본인도 잘 모른다는 것이다. 그러므로 문제 해결을 위한 첫 번째 단계는 내가 싸워야 할 적이 누군지 정확히 이해하는 일이다. 주위의 방해 요소들을 제거하기까지는 행동에 나서기가 어렵겠지만, 본인의 집중력을 스스로 떨어뜨리는 행위가 무엇인지 더 잘 파악하면 이를 교정하기가 더 쉬워질 것이다. 먼저 스마트폰, 각종 알림, 주변 사람들, 물리적 환경, 사회적 환경 같은 가장 일반적인 방해 요소를 살펴보고 이들을 어떻게 처리해야 할지 생각해보자.

인간의 시간을 가장 많이 빼앗는 존재

흔히 스마트폰으로 알려진 휴대전화는 인간의 삶에 혁명적인 변화를 안겨준 놀라운 기술적 발전의 상징이다. **보통 사람은 하루 평균 3시간 45분을 스마트폰에 소비한다. 참으로 긴 시간이다.**

스마트폰이 그동안 개발된 장비 중에서 가장 놀라운 기계인 것은 사실이지만, 한편으로 그 기계가 우리의 집중력을 가장 많이 방해한다는 사실도 부인할 수 없다. 이 기계 자체가 바로 그럴 목적으로 설계된 것이기 때문이다. 당신이 스마트폰의 앱을 더 오랫동안 사용할수록 그 앱을 만든 회사는 더 많은 돈을 번다. 따라서 그 회사들은 당신이 더 오랫동안 스마트폰을 들여다보기를 원한다. 그들이 그 점에서 큰 성공을 거두고 있는 이유는 사람의 뇌가 작동하는 원리를 당신보다 훨씬 잘 알기 때문이다. 이 회사들은 최고의 심리학자와 신경생물학자들의 도움을 받아 심리적·생물학적으로 중독성이 강한 앱을 만들어낸다. 말하자면 뇌의 자연스러운 성향을 효과적으로 활용해서 제품을 개발하는 것이다. 분명 문자 메시지를 보내려고 스마트폰을 집어 들었는데, 10분 뒤에는 나도 모르게 어느새 인스타그램 페이지를 넘기고 있다는 사실을 깨달은 적이 있을 것이다. 이런 일이 생기는 이유는 스마트폰 자체가 애초에 그런 식으로 디자인되었기 때문이다. 카지노에서 가장 중독성이 강한 게임은 슬롯머신이다. 페이스북, 틱톡, 트위터, 링크드인 같은 소셜미디어 플랫폼들이 모두 슬롯머신처럼 화면을 위아래로 넘기는 기능을 채택한 것도 바로 그런 이유에서다.

물론 스마트폰은 일정과 약속을 관리해주고, 전화, 문자 메시지, 이메일 등으로 다른 사람들과 계속 관계를 유지하게 해주는 등 여러모로 우리의 일상을 돕는다. 하지만 우리는 꼭 필요할 때만 이 기계를 사용하고 그 밖의 시간에는 끝없는 화면 넘기기의 수렁에서 벗어난다는 목표를 세워야 한다.

방법은 간단하다. 스마트폰을 감춰라. 전화기를 눈앞에서 없애고 일정 시간 확인하지 말라. 이 방법을 한번 시도해보면 그 시간에 중요한 일에 집중하기가 얼마나 쉬운지 스스로 놀라게 될 것이다. 나도 우리 집 주방에 스마트폰을 넣어두는 서랍을 따로 마련해두었다. 문자 메시지를 하나 보내려면 자리에서 일어나 주방으로 들어간 뒤에 서랍을 열고 메시지를 보내야 한다. 그 뒤에는 최대한 이른 시간 내에 스마트폰을 서랍에 도로 집어넣고 원래 하던 일로 돌아간다. 자리에서 일어서서 주방까지 걸어가야만 스마트폰을 손에 쥘 수 있다는 사소한 저항감만으로도 왠지 이 기계를 온종일 들여다봐야 할 것 같은 의무감에서 벗어날 수 있다. 내 목표는 스마트폰을 사용하는 것이지, 스마트폰이 나를 사용하게 만드는 것이 아니다.

이는 당신의 작은 시작과 성공을 가능케 해주는 훌륭한 방법의 하나다. 스마트폰을 손에서 멀리 떼어놓으면 처음 몇 차례는 어색한 기분이 든다. 뭔가 중요한 것을 잃어버린 듯이 느껴지기도 한다. 지루함도 밀려든다. 그래도 전혀 문제가 없다. 지극히 정상적인 현상이기 때문이다. 자신의 불편함을 스스로 인지하는 일도 때로는 바람직하다. 첫 주에는 한 번에 30분이나 1시간 정도 스마트폰을 손에서 떼어놓는 연습을 한다. 스마트폰 없이도 살 수 있겠다는(아마도 훨씬 더 잘 살 수 있겠다는) 생각이 들기 시작하면 점차 시간을 늘려간다.

업무에 스마트폰이 꼭 필요치 않은 사람이라면 오전 9시에 스마트폰을 서랍에 넣어두고 정오까지는 손대지 않겠다고 계획할 수도 있다. 12시가 되면 그동안에 도착한 메시지를 한꺼번에 확인하고, 그 일을 마친 뒤에는 다시 서랍에 집어넣고 오후 5시까지는 손대지 마라.

내가 유용하게 활용하는 프로그램 중 하나가 지난 하루 또는 한 주 동안 스마트폰을 얼마나 많이 사용했는지 알려주는 스크린 타임Screen Time이라는 앱이다. 이 앱을 홈 화면에 설치해 둔 덕분에 스마트폰을 집어 들 때마다 그동안의 사용 시간이 첫 번째로 눈에 들어온다. 우리는 무엇이 자신의 집중력을 방해하는지 알아야 한다. 그런 의미에서 스크린 타임 앱은 내가 얼마나 자주 스마트폰을 들여다보는지 정확히 알려주는 도구다. 게다가 매주 일요일에는 지난주와 비교했을 때 이번 한 주 동안 스마트폰을 얼마나 많이 또는 적게 사용했는지 집계한 통계 자료도 전송해준다. 이 숫자는 '스마트폰 사용 시간 줄이기'라는 게임에서 내가 받아든 이번 주의 성적표인 셈이다.

당신이 스마트폰에서 가장 자주 사용하는 다섯 가지 앱이 무엇인지 살펴보고, 이 앱들이 당신의 생산성에 도움이 되는지, 혹은 방해가 되는지 스스로 질문해보자. 혹시라도 당신의 앞길에 훼방을 놓는 앱이 있다면 이를 30일 동안 삭제하고 당신의 삶이 어떻게 바뀌는지 지켜보고, 30일이 지난 뒤에 그 앱을 다시 설치할지 말지를 선택해라. 만일 앱을 재설치한다면, 주위에 경계선을 그어두고 앞으로 스마트폰을 사용하는 시간을 관리하는 방법에 대해 분명한 계획을 세워야 한다. 당신의 집중력을 방해하는 스마트폰의 함정에서 벗어나려면 지금 당장 어떤 조치가 필요한지 스스로 물어보라.

마이크로 액션 TIP: 스마트폰을 일정 시간 서랍에 넣어두거나 다른 방에 가져다 둔다. 30분 정도부터 시작해서 적어도 일주일에 하루 정도는 스마트폰 없이 살아보는 습관을 기른다.

하루에도 수십 번 울리는 알림들

스마트폰을 하루 내내 서랍 속에 넣어둔다고 해도, 당신은 여전히 울려대는 갖은 알림들에 집중력을 빼앗길 수 있다.

이 문제를 해결하기 위한 첫 번째 단계는 당신에게 평소에 도착하는 알림의 유형을 파악하는 것이다. 가족이 보낸 문자나 의사와의 진료 약속처럼 어떤 알림은 삶에서 꼭 필요할 수 있지만 어떤 알림들은 그저 스마트폰 사용을 유혹하려는 목적만으로 울린다. 따라서 필요 없는 알림은 의도적으로 꺼두면 방해받는 상황을 줄일 수 있을 것이다.

또 알림을 꺼두어도 사는 데 전혀 지장이 없다는 사실을 스스로 확인해야만 한다. 먼저 소셜미디어나 뉴스 피드 같은 앱의 알림을 삭제해보라. 뭔가 불안한 마음이 들 때는 삶에 보탬이 되고 목표를 달성하는 데 도움을 주는 알림만 켜두면 된다. 내 스마트폰에는 문자 메시지가 도착했다는 알림조차 울리지 않는다. 새 메시지를 받아도 화면에는 아무 표시가 없고 신호음도 울리지 않는다. 메시지가 도착했음을 알 수 있는 유일한 방법은 문자 메시지 앱을 일부러 여는 것이다. 이메일도 마찬가지다. 내게 새로운 메일이 도착했는지 알기 위해서는 먼저 이메일 앱을 켜야 한다. 나는 이런 방법을 사용해서 스마트폰의 극성스러운 요청에 수동적으로 대응하는 대신 내가 주도적으로 스마트폰 사용 시간을 통제한다. 내가 이메일을 확인하는 시간을 오전 9시부터 10시까지로 잡아두었다면 그 시간 외에는 이메일에 접속하지 않는다. 만약 이메일 알림을 꺼두지 않아 이미 열 통이 넘는 메일이 와 있다는 사실을 알게 되면, 미리 확인하고 싶은 유혹에 빠질지도 모르기 때문이다.

컴퓨터도 빼놓을 수 없다. 나는 애리조나주 세도나^{Sedona} 시의 에어비앤비 숙소에서 이 책을 썼을 때, 노트북에 인터넷을 연결하지 않은 채로 작업했다. 컴퓨터를 인터넷에 연결해두면 온갖 알림들이 화면을 어지럽히면서 집중력을 흩뜨려놓기 때문이다. 팟캐스트 에피소드를 작성할 때도 업무에 집중할 요량으로 90분간 인터넷을 꺼두고 오직 워드 프로그램으로만 작업하고 있다.

물론 모든 사람이 아무 때나 온라인에서 탈출할 수 있는 것은 아니다. 당신이 근무 중에 수시로 이메일에 접속해야 한다면 (어떤 사람들에게는 업무상 빠른 확인과 응답이 꼭 필요하다), 이메일 알림을 꺼두고 업무에 집중하다가 꼭 필요할 때만 시간을 정해 이메일을 확인할 것을 권한다. 나는 이 책을 쓰는 기간에도 회사를 계속 운영해야 했으므로 이메일 확인하는 시간을 따로 정해두고 그때만 프로그램에 접속해서 필요한 일을 처리했다.

집중력 방해 요소를 더 많이 제거할수록 필요한 일에 집중하기는 더 쉬워진다. 그리고 일단 일에 집중하게 되면 당신의 주의력을 흩뜨리는 문자 메시지나 이메일의 존재를 잊어버리기가 더욱 쉬워질 것이다.

마이크로 액션 TIP: 스마트폰의 알림 설정에서 필요치 않은 알림을 모두 제거한다.

중요하지만 거리가 필요한 인간관계

가족, 동료, 친구처럼 삶에 직접적으로 연관된 사람들은 우리에게 대단히 중요할 뿐만 아니라 그들을 위해서라면 기꺼이 시간을 할애할 수 있다. 하지만 그들 역시 우리가 중요한 일을 처리할 때 집중력을 방해하는 원인이 되기도 한다.

사람들의 상황은 저마다 다르다. 만일 당신이 앞으로 2시간 동안 자리에 앉아 업무에 집중해야 한다면, 남들에게 방해받지 않고 일할 수 있는 공간을 찾아보라. 그럴 형편이 되지 않을 때는 지금 바쁘게 일하는 중이므로 방해하지 말아 달라고 주위에 분명한 의사를 표시할 방법을 찾아야 한다. 때로는 소음 방지용 헤드폰을 착용하는 것만으로도 방해받고 싶지 않다는 신호가 될 수 있다.

사무실에서 일할 때는 방문을 닫고 긴급한 일 이외에는 방해하지 말아 달라는 정중한 내용의 표지판을 문 위에 걸어두는 것도 한 가지 방법이다. 만일 당신이 집에서 일해야 하는 상황이고 아이들도 키우고 있다면, 다른 가족 구성원이나 친구에게 아이들을 몇 시간만 봐달라고 부탁하라. 필요하다면 베이비시터를 고용해서 아이들을 맡기고 당신은 조용한 공간에서 일을 처리할 수도 있을 것이다. 문 앞에 표지판을 붙이고 배우자나 룸메이트에게 일정 시간 동안 방에 들어오지 말아 달라고 부탁해보는 것도 좋은 방법이다. 당신이 일정 시간 동안 집중적으로 업무를 처리해야 하는 상황이라면, 다른 사람들에게 집중력을 빼앗기지 않을 만한 시스템을 미리 설계해두어야 한다.

물론 가정에서 많은 책임을 안고 있는 사람은 위 방법이 녹록지 않을 것이다. 가족들에 대한 갖가지 의무 때문에 낮에는 업무에 집중할 시간을 내기가 어렵다고 말하는 사람도 적지 않다. 그들은 걸핏하면 "아이가 있어서 일하기가 어려워요"라고 불평하곤 한다. 하지만 아이들은 당신이 원하는 삶을 살지 못하는 핑계가 아니라 그런 삶을 꿈꾸는 '이유'가 되어야 한다. 당신이 그토록 열심히 노력하는 것도 다 아이들을 위해서다. 아이들을 희생양으로 삼지 말고 자신의 내면을 들여다보라. 사람들은 뭔가가 진정으로 중요하면 어떻게든 그 일을 해낼 방법을 찾고, 중요하지 않으면 그 일을 하지 않을 핑계를 찾는다.

가족은 장애물이 아니라 협력자다. 그들과 더불어 일할 방법을 찾으라. 배우자에게 매일 또는 매주 얼마의 시간을 따로 내어 업무에 집중할 수 있도록 도와달라고 요청하라. 예를 들어 당신이 해야 할 집안일을 배우자가 대신해줄 수도 있을 것이다. 다만 모든 인간관계는 양방향으로 이루어지므로, 배우자에게는 그 대가로 다른 보상을 제공해야 한다. 그렇게 서로가 자기 삶의 가장 중요한 부분에 집중할 수 있도록 도와야만 서로를 향한 책임감을 유지할 수 있다. 진정한 동반자는 함께 일하고 목표를 향해 함께 걸어간다.

이런 방법조차 사용할 수 없는 사람들은 베이비시터나 보모를 고용하고, 그럴 형편이 안 되면 친구나 다른 가족에게 도움을 요청하라. 만일 그것도 불가능하다면 일정표를 확인해서 아침에 아이들이 일어나기 전이나 밤에 잠든 뒤 시간을 낼 수 있는지 생각해보라. 작은 행동이 쌓여 큰 변화를 만들어낸다는 사실을 기억해야 한다.

마이크로 액션 TIP: 업무를 수행할 때 집중을 방해할 만한 사람이 누군지 파악하고, 자신의 의무를 소홀히 하지 않으면서도 혼자만의 시간을 낼 수 있는 시스템을 설계한다. 우선 30분 정도 시간을 내보는 식으로 작게 시작하고, 당신의 형편에 맞는 시스템을 찾아낼 때까지 상황을 점차 개선해 나간다.

'나'만을 위한 환경 설계하기

가장 생산성이 높은 사람은 가장 의지가 강한 사람이 아니라, 굳이 의지를 시험할 필요가 없는 환경을 설계하는 사람이다. 나도 의지가 그렇게 강한 사람이 아니다. 그러다 보니 집중력을 방해하는 요소들에 유혹받지 않을 환경을 설계해야만 성공할 수 있다는 사실을 잘 알고 있다. 기업가 겸 작가 윌리엄 클레멘트 스톤William Clement Stone은 이렇게 말했다.

"사람은 환경의 산물이다. 그러므로 당신을 가장 훌륭하게 발전시켜 목표를 이루어줄 만한 환경을 스스로 선택해야 한다."

지금 당신을 둘러싼 환경은 집중력을 방해하는 요소들을 잘 관리하고 있는가? 본인의 환경을 스스로 설계하기 위해서는 다음 두 가지 질문을 던져야 한다.

1. 행동을 실천하기 쉬운 환경을 어떻게 설계할 수 있을까?
2. 행동의 방해 요소가 최소화된 환경을 어떻게 설계할 수 있을까?

당신이 주기적으로 시간을 보내는 공간을 돌아보고, 그 공간이 애초에 어떤 종류의 행동을 유도할 목적으로 설계되었는지 생각해보라. 당신은 잘 모를 수도 있겠지만 집안의 모든 공간은 특정한 행동에 적합하게끔 설계되어 있다. 예를 들어 그동안 내가 방문했던 집의 거실 99퍼센트는 소파와 의자가 모두 텔레비전을 향해 있다. 그 방이 TV를 시청할 목적으로 설계됐기 때문이다. 그것이 그 공간이 담당하는 기능이다. 물론 당신이 평소 그런 식으로 시간을 보내기를 원한다면 아무런 문제가 없다.

하지만 어떤 사람들은 그런 공간에서 다른 일을 하기 위해 안간힘을 쓰고, 그러면서도 막상 TV를 끄는 것조차 어려워한다. 미국인들은 열렬한 TV 시청자다. 2019년 넷플릭스 사용자들은 넷플릭스 프로그램을 시청하는 데 하루 평균 2시간을 소비했다. 시청률 조사 기업 닐슨Nielsen에 따르면 2020년 코로나19 팬데믹 기간에는 이 시간이 하루 평균 3.2시간으로 늘어났다고 한다.[6] 그들은 자신의 목표를 이루기 위해 일할 수 있는 2~3시간을 매일같이 TV를 보는 데 쏟아붓는 것이다.

비디오 스트리밍 서비스나 케이블 방송을 끊지 못하고 TV 시청을 위해 설계된 방에서 하루의 대부분을 보내는 사람은 본인을 목표 달성에 실패할 수밖에 없는 환경으로 스스로 몰아넣는 것이다. 거실에서 TV를 보는 대신 책을 읽으며 시간을 보내고 싶다면, 그런 환경을 설계해야 한다. TV를 다른 방으로 옮기고 거실 선반이나 탁자 위에 책들을 올려두라. 그 환경은 어떤 행동을 유도할까? 거실에 TV가 없으면 보고 싶어도 볼 수가 없다. 따라서 당신은 책을 훨씬 많이 읽게 될 것이다. 자신이 성취하고 싶은 목표에 맞게 방안을 설계한 덕분이다.

이 원칙은 침실, 사무실, 책상, 심지어 자동차까지 당신이 하루 중 시간을 보내는 모든 환경에 적용된다. 행동하기 쉽고 집중력을 방해받지 않을 환경을 설계하라. 내 경우에는 의자에 앉아 있는 시간을 줄이기 위해 오래전부터 노력해왔다. 그래서 밖으로 뛰쳐나가고 싶은 충동을 없애고 운동과 일을 겸할 수 있는 환경을 설계하는 차원에서 러닝머신을 한 대 구매했다. 기계 옆에는 컴퓨터를 올려놓을 수 있는 거치대도 설치했다. 덕분에 하루에 90분 정도를 운동하며 일도 할 수 있게 됐다.

어떻게 하면 당신의 환경을 본인에게 더 유리하게 설계할 수 있을까? 예를 들어 당신의 사무 공간 모습은 어떤가? 당신이 평소에 업무를 보는 장소가 집 안이든 바깥이든, 무엇이 일하는 데 효과가 있고 없는지 생각해보라. 집중력을 가장 많이 방해하는 요인은 무엇이며, 그 문제는 어떻게 해결할 수 있을까?

가령 주위가 어수선하면 일에 집중하기가 어렵다. 따라서 업무 공간은 최대한 깔끔하게 정리해야 한다. 책상 위에 올려둔 물건의 수가 적을수록 주의력을 빼앗을만한 삼세적 방해물도 적어진다. 내 책상 위에 올려둔 물건은 노트북, 모니터, 소음 방지용 헤드폰, 종이와 펜 한 자루가 전부다. 자리에 앉는 순간 이제는 집중해서 일할 시간이라고 자신에게 말한다. 굳이 말하지 않아도 그 자리의 모습을 보고 눈으로 확인할 수 있다. **일을 해내는 것 말고는 자신에게 다른 선택의 여지를 제공하지 말라.**

코로나19 팬데믹 기간에 많은 사람이 재택근무에 돌입했다. 그들은 집에서는 일에 집중하기가 어렵고 특히 아침 시간에는 더욱 그렇다고 고충을 털어놓았다. 책상 앞에 앉아서 일을 시작해야 하는 시간에도 소파에 앉아 인스타그램을 넘기기 일쑤라는 것이다. 당신도 그런 경우라면 조금 낯설어도 효과가 좋은 한 가지 방법을 소개한다. 쿠션들을 옷장 속에 몽땅 집어넣어 소파가 제공하는 안락함을 없애버리는 것이다. 쿠션이 없어지면 책상 앞에 앉아 일하는 것밖에는 도리가 없다. 농담이 아니다. 쿠션이 없는 소파에 앉아 본 적이 있나? 절대 편안하지 않다. 요컨대 소파의 불편함이 당신이 기대하는 안락함을 방해하게 만들어야 한다. 책상 앞에 앉아 일하는 습관을 들인 뒤에는 쿠션을 도로 소파 위에 가져다 놓으면 그만이다.

책상 위를 깔끔하게 정리하거나 소파 위에서 쿠션을 치우는 것은 사소한 일이다. 하지만 바로 그 점이 중요하다. 사람들은 변화를 이루기가 대단히 어렵고 뭔가를 바꾸기 위해서는 커다란 어려움을 헤쳐나가야 한다고 생각한다. 하지만 우리가 어려움을 겪는 이유는 그동안 집중력을 방해받는 데 익숙해진 탓이다. 따라서 주위에서 집중력과 행동을 방해하는 요인들을 최대한 제거함으로써 모든 것을 단순하고 쉽게 만드는 일이 중요하다.

당신을 성공으로 이끌만한 환경을 조성하는 일은 비단 업무에만 적용되지 않는다. 예를 들어 당신이 아침 일찍 일어나 달리기 운동을 시작한다고 해보자. 아침에 일찍 일어나기는 쉽지 않다. 더구나 달리기를 즐기지 않는 사람이라면 더욱 그럴 것이다! 따라서 잠자리에 들기 전에 달리기할 때 입을 옷과 준비물을 미리 챙겨두면, 다음 날 아침 잠에서 깬 당신이 해야 할 일을 줄여

줌으로써 더 쉽게 운동하러 갈 수 있다. 아침에 집을 나서기 전 커피를 마셔야 한다면, 커피메이커의 타이머를 미리 설정해서 아침에 알람이 울릴 때 커피가 내려지게 하고, 주방에 들어갔을 때 곧바로 커피를 마실 수 있게 해두라. 달릴 때 마실 물을 들고 나가야 한다면 미리 병에 물을 채워두고 냉장고에 넣어서 언제든 꺼낼 수 있게 하라. 매일 아침 거리를 달리는 습관을 들이기는 쉽지 않겠지만, 전날 주위 환경을 세심히 디자인해서 운동에 대한 저항감을 최대한 없애고 집중력을 방해하는 요인들을 제거한다면 성공에 훨씬 쉽게 다가설 수 있다.

당신이 더 건강한 음식을 먹기를 원한다면, 먼저 군것질거리나 몸에 좋지 않은 식품을 눈앞에서 없애야 한다. 냉장고나 식료품 저장실을 뒤져서 당신의 목표에 방해가 될 만한 음식은 전부 치워버려라. 식품점에서는 자신을 유혹에 빠뜨릴 만한 음식을 아예 구매하지 않는 편이 좋다. 나 역시 달콤한 음식과 설탕을 매우 좋아한다. 게다가 의지력도 약해서 집 안에는 그런 음식을 아예 들이지 않아야 한다는 사실을 잘 안다. 스키틀즈 같은 초콜릿 몇 개만 먹어도 결국 한 봉지를 다 먹어야 직성이 풀린다. 스키틀즈가 없는 방에서 내가 발휘하는 참을성은 스키틀즈가 있는 방에서 발휘하는 참을성과 전혀 다르다. 나는 그런 방해 요인을 사전에 제거해 목표 지점을 향해 가는 데 도움이 되는 환경을 만들기 위해 노력한다.

식단을 미리 세워두는 것도 집중력을 방해하는 요인을 제거하고 건강한 음식을 섭취할 수 있는 좋은 방법이다. 일요일 저녁에 한 주 분량의 식품을 미리 구매하라. 그러면 매일 저녁 어떤 음식을 선택할까 고민하며 심리적 에너지를 낭비하기보다 다음 한 주 동안 먹을 음식을 한꺼번에 결정할 수 있다. 환경이 변하면 참을성도 변한다. 참을성이 강한 사람들이 그런 능력을 갖추게 된 이유는, 본인이 주로 시간을 보내는 환경에서 집중력을 방해하거나 마음을 유혹하는 요인들을 제거했기 때문이다.

주거 공간, 사무실, 책상, 주방을 막론하고 성공하는 사람들의 환경은 성공적이지 못한 사람들의 그것과 다르다. 그렇다고 성공한 사람들의 인내력이나 의지력이 유달리 강한 것은 아니다. 다만 의지력을 발휘하기 어렵게 만드는 요소를 주위에서 모두 제거했을 뿐이다. 당신도 성공하기 쉬운 환경을 스스로 만들어내자. 절대 어려운 일이 아니다. 본인이 시간을 보내는 공간을 좀 더 세심하게 관찰해서 필요한 행동을 실천하기에 최적화된 곳으로 설계하는 노력이 필요할 뿐이다.

마이크로 액션 TIP: 자기가 주기적으로 일하거나 시간을 보내는 공간을 10분 정도 지켜보며 그 공간이 어떤 종류의 행동을 유도하기 위해 설계됐는지 생각한다. 그 행동이 당신의 목표와 일치하지 않는다면, 그곳을 좀 더 생산적인 환경으로 개조한다.

성공한 사람들의 주변엔 누가 있나

당신의 삶을 극적으로 바꿀 수 있는 방법이 하나 있다. 본인이 하고자 하는 행동과 비슷한 행동을 하는 사람들과 어울리는 것이다. 술을 끊고 싶다면 술을 마시지 않는 사람과 어울리고, 사업에서 성공하길 원한다면 이미 사업에서 성공을 거두었거나 성공을 향해 달려가는 사람들과 시간을 보내라. 행복한 결혼 생활을 꿈꾸고 있다면, 행복한 결혼 생활을 삶의 우선순위로 선택한 이들과 친구가 되고, 좋은 부모가 되고 싶다면, 좋은 부모들과 친하게 지내라.

나 역시 이 방법으로 인생의 변화를 맛보았다. 스물네 살이 되었을 때, 나는 레지라는 보디빌더와 잠시 함께 산 적이 있다. 당시 나는 근육을 붙이려고 아무리 운동을 해도 소용이 없을 만큼 비쩍 마른 몸매의 소유자였다. 하지만 현직 보디빌더답게 엄청난 근육을 지닌 레지는 내게 끊임없이 운동 방법과 식이요법에 대해 이야기했고, 당시 룸메이트였던 그와 대부분의 시간을 함께했던 나도 조금씩 바뀌기 시작했다. 운동을 더 많이 했을 뿐 아니라 더 좋은 음식을 먹었다. 그렇게 얼마의 시간이 흐르자 나는 태어나서 가장 좋은 몸을 가질 수 있었다. 레지와 함께 살았던 고작 6개월 동안, 나는 근육량을 7킬로그램이나 늘릴 수 있었다.

이처럼 주변 사람들이 내 삶에 긍정적인 영향을 미치는 경우가 대부분이지만, 반대로 나쁜 영향을 주기도 한다. 그로부터 2년 뒤, 나는 주변에 술과 파티를 좋아하는 친구들이 생기면서 일주일에 서너 번씩 술을 마시곤 했다. 이런 식의 일상이 내 인생에 좋은 영향을 주지 않는다는 걸 깨달은 순간 이를 그만두었지만, 부정적인 영향을 깨닫기까지 낭비한 시간을 생각하면 조심해야 할 필요가 있다.

이후에도 삶이 변화하면서 교류하는 사람들도 조금씩 바뀌었다. 회사에 다닐 때는 직장에서 일하는 친구들과 어울렸다면, 나중에는 자기 회사를 세운 창업자들과 교류하고자 했다. 그 덕에 내가 직접 회사를 차려야겠다는 생각이 특별하거나 낯설게 느껴지지 않았고, 오히려 평범한 일처럼 느껴졌다. 우리는 만날 때마다 각자의 어려움과 성공에 대한 이미지를 나누었고, 서로를 도왔다. 그로부터 7년이 지난 현재, 나와 가장 가까운 친구들 다섯 명은 모두 자신의 회사를 운영하는 성공한 사람들이 됐다. 물론 내가 의도적으로 그들과 가까이 지낸 것도 있지만, 대부분 자연스럽게 그런 인간관계가 형성됐다. 아마도 내가 하는 일과 비슷한 분야에 종사하거나, 내가 달성하기를 원하는 목표와 비슷한 업적을 이룬 사람들에게 자연스럽게 이끌린 덕이었을 것이다.

'곁에 있는 사람'은 반드시 가까운 거리에 있는 사람들만을 의미하는 것이 아니다. 몇 년 전, 나와 비슷한 분야에 종사하는 코치들을 위해 열린 행사에서 세 명의 친구를 사귄 적이 있다.

두 사람은 캘리포니아에, 다른 한 사람은 캐나다에 살고 있었다. 금방 친해진 우리는 매달 한 번 화상회의를 통해 서로의 아이디어를 교환하기 시작했다. 그 이후로도 우리는 더욱 가까워졌고, 각자의 사업 역시 모두 성장했다.

"당신은 가장 많은 시간을 함께 보내는 다섯 사람의 평균값이다"라는 말을 들어 본 적이 있을 것이다. 참으로 옳은 말이다. 당신이 가장 가깝게 지내는 친구 다섯 명을 떠올려보자. 아마도 당신은 그 친구들과 수입이 비슷하고, 모습이 비슷하고, 술을 마시는 양이 비슷하고, 경력, 가족, 사업 등을 생각하는 방식도 비슷할 것이다. 우리는 함께 시간을 보내는 사람들과 비슷한 사람이 될 수밖에 없다. 그렇다고 삶의 경로가 일치하지 않는 사람들과는 아예 교류를 끊어야 한다는 말이 아니다. 단지 걸어가는 길이 비슷한 사람들과 더 많은 시간을 보낼 수 있는 삶의 방식을 선택해야 한다는 뜻이다. 충분한 시간을 갖고 행동을 취하며 당신과 많은 시간을 함께 보내는 사람들의 기대치를 충족할 수 있을 것이다.

마이크로 액션 TIP: 당신과 목표가 비슷하고 더 친밀한 인간관계를 형성하고 싶은 사람이나 그룹이 누군지 찾아내어 이메일이나 문자 메시지로 연락을 취한다.

문제는 당신에게 주어진 시간이 충분치 않다는 것이다. 모든 사람의 하루는 똑같이 24시간이다. 그 사실은 절대 변하지 않는다. 하지만 당신이 집중을 방해하거나 마음을 유혹하는 요인들을 얼마나 적극적으로 제거하느냐에 따라 그 시간을 얼마나 효과적으로 활용할 수 있을지가 결정된다. 결국 그것이 모든 차이를 만든다. 스마트폰, 태블릿, 컴퓨터, 텔레비전 같은 제품은 분명 놀라운 기술의 산물이지만, 우리가 세심한 주의를 기울이지 않으면 그 모두가 시간을 앗아가는 집중력 방해 요인이 될 수 있다. 기술은 우리에게 봉사하는 도구가 되어야지 우리를 다스리는 주인이 되어서는 안 된다.

당신이 어떤 일을 하면서 하루를 보내는지 주의 깊게 관찰하라. 자기가 이루고자 하는 목표에 도달하는 일을 방해하는 요인들이 무엇인지 파악하는 순간 행동을 바꾸고 원래의 궤도로 복귀할 수 있는 시스템을 만들 수 있다. 그런 사람들은 우주가 하루에 몇 시간씩 자신에게 새로운 삶을 선물한 듯한 느낌을 받게 될 것이다.

몸이 먼저 움직이는 행동 처방

❖ 당신에게 필요한 행동을 방해하거나 원하는 삶에 도달하는 데 지장을 주는 요인이 있다면 모두 나열해보자.

❖ 그 목록을 살펴보고 이를 최대한 많이 제거해서 일에 집중하고 행동을 실천에 옮길 수 있는 방법이 무엇인지 적어보자.

❖ 당신의 집중력을 방해하는 요인들을 제거하고 원하는 행동을 유도할 수 있는 업무 공간을 설계하려면 어떻게 해야 할까?

❖ 당신이 가장 많은 시간을 함께 보내는 다섯 명은 누구인가? 그들은 당신의 발전을 어떻게 돕거나 방해하는가?

7장.

작은 승리 경험하기
모든 일을 빠짐없이 해내는 법

당신 주위에서 방해물들을 말끔히 제거했다면 이제는 몸을 움직일 차례다. 시작은 될수록 작게 해야 한다. 그렇게 작은 승리를 하나씩 손에 넣고, 그 승리에 힘입어 점차 저돌적인 추진력을 얻을 수 있다. 자기가 지금 어떤 행동을 하고 있는지, 그리고 앞으로 어떻게 행동해야 하는지 좀 더 각별한 주의를 기울이면 한 단계 업그레이드된 행동으로 하루를 채울 수 있고 장기적 목표에도 한 걸음 더 다가서게 될 것이다. 그것이 바로 7장에서 집중적으로 알아볼 내용이다.

군인으로 근무하는 친구 한 명은 내가 아는 누구보다 많은 일을 척척 완료해내는 놀라운 능력의 소유자다. 그의 탁월한 생산성은 사람들의 혀를 내두르게 할 정도다. 어느 날 나는 친구에게 이렇게 물었다.

"그 수많은 일을 다 해낼 시간을 어떻게 내지? 그것도 군대에서 배운 거야? 도대체 비결이 뭐야?"

"앞발에 힘을 주고 살아가는 법을 배운 덕이지."

그 친구는 사람이 앞발에 힘을 주고 살 수도 있고 뒷발에 힘을 주고 살 수도 있다고 말했다. 우리가 앞발에 힘을 줄 때는 자연히 앞쪽을 향해 나아가려는 동작을 취하게 되는데, 그 태도가 상황을 주도하고 삶을 업그레이드하는 자세라는 거다. 반면 뒷발에 무게를 실으면 자신도 모르게 뒤로 물러나는 동작을 취할 수밖에 없다. 이런 수동적인 자세로는 앞으로 나아가기 힘들다. 이 두 가지 자세는 의식적인 삶의 태도와 무의식적인 태도를 가르는 차이점이기도 하다. 성공적인 사람들은 늘 상황 주도적인 자세를 취하고 자기가 매일 실천해야 할 일을 의식적으로 계획한다. 하지만 너무도 많은 사람이 매일 아침 수동적인 태도로 자리에서 일어나 오직 문제를 해결하거나 급한 불을 끄기에 급급해하며 무의식적으로 하루를 보낸다.

앞발에 힘을 주고 오직 눈앞의 100미터를 향해(5장에서 이야기한 '헤드라이트만 바라보고 전진하기'를 기억하라) 한 걸음 한 걸음 나아가면 목표를 향한 추진력을 얻게 될 것이다. 일단 추진력이 생기면 멈추지 않고 계속 전진하는 것이 중요하다. 한 번 멈춰 선 뒤에 다시 출발하기는 매우 어렵기 때문이다. 하지만 사람들이 가장 소홀히 하기 쉬운 요소 중 하나가 바로 '모멘텀'이다. 그건 아침에 침대에서 일어난 순간부터 쌓아나가기 시작해야 한다. 동기부여는 행동에 뒤이어 생겨난다는 사실을 기억하라. 꾸준히 행동을 실천하면 누구나 긍정적인 모멘텀을 얻게 될 것이다.

멈춰 선 자동차를 뒤에서 밀어야 할 때 가장 어려운 일은 차를 조금이라도 움직이게 하는 것이다. 일단 바퀴가 구르기 시작하면 금방 속도가 붙는다. 당신이 탄 자동차가 점점 느려지다 결국 멈춰버렸다면, 이를 다시 움직이는 데는 엄청난 에너지가 들어간다. 당신이 하루하루 긍정적인 모멘텀을 경험하기 시작했다면, 속도를 줄이지 말고 계속 그 느낌을 유지해야 하는 이유도 그 때문이다. 멈춤과 출발을 반복하며 에너지를 소모하기보다는 느리더라도 꾸준히 달리는 편이 훨씬 수월하다.

작은 승리로 하루를 시작하라

작은 일이 모여서 큰 충격을 만들어낸다. 당신은 아침에 일어나는 순간부터 몇 가지 사소한 행동을 실천함으로써 큰 모멘텀을 만들어낼 수 있다.

1. 스누즈 버튼 누르지 않기

당신은 아침에 알람이 울리면 어떻게 행동하는가? 곧장 침대를 뛰쳐나와 기쁜 마음으로 하루를 맞을 준비를 하는가, 아니면 일정 시간 뒤에 다시 알람이 울리는 스누즈 버튼snooze button을 누르고 다시 잠에 빠지는가? 나 역시 잠이 많은 사람인지라 아침에 일어나는 게 얼마나 힘든 지 잘 알고 있다. 아침에 알람을 맞춰두지 않으면 하루 종일 침대에 누워 있을 정도다. 하지만 바꿔 말하면 스누즈 버튼을 누르는 순간 그만큼의 시간을 손해 보고 하루를 시작하는 셈이다. 오늘부터라도 알람이 울리면 스누즈 버튼을 누르지 말고 즉시 침대를 벗어나기를 바란다. 그것이 그날의 첫 번째 승리다.

나는 스마트폰 대신 자명종을 권하기도 한다. 한 번 스마트폰을 집어 들면 계속 들여다보게 되기 때문이다. 또 알람이 울리면 이를 끄기 위해 침대에서 일어날 수밖에 없도록 자명종을 방의 반대편에 가져다 두는 것도 바람직한 방법이다. 일단 바닥에 발을 디딘 사람은 스누즈 버튼을 누르지 않는다.

2. 침대 정리하기

자리에서 일어난 뒤에 첫 번째로 해야 할 일은 방금까지 당신이 누워 있던 침대를 정리하는 것이다. 기껏해야 2분밖에 걸리지 않지만, 이는 새로운 모멘텀을 만들어낼 수 있는 일이자 당신에게 또 하나의 작은 승리를 안겨주는 행동이다. 게다가 한 번 침대를 정리하면 다시 잠들고 싶은 욕구를 이겨내는 데도 도움이 된다. 더 중요한 사실은 자리에서 일어난 지 5분도 되지 않아 그날의 두 번째 승리를 얻어낼 수 있다는 것이다.

나는 침대를 정리해야 하는 이유를 오랫동안 깨닫지 못했다. 어차피 나중에 다시 잠을 자러 들어갈 침대를 굳이 정리할 필요가 있을까? 그러다가 우연한 계기를 통해 그 사소한 행동의 힘이 얼마나 대단한지 깨닫게 됐다. 침대를 정리하는 것만큼 아주 짧은 시간에 매일 아침 작은 성취감을 누릴 수 있는 행동은 어디에도 없다.

미국의 해군 제독 윌리엄 H. 맥레이븐 William H. McRaven이 2014년 텍사스 대학교 졸업식에서 행한 연설은 수많은 사람의 입소문을 탔다. 맥레이븐은 《침대부터 정리하라 Make Your Bed》라는 제목의 베스트셀러에 이 내용을 그대로 담아 독자들에게 감동을 선사했다. 그는 자기가 네이비실 훈련을 받을 때 배운 이 원칙이 수많은 삶의 도전을 극복한 밑거름이 되었다고 썼다. 침대를 정리한다고 손해 볼 일은 없다. 오히려 도움이 될 뿐이다. 눈을 뜨자마자 침대부터 정리하라.

3. 아침 루틴 지키기

아침에 수행해야 할 효과적인 루틴을 알려주는 정보나 자료는 시중에 넘쳐난다. 하지만 너무 많은 시간을 요구하는 기나긴 할 일 목록을 작성할 필요는 없다. 당신의 하루에 긍정적인 모멘텀을 선사할 몇 가지 행동만을 골라 실천하라. 중요한 건 본인이 처한 상황에 맞춰 하루를 시작하겠다는 의지를 갖는 것이다. 자신의 일정과 필요성에 알맞은 루틴을 선택하라. 가령 아이를 키우는 부모는 아이들이 깨어나기 30분이나 1시간 전에 자리에서 일어나 하루를 시작하는 데 필요한 활동을 실천하면 된다.

샤워하기나 이 닦기 같은 기본적인 할 일 이외에도 명상이나 조깅, 요가, 책 10페이지 읽기, 조용히 앉아 있기 등 다양한 활동을 포함시킬 수 있다. 한두 가지 활동을 추가하는 것만으로도 충분하다.

아침 루틴을 경험한 적이 한 번도 없거나, 있어두 꾸준히 지속하는 데 문제가 있는 사람은 이 중에서 한두 가지를 골라 먼저 시작해보고 익숙해지면 조금씩 활동을 늘려가기를 권한다. 그 일과를 허드렛일처럼 생각하면 안 된다. 아침 루틴의 목적은 당신에게 동기를 부여하고 성취감을 선사할 뿐 아니라 그 활동을 통해 아침을 좀 더 알차게 보내는 데 있다. 아침 루틴을 잘 지키면 눈을 뜨자마자 허겁지겁 집 밖으로 뛰쳐나가는 대신 하루의 나머지 시간을 훨씬 주도적으로 통제할 수 있다.

4. '오늘의 할 일' 작성하기

아침 루틴의 마지막에는 약 10분 정도 시간을 내어 그날 할 일을 마음속에 떠올리고 하루를 계획하라. 가장 좋은 방법은 '오늘의 할 일 목록'을 짧게 작성하는 것이다. 여기서 키워드는 바로 '짧게'다.

'80대 20'의 규칙으로 알려진 파레토 법칙Pareto Principle에 따르면 당신이 일상적으로 수행하는 20퍼센트의 활동이 삶에서 가장 중요한 80퍼센트의 결과물을 가져다준다고 한다. 뒤집어 말하면 당신이 매일 하는 일의 80퍼센트는 고작 20퍼센트의 결과물밖에 생산하지 못한다는 뜻이다. 따라서 당신이 삶에서 원하는 결과를 안겨줄 가장 생산적인 활동이 무엇인지 미리 파악하는 일이 중요하다. 현명한 사업가들은 자신에게 가장 큰 매출을 올려주는 상위 20퍼센트의 업무를 파악해서 주로 그 일을 하며 하루를 보낸다.

어떤 사람들은 수십 가지 항목이 담겨 있는 기나긴 할 일 목록을 작성한다. 물론 충분히 이해가 가는 일이다. 우리가 직장생활이나 사생활에서 처리해야 할 일은 한둘이 아니기 때문이다. 개중에는 이미 완료한 일의 목록을 줄줄이 나열하고 하나씩 지워나가는 사람들도 있다. 뭔가를 성취했다는 뿌듯함을 얻을 수 있겠지만, 그 모두가 당신의 목표를 달성하는 데는 별로 도움이 되지 않는다. 왜 그럴까? 그 긴 목록에 포함된 일들이 최고의 결과물을 생산하는 20퍼센트에 속하지 않기 때문이다. 가령 당신이 오늘 해야 할 일 중 하나가 세탁이라고 해보자. 별로 어렵지는 않은 일이다. 일을 마치고 난 뒤에는 목록에서 하나를 지울 수도 있다. 하지만 세탁이라는 일이 과연 당신의 목표를 달성하는 데 도움이 될까? 만일 지금이 화요일 오전 11시쯤이고 당신의 가장 높은 우선순위가 회사의 매출을 올리는 것이라면, 당신은 이 시간에 세탁실에 있어서는 안 된다. 그 일은 따로 시간을 내어 나중에 처리하라.

그렇다고 오해하지는 말라. 긴 목록에 포함된 일들도 여전히 중요하다. 하루 중 어느 때가 됐든 결국에는 설거지도 하고 빨래도 해야 한다. 하지만 할 일 목록이 너무 길면 하루의 일과가 너무 벅차게 느껴져서 일을 처리할 엄두가 나지 않을 수도 있다.

지금부터는 그날의 할 일 목록 중에 당신의 목표 달성에 가장 긴요한 '세 가지' 일을 꼽아볼 것을 권한다. 그리고 사방 10센티미터 정도의 작은 카드에 그 세 가지를 중요한 순서대로 적어보라. 하지만 이 카드를 스마트폰과 함께 두어서는 안 된다. 목록을 확인할 때마다 스마트폰을 들여다보고 싶은 유혹을 느낄 수 있기 때문이다. 대신 어디를 가도 쉽게 꺼낼 수 있도록 지갑이나 주머니에 넣어두는 편이 좋다.

그 목록의 첫 번째 항목은 절대 타협의 여지가 없는 핵심적인 일이 되어야 한다. 그 일을 완료하기 전에는 잠자리에 들지 말라. 이 항목이 오늘의 최고 우선순위다. 그렇다고 그 일을 꼭 첫 번째 순서로 처리해야 한다는 뜻은 아니지만, 일단 손을 댔다면 반드시 마무리하길 권한다. 때로는 목록의 첫 번째 항목을 먼저 완료하기가 일정상 불가능해서 그 시간에 다른 일을 처리해야 할 수도 있다. 어쨌든 아침마다 하루의 일정표를 확인해서 목록의 첫 번째 항목은 그날 안에 반드시 마무리할 수 있도록 스케줄을 조율해야 한다. 당신에게 가장 중요한 업무를 하루도 빠짐없이 완벽하게 해냈을 때 1년 뒤에는 얼마나 큰 성과를 거둘 수 있을지 생각해보라.

목록의 첫 번째 일을 완료했다면, 그다음에는 두 번째 항목을 처리하는 데 집중하고 다음에는 세 번째 항목을 우선순위로 올려두어야 한다. 하지만 첫 번째 항목만 완벽하게 처리해도 당신은 큰 진전을 이뤄낸 셈이다. 기나긴 할 일 목록에 적힌 나머지 항목들은 당신이 가장 높은 생산성을 발휘할 수 있는 시간 이후에 처리하면 된다. 목록에 남아 있는 잡다한 일 때문에 마음이 불편하다면, 먼저 우선순위가 높은 업무를 완료한 다음 아무 때고 시간이 나면 나머지 일을 처리하는 것으로 계획을 세울 수도 있다.

하루에 해야 할 일을 모두 처리하는 데는 많은 수고와 고통이 따를 것이다. 하지만 그 뒤에 당신은 큰 성취감을 느낄 뿐 아니라 삶 자체가 수월해짐을 느낄 것이다. 내일 아침의 당신은 어제의 당신에게 감사할 것이다. 물론 그때는 또 다른 항목들이 목록에 올라와 있겠지만.

5. 스마트폰 들여다보지 않기

아침에는 될수록 스마트폰을 집어 드는 일을 피하라. 한 번 스마트폰을 들여다보면 문자 메시지, 이메일, 그날 처리해야 할 일 등을 생각하고 걱정하는 데 곧바로 정신을 빼앗기게 된다. 그로 인해 모멘텀이 약해지고 우선순위에 혼란이 생길 수 있다. 내가 그 사실을 잘 아는 이유는 스마트폰을 들여다보기 전의 '나'와 들여다본 뒤의 '내'가 전혀 다른 사람이기 때문이다. 내 뇌에서 학습과 성장을 담당하는 부위는 아침에 가장 강력한 힘을 발휘한다. 하지만 스마트폰을 들여다보는 순간 그 힘이 약해지기 시작한다. 아침에 잠에서 깨어난 뒤에는 최소 10분에서 30분 정도 스마트폰을 집어 들지 않는 편이 좋다. 물론 2시간이라면 더욱 바람직하다. 그렇게 참을성을 발휘하는 일 또한 높은 생산성을 뒷받침하는 작은 승리가 되어줄 것이다.

이런 작은 승리들은 사소해 보여도 당신에게 대단히 중요한 영향을 미친다. 그 이유는 아무리 작더라도 그 승리를 거두는 순간 뇌에서 도파민^{dopamine}이 분비되기 때문이다. 3부에서 자세히 이야기하겠지만, 도파민은 사람에게 행동의 동기를 부여하는 화학물질이다. 작은 승리를 수시로 얻어내는 일은 마치 도미노를 무너뜨리는 일과도 같다. 첫 번째 도미노를 넘어뜨리면 나머지 도미노 조각들도 줄줄이 넘어간다. 당신의 목표가 무엇이든 수많은 작은 승리를 연달아 얻어내는 것이 중요하다. 하나의 승리는 반드시 또 다른 승리를 불러온다. 사람들은 성공을 하나의 커다란 사건으로 생각하지만, 수많은 마이크로 액션이 모여 커다란 결과로 이어진다는 사실은 알지 못한다. 성공이란 당신이 가고자 하는 곳이 어디든, 그곳에 도달할 때까지 매일 사소한 일을 실천하고 매주 조금씩 모멘텀을 쌓아감으로써 성취된다.

생산적인 하루와 바쁜 하루를 혼동하지 말 것

그날의 할 일 목록에 세 가지 항목만 적으라고 권하는 이유는 하루에 완료해야 하는 일의 가짓수를 줄이기 위해서다. 업무의 범위를 압축하면 결과물의 품질이 좋아진다. 정신을 이곳저곳에 분산시키거나 한꺼번에 너무 많은 일을 해내려고 시도하면 뇌는 눈앞의 일에 집중하지 못한다. 이 원칙은 삶의 모든 분야에 적용할 수 있다. 특히 당신이 매일같이 처리해야 할 중요한 일을 계획할 때 더 유용하다. 그렇게 신중한 선택의 과정을 거쳐 목록에 오른 세 가지 일은 모두 당신의 목표를 달성하는 데 필수적인 항목이어야 한다. 많은 사람이 자기가 중요한 일을 한다고 생각하지만, 그들은 그냥 바쁘게 하루를 보낼 뿐이다.

생산적인 하루와 바쁜 하루는 다르다. 당신이 5킬로미터 마라톤 훈련에 돌입한다고 해보자. 당신은 먼저 거창한 체력 단련 계획이나 달리기 루틴부터 세울 것이다. 또 최고급 운동복이나 신발 같은 장비를 사는 데 많은 시간을 쏟을 것이다. 지금 당신에게 가장 필요한 행동은 집 밖으로 나가 거리를 달리는 것인데도 말이다. 이처럼 대부분의 사람들은 목표를 향해 출발할 때 가장 필요하고 생산적인, 중요한 일을 하지 않는다. 잊지 말자. 그 중요한 행동을 제외한 모든 활동은 본인이 생산적인 시간을 보낸다고 착각하게 만드는 알맹이 없는 행위에 불과하다.

내가 영업 사무소를 처음 운영할 때, 영업사원들을 독려해서 고객들에게 최대한 많은 전화를 걸게 하고자 이따금 '전화 걸기 행사'를 개최한 적이 있다. 직원들은 아침에 출근해서 오늘 하루 전화를 100통은 돌릴 예정이라고 큰소리쳤다. 그러나 2시간 뒤에 확인해보면 고작 여섯 번 돌렸을 뿐이었다. 직원들은 이렇게 말했다. "그동안 고객들의 전화번호를 정리했어요." "통화할 때 사용할 대본을 작성했죠." 그 직원들은 전화 통화를 제외한 다른 일은 열심히 하면서도 결국 제대로 된 일은 하나도 하지 못했다. 그늘은 자기가 생산직으로 하루를 보낸다고 생각했겠지만, 생산성과는 거리가 먼 바쁜 하루를 보냈을 뿐이다.

높은 생산성을 바탕으로 목표에 한 걸음 더 가까이 가려면 핵심적인 일에 집중해야 한다. 당신이 하는 일이 무엇이든 자신에게 이렇게 질문하라. "지금 하는 일은 목표에 다가가는 데 도움이 되는가?" 도움이 되지 않는다면 즉시 중단하고, 도움이 된다면 계속 진행하라.

당신의 에너지는 몇 점인가?

생산적인 하루를 보내고자 하는 사람에게는 맑고 총기 넘치는 정신이 필요하다. 맑은 정신은 풍부한 에너지의 결과이며, 에너지 수준은 수면, 햇빛, 음식, 물 등 네 가지 요인의 영향을 받는다.

1. 수면

수면은 사람의 에너지 수준을 결정하는 데 핵심적인 역할을 담당하기 때문에, 우리가 가장 먼저 해결해야 할 문제로 종종 거론된다. 2018년에 진행된 어느 연구에서는 1만 명 이상의 조사 대상자 중 절반가량이 하루 7~8시간 이하로 잠을 잤을 때 인지적 능력이 감소하는 현상을 경험했다는 결과가 나왔다. 적정한 수면 시간은 건강을 지키는 데 매우 중요하다.[1]

생산적인 하루를 보내기 위한 노력은 전날 밤부터 시작되어야 한다. 하루에 7~8시간 정도 완전히 캄캄한 방에서 집중적으로 수면을 취하라. 또 편안한 침대를 사는 데도 아낌없이 돈을 투자할 것을 권한다. 침대 위에서 인생의 3분의 1을 보낸다는 사실을 고려하면 좋은 침대를 구매하는 것은 당신이 할 수 있는 최고의 투자 중 하나다.

2. 햇빛

2017년 〈수면 건강 Sleep Health〉이라는 학술지에 실린 연구 결과에 따르면 많은 사무직 근로자가 아침 햇빛을 받은 뒤에 정신이 맑아지고 수면 건강이 향상되는 효과를 거두었다고 한다. 게다가 아침 햇빛은 피실험자들의 기분을 더 나아지게 하는 효과를 발휘하기도 했다. 아침 햇빛에 노출된 사람들은 그렇지 않은 사람들보다 스트레스를 더 적게 받고 더 낮은 수준의 우울감을 경험했다.[2] 심지어 구름이 낀 날씨에도 태양이 방출하는 빛은 뇌를 맑게 하는 데 도움을 주고, 몸을 잠들게 하는 멜라토닌의 생성을 막아준다. 아침에 잠에서 깬 뒤 1시간 이내에 밖으로 나가 햇빛을 받는 일은 그래서 중요하다.

집 밖으로 나갈 형편이 되지 않는 사람들도 조명의 혜택을 누릴 수 있다. 연구에 따르면 청색광이 풍부하게 포함된 백색 조명에는 졸리거나 나른한 느낌을 줄여주고 인지적 기능을 높여주는 효과가 있다고 한다.[3] 이런 기능을 지닌 청색 조명을 별도로 구매하는 편이 가장 좋겠지만, 그렇지 않더라도 대부분의 백색 전구에는 어느 정도의 청색광이 포함되어 있으니 날씨가 흐린 날에는 조명을 모두 켜고 내부 공간을 환하게 밝혀두는 편이 좋다.

3. 음식

모든 음식은 사람을 졸리게 만든다. 우리가 하루에 쓰는 에너지의 15~30퍼센트는 음식을 소화하는 데 사용된다.[4] 따라서 당신이 특정한 음식을 먹은 다음 기분이 어떻게 변하는지 잘 기억해두면, 어떤 종류의 음식이 에너지를 많이 소모하는지(특히 너무 많이 먹었을 때) 파악할 수 있을 것이다.

   대체로 아침에 먹는 음식은 에너지 수준을 높여주고 오후 늦게나 밤에 먹는 음식은 에너지를 고갈시킨다. 하지만 사람들은 저마다 스타일이 다르다. 어떤 사람들은 아침 식사를 꼭 챙겨 먹어야 힘이 나지만, 어떤 사람들은 조식을 먹지 않았을 때 오히려 에너지가 상승한다. 나는 두 번째 부류에 속한 사람이라 오후 1시나 2시 전에는 아무것도 먹지 않는 편이다. 내가 그런 부류의 사람이라는 사실을 깨닫는 데는 꽤 오랜 시간이 걸렸지만, 그렇다고 매일 끼니를 거르는 것은 아니다. 나는 내 몸이 무엇을 필요로 하는지 늘 관심을 기울인다. 아침에 지나치게 공복감을 느끼면 과일을 먹기도 하고, 이따금 식사가 필요할 때는 달걀을 조금 먹는다. 하지만 제대로 된 식사는 운동을 마친 뒤에야 첫술을 뜬다. 그래야 일에 집중할 에너지를 얻고 더욱 생산적인 하루를 보낼 수 있다.

   당신이 뭔가 행동할 때 고려해야 할 가장 필수적 요인 중 하나가 바로 에너지 수준이다. 따라서 나는 내 에너지 흐름을 파악하고, 업무 시간을 중심에 둔 후에 식사를 계획함으로써 생산적인 하루를 보내는 법을 배웠다.

   언뜻 상식에 어긋나는 것처럼 보이지만, 사람의 집중력을 높이는 데는 약간의 공복감이 도움을 준다. 연구에 따르면 간헐적 단식은 뇌의 기능을 개선해주는 효과가 뛰어나다고 한다.[5] 그렇다고 배를 쫄쫄 곯거나 혈당을 너무 낮출 필요는 없지만, 적당한 공복감이 아드레날린의 분비를 높이는 것만은 사실이다. 이는 인간의 본능과 관련된 이유가 있다. 수천 년 전, 인류는 주린 배를 움켜쥐고 들판에 나가 극도의 집중력을 발휘해서 사냥감을 찾아야 했다. 따라서 공복감은 당신이 더 높은 수준의 집중력을 확보하는 데 핵심적인 비결이 될 수 있다. 모든 사람의 몸은 저마다 다르다. 그러므로 공복감이 당신의 에너지 수준에 어떤 영향을 미치고 그 수준이 어느 정도인지 한 주 정도 실험해보기를 권한다.

4. 물

우리는 밤에 잠을 자면서 단지 숨을 쉬는 것만으로도 0.47리터에서 0.94리터의 수분을 빼앗긴다. 따라서 사람들은 아침에 눈을 떴을 때 대부분 탈수 상태에 놓여 있다고 할 수 있다. 탈수 증세는 사람의 인지적 기능을 떨어뜨리고 맑은 정신을 되찾는 데 지장을 준다.[6] 당신이 항상 충분한 수분을 섭취해야 하는 이유가 여기에 있다. 당신에게 얼마나 많은 양의 물이 필요한지는 여러 요인에 의해 좌우되겠지만, 아침에 눈을 뜨고 침대를 정리한 뒤에는 즉시 한두 잔의 물을 마심으로써 몸에 수분을 공급하는 습관을 들여야 한다. 이 습관을 아침 루틴의 하나로 포함하면 하루가 시작되는 시점에 당신에게 모멘텀을 안겨줄 또 하나의 작은 승리를 얻어낼 수 있다.

아침에 눈을 뜨자마자 커피를 마시는 건 그만두길 바란다.

커피는 탈수를 유발하고 스트레스 호르몬인 코티솔cortisol의 분비를 증가시키기 때문에 더 많은 불안과 스트레스를 유발한다. 코티솔은 우리가 잠에서 깨어난 뒤 45분 후쯤 최고 수준에 도달한다.[7] 따라서 하루가 막 시작되는 시간에 커피보다 물을 마시길 권한다. 물은 몸에 수분을 공급하면서 뇌의 기능을 개선하고 더 많은 에너지를 제공한다. 커피는 눈을 뜬 지 1시간 정도 지난 후에 마신다면, 오히려 아침 시간의 생산성을 높이고 기분을 개선하는 데 도움이 될 것이다.

커피의 단점은 에너지 수준을 순식간에 높여주면서도 그렇게 에너지가 고조된 상태가 곧바로 사라지기 때문에 점점 더 많은 커피를 마시고 싶게 한다는 것이다. 어떤 사람들은 커피 대신 예르바 마테yerba mate라는 나무의 잎으로 만든 차를 마시기도 한다. 여기에도 카페인이 포함되어 있으나 커피와 같은 부작용은 없다고 한다. 또 마테 차는 수분을 공급하는 기능 이외에도 식욕을 조절하는 호르몬 GLP-1의 분비를 촉진해서 공복감을 줄여주는 등 여러 가지 건강상의 이점을 제공한다.[8]

에너지를 어떻게 분배할 것인가

사람이 하루 중 어떤 시간에 어떤 기분을 느끼는지는 개인에 따라 다르다. 어떤 사람들은 아침 시간에 생산성이 높아지고, 어떤 사람들은 올빼미처럼 늦은 밤에 주로 활동한다. 내 친한 친구 한 명도 업무의 대부분을 늦은 밤에 처리한다. 밤늦게 깨어 있는 일을 모든 사람이 좋아하지는 않겠지만, 그 친구에게는 그때가 활동하기에 최적의 시간이다.

당신의 에너지 수준이 언제 최고조에 달하는지, 그리고 당신이 가장 높은 생산성을 발휘할 수 있는 시간이 언제인지는 간단한 과정을 거쳐 파악할 수 있다. 나는 이 프로세스를 에너지 추적energy tracking이라고 부른다. 말 그대로 사람의 에너지 수준이 변화하는 모습을 시시각각으로 추적하는 작업이다. 당신이 깨어 있는 시간 동안 1시간 간격으로 알람 시계를 맞춰두고, 알람이 울리면 지난 1시간 동안의 에너지 수준을 1부터 10까지의 숫자로 표시한다. 1은 에너지 수준이 가장 낮은 상태고 10은 최고조에 달한 상태를 뜻한다. 이 연습을 여러 날에 걸쳐 반복하면 당신의 에너지 수준이 일관성 있게 변화하는 패턴을 발견할 수 있을 것이다. 이 데이터를 활용해서 당신의 집중력이 가장 왕성하고 에너지 수준이 최고조에 달한다고 느껴지는 시간대에 중요하고 핵심적인 업무를 완료하면 된다.

에너지 계획energy planning은 내가 매일 해내야 하는 수많은 일을 완료하기 위해 반드시 밟아야 하는 필수적인 과정이다. 나는 회사를 두 개나 운영하는 중이고, 한 주에도 서너 편의 팟캐스트 방송을 녹음해야 한다. 또 마인드셋 멘토를 통해 자기계발 강좌도 제공해야 한다. 게다가 수많은 고객, 직원, 청취자가 모두 나를 의지하고 있다. 내 에너지 수준이 가장 높은 시간이 언제인지를 반드시 파악해야 하는 이유는 그 시간을 틈타 이 중요한 업무들을 빠짐없이 완료해야 하기 때문이다.

어떤 사람들은 집에서 아이를 키우고, 어떤 사람들은 매일 직장에 나가 일한다. 따라서 당신의 에너지 계획은 내 계획과 전혀 다를 수 있다. 하지만 내가 에너지 수준을 중심으로 하루의 일정을 어떻게 계획하는지 살펴보면 당신에게 유용한 참고가 될 수 있을 것이다.

오전 6시 30분~ 7시 30분	- 알람과 함께 기상하여 곧바로 침대를 정리한다. - 아내와 20분간 명상하고 독서를 하거나 일지를 작성한다. - 일지에는 오늘 하루를 미리 마음속으로 그려보고, 그날 해야 하는 일 세 가지를 기록한다. 이때, 우선순위를 미리 정해둔다. - '오늘도 멋진 하루를 보내기 위해서는 무엇을 해야 할까?' 하는 질문의 답변을 적으며 조금 더 밀도 있는 하루를 설계한다.
오전 7시 30분~ 8시 30분	- 아내와 커피를 마시며 1시간 정도의 여유를 갖는다.
오전 8시 30분~ 9시 15분	- 창의성을 요구하는 업무를 수행한다. - 주로 소셜 미디어 콘텐츠를 작성하고 〈마인드셋 멘토〉 팟캐스트 방송을 위한 아이디어 개발에 힘쓴다. - 이 시간에는 전화나 메시지에 응답하지 않는다.
오전 9시 15분~ 9시 30분	- 서랍에 넣어둔 스마트폰을 꺼내 이메일과 메시지를 확인한다. - 필요한 회신을 한 후, 다시 스마트폰을 서랍에 집어넣는다.
오전 9시 30분~ 10시 30분	- 하루 중 내 신체 에너지가 가장 고조되는 시기로, 운동을 한다.

오전 10시 30분~ 오후 2시 30분	– 그날 반드시 해야 하는 '필수 업무'를 집중적으로 처리한다. – 에너지 수준이 높은 시간대로, 이 4시간은 누구에게도 방해받지 않는 신성불가침의 영역이다. – 이때 가장 중요한 업무와 카드에 적힌 첫 번째 항목을 완수한다. – 시간에 따라 가능하다면 두세 번째 항목까지도 처리한다.
오후 2시 30분	– 그날의 첫 번째 식사를 한다.
오후 3시~6시	– 고도의 집중력이 필요하지 않은 일들을 수행한다. – 화상회의에 참여하거나 팀원들과 대화를 나눈다. – 에너지 수준을 고려하여, 우선순위가 높은 업무는 이 시간 전까지 반드시 완료한다. – 오후 6시에는 반드시 하루의 업무를 끝내고 완전한 휴식에 돌입한다.
오후 7시 30분	– 그날의 두 번째 식사를 한다. – 이 저녁 식사를 끝으로 다음 날 오후 2시까지 공복을 유지한다.
오후 8시~ 9시 30분	– 아내와 느긋하게 시간을 보내거나 친구와 어울린다. – 혹은 집중력이 많이 필요하지 않은 책을 골라 읽기도 한다.
밤 9시 30분	– 잠자리에 들 준비를 한다.
밤 10시~ 10시 30분	– 다음 날의 목표와 오늘의 개선점을 종이에 적는다. – 이 행위가 중요한 이유는 내가 잠든 사이에 그 생각이 잠재의식 속으로 스며들기 때문이다.
밤 10시 30분	– 불을 끄고 8시간 동안 깊은 수면에 든다.

에너지 수준에 따라 계획한 스케줄표

반드시 휴식을 취하라

사람들은 하루 중 특정 시간이 되면 일을 멈추고 휴식을 취해야 한다는 사실을 중요하게 생각지 않는 경향이 있다. 나도 처음 사업을 시작했을 때는 하루도 거르지 않고 오전 8시부터 오후 11시까지 일했다. 어떤 날에는 더 늦게까지 일하기도 했다. 새벽 1시 전에 잠자리에 드는 날은 거의 없었다. 다음 날 아침이 되면 침대에서 일어나 똑같은 생활을 반복했다. 목표를 이루기 전에는 휴식을 취할 자격이 없다는 생각에 그런 일상을 되풀이한 것이다. 당신도 그렇게 생각한 적이 있나? 그런 식의 사고방식은 매우 흔하지만, 알고 보면 하나의 함정에 불과하다. 사람들은 원대한 목표를 세우기 좋아한다. 그리고 그 목표에 조금 더 가까이 다가선 순간 자신을 한층 가혹하게 몰아붙이면서 더 큰 목표를 생각해낸다. 많은 사람에게 목표란 마치 수평선 같은 존재다. 아무리 손을 뻗어도 잡을 수가 없다.

내가 그런 삶의 방식을 송두리째 바꾼 것은 세계에서 가장 큰 부동산 기업의 소유자 게리 켈러Gary Keller가 쓴 《원씽The One Thing》이라는 책을 읽은 뒤부터였다. 그는 이 책에서 적절한 휴식 시간이 포함된 일과의 중요성을 강조했다. 처음에는 그의 논리에 저항감이 느껴졌다. 하지만 이 사람은 억만장자이니만큼 내가 모르는 뭔가를 알고 있을지도 모른다는 생각이 들었다. 그래서 그의 말에 귀를 기울였다. 켈러는 운동선수가 훈련 계획을 수

립하듯 하루의 일정을 계획하라고 조언한다. 운동선수가 근육을 성장시키려면 열심히 운동한 뒤에 충분한 휴식을 취해야 한다. 당신의 뇌도 마찬가지다. 뇌를 너무 혹사하면 에너지가 소진되고, 집중력이 떨어지고, 생산성이 감소한다. 오히려 적절한 휴식을 취할 때 업무 효율성이 증가한다. 주말에 푹 쉬고 나면 월요일에는 원기가 회복되고 더욱 생산적인 모습으로 업무에 복귀할 수 있을 것이다.

당신은 마감 시간 직전, 생산성이 폭발적으로 증가한 경험을 해본 적이 있을 것이다. 휴가를 떠나기 전날 얼마나 신이 나서 생산성을 발휘했는지 떠올려보라. 이는 대체로 마감 시간이 얼마 남지 않았을 때의 압박감 때문이다. 공부할 때도 마찬가지로 시험 치르기 전날 능률이 오른다. 업무 집중력 역시 프로젝트 완료가 코앞으로 다가왔을 때가 가장 높아진다. 우리의 뇌는 마감 시간이 임박했을 때 더 훌륭한 성능을 발휘한다. 그것 말고는 다른 선택지가 없기 때문이다. 따라서 반드시 마감 시간을 정해두고 일과를 끝내는 것이 생산성에 큰 도움이 된다.

나 역시 이 개념을 처음 접했을 때는 잘 이해가 되지 않았다. 더 적게 일하고 더 많이 성취할 수 있다는 말이 와닿지 않았던 것이다. 하지만 이를 내 삶에 직접 도입하자, 오히려 시간을 제대로 쓸 수 있었다. 내 에너지 수준이 떨어지기 시작하는 시간을 확인하고, 그 시간이 되기 전에 하루의 모든 일을 마무리한다. 그렇게 일과를 마치며 다음 날 해야 할 일을 종이에 적는다. 이 습관 덕에 잊어버리는 일도 없어졌고, 뇌 역시 걱정을 내려놓을 수 있다. 그렇게 일과 휴식을 모두 챙기며 더 효율적으로 일할 수 있게 되었다.

생계를 이어가는 데 너무 많은 시간을 소비하는 탓에 삶을 이어가는 일을 잊어서는 안 된다. 재미있는 시간을 보내고 삶을 즐겨야 한다. 그것만이 더욱 생산적인 자세로 일에 집중할 수 있는 길이다.

모멘텀은 가장 사소한 행동을 통해 구축된다. 당신에게 필요한 것은 지금 실천하고 있는 행동이 올바른 방향을 가리키고 있으며 목표에 다가서는 데 도움이 된다는 분명한 자각, 그리고 약간의 계획이 전부다. 목표를 달성하기 위해 지나치게 치열한 싸움을 벌일 필요는 없다. 아침에 일어나자마자 작은 승리를 쟁취하고 그날의 할 일 목록을 가장 중요한 세 가지 업무로 요약하고, 하루 중 에너지가 가장 왕성할 때 그 일을 해냄으로써 당신의 삶을 더욱 수월하게 만들라. 거창한 변화는 필요없다. 그저 하루의 일정을 계획하는 방식에 작은 발상의 전환이 필요할 뿐이다. 이 손쉬운 전략만으로 고도의 주의력과 집중력이 필요한 업무에 더욱 효과적으로 대비할 수 있다.

몸이 먼저 움직이는 행동 처방

❖ 오늘 밤 잠자리에 들기 전 하루 동안 한 일을 종이에 모두 적어보자. 어떤 일을 하며 오늘 하루를 보냈는지 솔직히 기록하라.

❖ 당신은 그저 바쁘게 하루를 살았을 뿐인데도 생산적인 시간을 보냈다고 자신을 속이는 때가 있는가? 주로 어떤 경우에 그런가?

❖ 하루 중 에너지가 가장 왕성한 시간에 가장 중요한 활동을 수행하기 위해서는 일정을 어떻게 조율해야 하는가?

8장.

집중력
생산성의 비밀

자리에 앉아서 손가락을 내리기만 해도 재밌는 영상들이 쏟아지는 세상, 당신의 집중력은 도둑맞았다. 그래서일까? 사람들에게 가장 많은 도움이 필요한 분야 중 하나가 집중력을 기르는 일이다. 하루에 단 20분이라도 차분히 자리에 앉아 무엇에도 방해받지 않고 일에 집중해 완료하기는 쉽지 않다. 이번에는 이 문제를 겪고 있는 사람들을 위해 집중력을 개선하는 방법에 대해 알아보고자 한다. 잃어버린 집중력을 되찾고, 생산력을 높이는 법을 살펴보자.

앞서 6장에서 소개한 프로골프 선수 로리 매킬로이는 2011년 마스터스 대회에서 한순간 무너지며 시합을 망쳤지만, 그렇다고 그의 선수 경력이 완전히 끝난 것은 아니었다. 다른 위대한 선수들처럼 매킬로이 역시 자신의 단점을 고치고 슬럼프에서 벗어나는 법을 배웠다. 그 결과 코스에 나가 경기를 할 때뿐만 아니라 일상생활에도 큰 변화를 주게 됐다.

그로부터 몇 년 뒤, 매킬로이는 대회에 출전하는 동안 집중력을 높이기 위해 코스 바깥에서 어떻게 생활했는지 언급한 적이 있다. 그는 본인이 현재 참가 중인 대회에 관해서 언론이 보도하는 내용은 일절 듣거나 보지 않는다. 그 소식이 심리 상태에 부정적인 영향을 미치고 집중을 방해한다는 사실을 잘 알기 때문이다. 또 스마트폰이나 소셜미디어처럼 주의력을 흩뜨려놓는 외부 세계의 정보도 철저히 차단한다. 밤에 긴장을 풀기 위해 이따금 영화나 TV를 보기는 하지만, 대회에 참가하는 기간에는 집중력을 방해하는 요인들을 최대한 제거하려고 노력한다. 그 노력의 결과가 어땠는지는 그동안의 성적이 말해준다. 매킬로이는 마스터스에서 처참하게 무너진 뒤 메이저 대회에서 무려 4승을 거두었다.

'주의注意'의 가장 단순한 형태인 집중적 주의focused attention는 '특정한 시각적, 청각적, 촉각적 자극에 선택적으로 반응하는 능력'이라는 말로 정의할 수 있다. 반면 지속적 주의sustained attention는 '지속적이고 반복적인 활동 중에 꾸준한 행동 반응을 유지할 수 있는 능력'을 뜻한다.[1] 인간은 집중할수록 그 활동에 더 많은 지적 능력을 투입한다. 그 결과로 집중력이 높을 때는 단위 시간당 생산력이 증가한다. 반대로 집중력이 떨어지면 투입되는 지적 능력이 적어지며 생산력 역시 감소한다. 그럼에도 불구하고 사람들은 주어진 일에 '집중'하는 것을 어려워한다. 당신이 어떤 행동을 하든, 그 일에 지적 능력을 100퍼센트 쏟아선 안 되는 이유라도 있는 것처럼 말이다. 기억하자. 집중력은 생산성의 비밀이다. 그리고 더 높은 생산성을 발휘할수록 그 활동을 통해 목표에 더 가까이 다가갈 수 있다.

집중력과 주의력은 누구나 갈고닦을 수 있는 기술이다. 태어날 때부터 집중력이 유달리 강하거나 부족한 사람은 없다. 모든 사람은 집중력을 개선할 수 있다. 하지만 우리는 집중을 방해하는 주변의 요인들에 익숙해진 탓에 집중에 필요한 '마음의 근육'이 많이 약해진 상태다. 근육을 단련하고 집중력을 강화하기 위해서는 열심히 노력해야 한다. 핵심은 더 계획적이고 주도적으로 삶을 살아가는 법을 배우고, 뒷발보다 앞발에 힘을 주고 적극적으로 하루를 시작하는 데 있다. 그래야만 획기적인 사고의 전환을 바탕으로 해야 할 일을 집중적으로 완료할 수 있을 것이다. 당신이 뭔가에 "네!"라고 대답한다는 말은 다른 뭔가에 "아니오!"라고 답한다는 뜻이다. 한창 집중해서 일할 때 친구가 보낸 문자 메시지에 답장한다는 것은 당신이 노력을 쏟고 있는 일보다 그 문자 메시지가 더 중요하다는 뜻이다. 에너지 수준이 최고조에 달했을 때 인스타그램을 넘기며 시간을 보낸다는 말은 목표 달성에 필요한 활동보다 인스타그램을 들여다보는 일이 더 중요하다는 말과 다를 바 없다.

사람의 집중력과 이를 방해하는 요인들은 동전의 양면일 수 있다. 집중력을 개선하려고 애쓸수록 주의력을 흩뜨리는 요인들의 방해를 적게 받는다. 물론 당신의 마음은 여전히 이리저리 방황하겠지만(뇌 역시 집중력을 방해하기 일쑤다), 집중력 강화를 위한 노력을 쏟을수록 주의력을 요구하는 업무로 돌아가기가 쉽다. 마음 챙김이나 명상 수련에서 사용하는 훈련 방법도 비슷한 맥락이지만, 당신이 집중력을 방해하는 요인들에 수동적으로 굴복하기보다 이들의 존재를 있는 그대로 알아차리고 정신을 집중하기 위한 노력을 쏟을 때 마음의 근육을 강화하고 더 심오한 경지에 도달할 수 있다.[2] 이런 반복적인 훈련을 거듭한다면 그 무엇에도 예전만큼 쉽게 집중력을 빼앗기지 않는 자신을 발견하게 될 것이다.

이는 불가능하거나 초인적인 의지력을 요구하는 일이 아니다. 그동안 내가 개인적으로 진행한 연구 활동과 직접적인 경험을 바탕으로 개발한 집중력 강화를 위한 일곱 가지 도구를 소개하고자 한다. 사람마다 효과는 각자 다르겠지만, 이 도구를 활용하는 과정에서 약간의 시행착오를 거친다면 당신에게 가장 적합한 시스템을 찾아낼 수 있을 것이다. 포모도로 기법, 시각적 집중, 조명, 소리, 책임 동반자, 움직이기, 냉수욕(정말 효과가 있다!) 등 일곱 가지 도구를 적절히 활용했을 때 당신의 집중력은 지금과 비교해서 거의 초인적인 수준으로 증가할 것이다.

포모도로 기법: 하나에 집중하기

포모도로 기법 Pomodoro Technique 은 간단한 타이머를 이용해 시간을 관리하는 방법을 뜻한다. 이 기법을 사용하는 사람은 먼저 타이머를 25분으로 맞춰두고 오직 한 가지 업무에만 집중한다. 그 시간 동안 절대 다른 일을 하지 않는다. 25분이 지난 뒤에는 5분간 휴식을 취한다. 그리고 25분 동안 또 집중적으로 일하고 다시 5분간 휴식한다. 이 주기를 4회 반복함으로써 총 100분 동안 업무를 수행한다.

2016년 영국의 사무직 근로자 2,000명을 대상으로 진행한 연구에 따르면 평균적인 근로자가 8시간의 근무 시간 중 제대로 된 업무 성과를 올리는 시간은 3시간 미만이라고 한다.[3] 하지만 포모도로 기법을 사용하면 그 두 배가 넘는 양의 업무를 하루에 완료할 수 있다. 이런 효과가 1년 동안 누적된다면 경쟁에서 얼마나 많이 앞서갈 수 있을지 생각해보라. 그것이 바로 집중적 학습의 힘이다. 포모도로 기법을 활용하는 방법은 다음과 같다.

1. 방해물 치우기

먼저 모든 집중력 방해 요인을 주위에서 제거한다. 스마트폰을 몸에서 멀리 두고 필요하면 소음 방지용 헤드폰을 착용해서 외부 세계의 소음을 차단한다. 내 경우에는 정신을 집중하는 데 도움을 주는 커피나 차를 옆에 가져다 두기도 한다.

2. 생각 비우기

일을 시작하기 전에 뇌에 든 어지러운 생각을 비워냄으로써 마음을 맑게 한다. 다시 말해, 당신의 머리를 떠도는 생각을 종이 위에 모두 옮겨적음으로써 밖으로 배출하라는 뜻이다. 큰일이든 작은 일이든 모두 기록하라. 이를 통해 뭔가를 잊어버릴지도 모른다는 불안감에서 벗어날 수 있고, 이 업무 주기를 마친 뒤에 필요한 일을 처리하면 된다고 뇌를 다독일 수 있다. 업무를 진행하는 동안 옆에 공책을 한 권 가져다 두고 머리에 떠오르는 아이디어를 수시로 기록하라. 그래야만 그 생각으로 인해 일하는 시간을 빼앗기거나 집중력이 떨어지는 일을 막을 수 있다. 한참 일하는 도중 뭔가 생각이 떠올라 공책에 적었다면, 그 내용으로 인해 집중력을 방해받지 않도록 해당 페이지를 덮어라. 그렇게 함으로써 당신은 뇌에서 잡념이 비집고 나올 만한 모든 통로를 막아버리는 셈이다. 덕분에 더 집중해서 일할 수 있을 것이다.

3. 25분 타이머 설정하기

일을 시작할 준비가 끝났다면 타이머를 25분으로 맞춘다. 스마트폰을 타이머로 사용하지 않는 것이 중요하다. 스마트폰은 집중력을 방해하는 중요한 요인 중 하나다. 처음에는 뭔가에 방해받지 않고 25분간 집중적으로 일하기가 꽤 어려울 것이다. 하지만 연습을 거듭하면 충분히 집중력을 키워나갈 수 있다. 25분에 익숙해졌다면 이 주기를 30분, 35분까지 늘려보라. 요즘에는 많은 사람이 45분간 집중적으로 일하고 10분 휴식하는 '포모도로 플러스' 기법을 활용하기도 한다.

4. 5분 타이머 설정하기

타이머를 설정하고 5분간 쉰다. 이 휴식 시간은 대단히 중요하다. 그동안에는 스마트폰을 들여다보거나 다른 일을 하지 말고 밖으로 나가 마음이 자연스럽게 여유를 찾도록 가만두어야 한다. 지평선이나 빌딩 숲의 스카이라인처럼 먼 곳을 바라보고 몇 발자국이라도 걸어보라. 앞에서 말한 대로 태양광은 뇌를 각성시키는 데 도움을 주기 때문에 쉬는 시간에는 가능하면 밖으로 나가 햇빛을 쏘이는 편이 바람직하다. 잠깐의 휴식 시간 동안 뇌 속에서는 이른바 해마 재생$^{hippocampal\ replay}$이라는 작용이 벌어진다.[4] 사람이 잠을 자는 동안 뇌에 기억을 저장하는 해마는 신체가 가장 최근에 취한 행동을 기억 속에서 재생해낸다. 이를 재생하는 속도는 당신이 그 행동을 처음 취했을 때보다 열 배 이상 빠르다. 그런 다음 해마는 모든 정보를 뇌 속에 차곡차곡 쌓는다. 악기를 연주하는 일처럼 뭔가 새로운 기술을 배우고 익힐 때 포모도로 기법이 특히 큰 효과를 발휘하는 이유가 여기에 있다. 5분이 지난 뒤에는 자리로 돌아가 다시 25분 동안 집중적으로 일한다.

5. 집중력 방해 요소 확인하기

어떤 사람들은 이렇게 말할지도 모른다. "나는 사무직 근로자가 아니라 이런 방법이 별로 쓸모가 없어." "나는 일할 때 스마트폰이 꼭 필요해서 다른 곳에 치워두는 건 불가능해." 그런 분야 중 하나가 부동산 중개업이다. 내 어머니는 나를 낳은 이후로 줄곧 부동산 중개사로 일하고 있다. 누나와 매형도 부동산 일을 하고 나와 가장 가까운 친구 두 명도 부동산 중개업에 종사한다. 그중 한 친구는 만날 때마다 한순간도 손에서 스마트폰을 내려놓지 못해 나를 종종 짜증스럽게 만들곤 한다. 그는 온종일 매물들을 들여다보고 전화를 걸고 받을 뿐만 아니라, 제안서를 쓰고 사이트에 매물을 올리는 등 일상적인 관리 업무에 하루의 시간 대부분을 쏟는다. 하지만 부동산 중개업이나 이와 비슷한 업계에서 일하는 사람들도 한 번에 25분간 집중적으로 일하고 5분간 쉬는 포모도로 기법을 한두 차례 반복하는 것만으로도 생산성을 크게 높이고 업무 효율성을 증가시킬 수 있다. 스마트폰을 30분이나 1시간쯤 들여다보지 않는 것이 업무상 불가능한 사람은, 주위에 경계선을 세우고 집중력 방해 요인을 차단할 수 있는 다른 시스템을 찾아보기를 권한다.

25분 동안 집중하는 것조차 어렵다면?

처음에는 25분을 완전히 일에 집중하기까지 어느 정도 시간이 걸릴 수도 있다. 하지만 헬스클럽에서 꾸준히 운동하듯 계속 노력하면 점차 효과가 개선되고 결과도 나올 것이다. 미국의 컴퓨터 과학자 칼 뉴포트 Cal Newport는 자신의 책 《딥 워크 Deep Work》에서 '의도적 연습 deliberate practice'이라는 개념을 소개했다. 그는 이 용어를 '특정한 기술을 익히기 위해 자신의 능력을 최대한 향상하려는 체계적 노력'이라고 정의했다.[7] 누구나 이런 훈련을 통해 집중력을 키울 수 있지만, 이따금 그 일이 지나치게 어렵다고 느껴지는 날에는 너무 자신을 몰아붙이지 말아야 한다. 나도 컨디션이 좋은 날에는 45분간 줄곧 일에 집중하지만, 어떤 날에는 가까스로 25분을 채우고 말 때도 있다. 그러나 늘 어떤 상황이 생겨도 최소 25분간은 일에 집중하기 위해 노력한다.

포모도로 기법이 어렵다면?

포모도로 기법을 처음 사용할 때 저항감이 느껴진다고 너무 불안해할 필요는 없다. 뭔가 새로운 곳에 정신을 집중하려고 노력하는 과정에서 저항감을 겪는 것은 모든 사람이 마찬가지다. 글 쓰는 사람들이 갑자기 '글 길'이 막혀 집필에 어려움을 겪는 집필자 장애writer's block가 사실상 세상에 존재하지 않는 이유도 여기에 있다. 물론 그와 비슷한 증세를 겪는 사람들이 있을지는 모르지만, 적어도 세간에서 생각하는 그런 문제는 아니다. 다시 말해 작가의 창의력에 갑자기 장애가 발생한 게 아니라 그의 뇌가 새로운 대상에 저항하기 때문에 그런 일이 생기는 것이다. 당신의 뇌는 늘 뒷발에 무게 중심을 두고 수동적인 자세를 취하려 한다. 그것이 에너지를 가장 효율적으로 활용하는 방법이라고 믿는 탓이다. 따라서 뭔가에 집중하기를 원하는 사람은 먼저 앞발에 힘을 주고 눈앞의 일에 전념할 태세를 갖춰야 한다. 하루를 제대로 시작하는 최선의 방안이 자리에서 일어나자마자 아침 루틴을 실천해서 작은 승리를 얻어내는 것이라면, 집필자 장애를 극복하기 위한 가장 간단한 방법은 그저 글을 쓰는 것이다. 아무 글이나 써보라! 심지어 "오늘은 화요일이고, 나는 검은색 셔츠를 입었다. 아침에는 달걀을 몇 개 먹었다" 같은 글도 상관없다. 마음속에 떠오르는 아무 생각이나 글로 옮겨보라. 헬스클럽에서 무거운 역기를 들어 올리기 전에 준비운동을 하듯, 그렇게 간단한 글을 통해 뇌를 조금씩 가열할 수 있을 것이다. 처음 몇 분 동안은 꽤 어려울지도 모른다. 이를 지속하기 위해서는 자신과 치열한 싸움을 벌여야 할 수도 있다. 하지만 한 번 글을 쓰기 시작하면 두 번째, 세 번째는 점점 더 수월해질 것이다.

따라서 포모도로 기법을 처음 시작할 때는 먼저 자신에게 적합한 패턴을 찾아내야 한다. 하지만 그보다 더 중요한 것은 구체적인 시간을 정해서 꾸준히 일에 집중하는 것이다. 이 행위를 하나의 의식儀式이나 습관으로 만들면, 당신의 뇌도 여기에 익숙해져서 앞날에 대한 저항감을 없애고 행동을 회피할 이유를 스스로 제거할 것이다.

단일 작업이 효율적인 이유

포모도로 기법이 탁월한 효과를 발휘하는 이유는 이 기법이 다중 작업multitasking이 아니라 단일 작업을 요구하기 때문이다. 당신은 다중 작업에 능한 사람이라고 스스로 생각할지 모르지만, 장담컨대 그렇지 않다. 다중 작업의 달인은 세상에 없다. 그건 불가능하다. 다중 작업은 사람의 주의력을 사방으로 흩뜨려 놓는 역할을 한다. 물론 팟캐스트 방송을 들으며 샌드위치를 만드는 정도라면 그렇게 큰 문제가 되지 않겠지만, 업무에 집중하거나 복잡한 일을 완료해야 하는 상황에서 다중 작업을 하게 되면 집중력이 분산될 수밖에 없다. 다중 작업을 수행하는 사람은 수시로 과업 전환task-switching을 해야 한다. 인간의 뇌는 지금 하는 일을 중단하고 다른 업무를 시작하면 작동 속도가 현저히 떨어진다. 게다가 다른 일을 처리하기 위해 내부 장치를 변경하는 과정에서 정보를 누락시키고 실수를 저지르기도 쉽다.[5]

다중 작업을 시도할수록 오히려 업무 성과가 저하된다는 연구 결과는 많다. 캔자스 대학교의 심리학 교수 폴 아츨리[Paul Atchley]는 〈하버드 비즈니스 리뷰〉에 기고한 글에서 이렇게 썼다.

"우리는 지난 50년 넘게 축적된 인지 과학 이론과 최근에 이루어진 연구를 바탕으로, 작업자가 다중 작업을 시도하면 처리하는 업무량이 줄어들고 잘못된 정보도 많아진다는 사실을 알아냈다. 이메일처럼 주의력을 분산시키는 작업에 한눈을 팔다가 다시 주된 업무에 집중하기까지는 평균 15분의 시간이 필요하다. 다중 작업의 업무 효율성은 40퍼센트 이상 낮아진다. 게다가 작업자의 장기적 기억력도 떨어지고 창의력(흔치 않은 여러 대상을 서로 연결하는 기술)도 감소한다."[6]

그 사실을 발견한 사람은 아츨리 교수만이 아니다. 다중 작업이 산출물의 품질을 떨어뜨린다는 증거는 수많은 연구를 통해 드러나고 있다. 그러니 당신도 아예 시도조차 하지 않는 편이 바람직하다. 한 번에 한 가지 일에 집중하고 눈앞의 일에만 주의를 기울이면 업무 처리 시간이 빨라지고 품질도 좋아질 것이다. 어떤 일을 하든 당신의 지적 능력을 100퍼센트 발휘해서 그 일에만 온전히 집중하라.

시선: 시각적 집중을 연습하기

눈을 사용해서 업무 공간을 바라보는 '방법'을 적절히 활용하면 집중력을 더욱 높일 수 있다. 그중 하나가 본인 바로 앞에 놓인 대상으로 시야visual field의 범위를 축소하는 것이다. 사람의 눈은 중심부의 수용체receptor 밀도가 주변부보다 훨씬 높다. 눈의 가운데 부분으로 바라본 이미지가 선명하고 양옆의 이미지가 흐릿한 이유는 그 때문이다. 시각적 선명도는 사람의 주의력이나 심리적 집중도와 관련이 깊다.

당신이 지금부터 집중해서 처리해야 할 일이 컴퓨터를 활용하는 업무라고 해보자. 이때 먼저 시각적 초점을 한 곳에 맞추는 연습을 해야 한다. 예를 들어 컴퓨터 화면에 시각적 초점을 맞추고 2분 정도 지긋이 바라보라는 뜻이다. 주변부 시야를 되도록 제거하고 눈을 깜박이는 일도 최대한 자제하라. 초점을 맞추는 데 조금 시간이 걸릴 수도 있지만, 당신의 뇌는 이 작업을 통해 비로소 움직일 준비를 하는 것이다. 우리의 눈이 버전스 안구운동vergence eye movement(가깝거나 먼 물체를 정확하게 식별하기 위해 시선을 다양하게 조절하는 안구의 움직임)에 돌입하면 에피네프린epinephrine이나 아세틸콜린acetylcholine처럼 시각적 초점에 관련된 화학물질의 분비를 촉진하는 신경세포가 활성화된다. 눈이 뭔가에 초점을 맞추는 순간 마음도 그곳에 초점을 맞춘다.[8]

나도 오늘 이 글을 쓰기 시작하기 전에 먼저 컴퓨터를 집중적으로 바라보는 연습을 했다. 한술 더 떠서 모자를 깊이 눌러쓰고 후드 재킷을 얼굴 위까지 끌어올려 시야를 최대한으로 줄이고 주변부의 이미지를 제거했다. 불필요한 동작처럼 보일지 몰라도 내게는 이 방법이 꽤 효과가 있다.

당신도 그 자리에서 당장 실험해볼 수 있다. 먼저 이 책의 위치를 확인한 다음 눈동자를 돌리지 않은 채 시야를 확장해서 왼쪽 끝과 오른쪽 끝을 최대한 멀리 내다본다. 이 동작에는 눈의 긴장을 이완시키는 효과가 있다. 그다음에는 이 책에 인쇄된 글씨들을 집중적으로 바라본다. 마치 휴지 심지의 가운데 동그란 구멍으로 사물을 투시하듯 시야를 좁혀서 옆부분은 아무것도 보지 않고 오직 글씨만 읽는다. 눈을 깜박이는 일도 최대한 자제함으로써 뇌의 각성도를 높인다. 이렇게 몇 분 정도 뭔가를 집중적으로 바라보면 정신이 더욱 맑아지는 느낌이 들 것이다.

하지만 이렇게 시각적 초점을 맞추는 작업을 언제까지나 계속할 수는 없다. 눈이 곧 피로해지기 때문이다. 따라서 45분간 작업 대상에 눈과 마음을 집중한 뒤에는 5분 정도 눈동자를 이리저리 굴리며 휴식을 취해야 한다. 눈알을 움직이면 시야는 넓어지지만, 구체적인 정보는 더 적게 받아들이게 된다. 시야를 양옆으로 확대하면 또렷하지는 않아도 주변부의 이미지를 폭넓게 수용할 수 있다. 멀리 떨어진 물체나 지평선을 바라보면서 시야를 확장하는 것도 도움이 된다. 45분간 대상을 집중적으로 주시한 다음 5분간 눈에 휴식을 주는 방법은 포모도로 기법의 근본

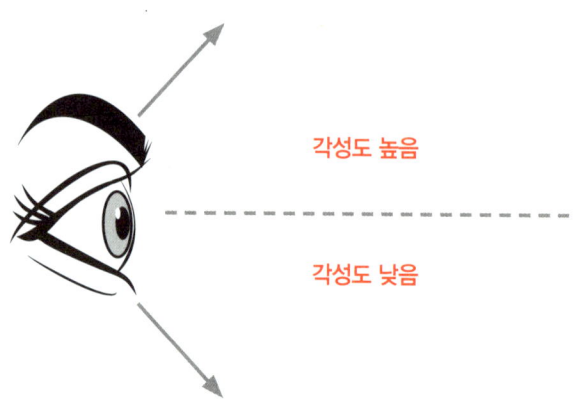

시선의 초점을 조절하며 업무의 집중도를 높일 수 있다

적인 취지와 완벽하게 맞아떨어진다. 이 기법이 집중력을 높이는 데 그토록 큰 효과를 발휘하는 이유도 그 때문이다. 또한 우리가 5분간 휴식을 취할 때 절대 스마트폰을 집어 들지 말아야 하는 까닭도 여기에 있다. 스마트폰을 들여다보면 시야가 좁아질 수밖에 없다.

또 본인의 코를 기준으로 위쪽을 올려다보도록 시야를 조절해야 뇌의 각성도를 높일 수 있다.[9] 아래쪽을 내려다보면 눈의 신경세포가 졸음을 유발하는 뇌 기관을 자극해서 각성도를 떨어뜨린다. 그런데도 컴퓨터를 사용해서 업무를 보는 수많은 사람이 여전히 아래쪽을 내려다보며 일한다. 위쪽을 올려다보면 이와 반대 역할을 하는 신경세포를 활성화함으로써 심신의 각성과 관련된 뇌 기관을 자극할 수 있다. 따라서 외부 모니터를 사용할 때는 기기의 위치를 조금 위쪽으로 조절해야 높은 수준의 각성도를 유지하는 데 도움이 된다.

조명: 빛을 보면 기억력이 좋아진다

조명, 그중에서도 청색광은 우리의 집중력을 놀라울 정도로 높여준다. 앞서 언급한 대로 보통의 백색광 조명에도 어느 정도의 청색광이 포함되어 있다. 우리는 업무를 대부분 낮 시간대에 처리하면서도 그 시간을 주로 실내에 웅크리고 앉아 보낸다. 우리가 눈을 찌푸리고 사물을 불편하게 바라보지 않아도 될 만큼 실내를 밝게 유지해야 하는 데도 그런 이유가 있다. 할 수만 있다면 책상을 창문 옆으로 가져다 놓고 수시로 창문을 열어 햇빛에 포함된 청색광이 눈을 자극하게 히는 편이 좋다. 청색광은 사람의 뇌와 생산성에 큰 영향을 미친다. 브리검 여성병원Brigham and Women's Hospital의 연구에 따르면 청색광은 뇌의 각성도와 기능에 직접적인 연관성이 있으며, 기억력과 인지 기능을 개선하고 기분을 나아지게 하는 효과가 있다고 한다.[10] 낮 동안 꾸준히 청색광을 쐬면 신체의 24시간 주기를 활성화하고 수면의 질을 개선하는 데 도움이 된다. 해가 떠 있는 동안에 바깥으로 나가는 시간을 최대한 늘려야 하는 이유도 여기에 있다. 뇌를 자극해서 집중력을 높일 수 있는 좋은 방법이기 때문이다.

또 조명은 최대한 머리 위에서 비추도록 위치를 조정해야 한다. 그 이유는 망막의 광수용체인 멜라놉신 신경절melanopsin ganglion 세포(안구가 빛에 반응하는 작용을 관장)가 주로 망막의 아래쪽에 몰려 있으면서 시야의 위쪽을 올려다보는 방식으로 기능하기 때문이다. 왜 그럴까? 해가 우리의 머리 위에 있기 때문이다. 따라서 그 세포들을 자극하기 위해서는 해가 뜬 것처럼 머리 위쪽으로 조명을 설치해야 한다. 이 세포들은 조명으로부터 광자를 받아들인 뒤에 뇌에 신호를 보내 각성 상태를 유도한다. 어두운 방에서는 업무에 집중하기가 어려운 이유가 바로 여기에 있다. 빛이 각성 상태와 관련된 호르몬을 분비하라고 뇌에 신호를 보내는 것과 마찬가지로 어두움은 멜라토닌을 분비하라고 신호를 보낸다.[11] 머리 위에 조명기구를 설치하기가 어렵다면 동그란 고리 모양의 환형 광원ring lights을 구매하는 것도 한 가지 방법이다. 이 조명기구는 가격이 비싸지도 않고 눈의 다양한 세포들을 자극하는 청색광을 충분히 발산하는 효과도 있다. 나도 책상에서 일할 때 사용하는 외부 모니터 바로 위에 환형 광원을 하나 설치해두었다.

실내에서 일하는 사람은 될 수 있는 대로 자주 밖으로 나가 휴식을 취하자. 나도 쉬는 시간에는 항상 밖에서 햇빛을 쐬려고 노력한다. 햇빛 아래에서 잠시 시간을 보내는 것만으로도 지금은 정신을 바짝 차리고 일에 몰두해야 할 시간이라고 눈과 뇌에 신호를 보낼 수 있다. 별로 대단한 일이 아닌 것 같아도 온종일 실내에 틀어박혀 일해야 하는 사람에게는 생산성을 크게 높여주는 방법일 수도 있다. 밖으로 나갈 형편이 되지 않으면 인공 태양등을 사용해도 효과가 좋다.

반대로 해가 진 뒤에는 전략을 바꿔 조명을 최대한 낮춰야 한다. 밤에 밝은 조명에 노출되면 신체의 활동 주기, 대사, 수면 등에 부정적인 영향을 미칠 수 있다. 저녁 시간에 근무하는 사람이나 유달리 늦게 잠자리에 드는 습관이 있는 사람이 아니라면, 밤에 조명을 밝게 켜놓음으로써 생체 시계를 왜곡하는 일을 피해야 한다. 특히 청색광은 뇌를 계속 깨어 있는 상태로 유도하고 수면 호르몬인 멜라토닌의 분비를 지연시키는 작용을 한다. 잠자리에 들기 전에는 스마트폰이나 다른 디지털 장비의 사용을 삼가야 하는 이유도 그 때문이다.

지금까지 이야기한 규칙을 간단히 정리하자면 이렇다. 해가 떠 있는 동안에는 가능한 많은 빛을 쐬려고 노력하고, 해가 진 뒤에는 빛에 노출되는 일을 피하라. 그래야만 언제 집중해서 일하고 언제 휴식을 취하라고 뇌에 신호를 보낼 수 있다.

소리: 자신에게 맞는 배경 소음 찾기

소리를 활용해서 집중력을 강화하는 방법은 두 가지다. 집중하는 데 도움이 되는 방향으로 주위의 소리를 개선하거나 아니면 아예 들리지 않도록 제한하는 것이다. 배경 소음에 대한 내성은 사람마다 다르다. 어떤 사람들은 커피숍에서 일하기를 좋아하고, 어떤 사람들은 조용한 도서관을 선호한다. 같은 사람이라도 음악이나 배경 소음이 있는 환경에서 업무에 집중할 수 있는 능력은 시간에 따라 변한다.

내가 집중력을 높이기 위해 사용하는 방법 중 하나는 특정 형태의 음악(심지어 같은 음악)을 계속 틀어놓는 것이다. 뭔가에 집중할 필요가 있을 때면 같은 곡을 반복적으로 들으며 일에 몰두한다. 이때 듣는 음악은 가사가 전혀 없는 연주 음악이다. 나는 이 노래가 귀에 들려오는 순간 일할 시간이 됐다는 사실을 깨닫도록 뇌를 훈련했다. 종소리가 울리는 순간 먹이 시간임을 알아차리도록 훈련받은 파블로프의 개처럼, 내 뇌를 고전적인 조건반사의 실험 대상으로 삼은 것이다. 당신도 이런 방법을 활용해볼 수 있다. 자신에게 적합한 음악을 하나 골라보라. 반드시 가사가 없는 연주곡이어야 한다. 또 양쪽 귀에 약간 다른 주파수의 음파를 동시에 들려주는 바이노럴 비트binaural beats는, 비록 그 효과에 대해 연구자들의 견해가 약간 엇갈리기는 해도 내게는 일에 집중하는 데 큰 도움이 된다.[12]

어떤 소리는 집중력을 높여주고, 어떤 소리는 집중을 방해한다. 따라서 당신에게 적합한 소리를 주의 깊게 선택할 필요가 있다. 심지어 사무실 에어컨이 윙윙대는 소리도 집중을 방해하는 요인이 될 수 있다. 당신은 그런 소음이 들린다는 사실조차 인지하지 못하겠지만, 그 소리로 인해 생성된 스트레스나 불안감이 집중력을 해칠 수도 있다. 일정 시간 동안 집중해서 일을 처리하기 위해서는 귀에 쉽게 익숙해지는 백색소음 white noise 을 최대한 줄여야 하는 이유도 바로 여기에 있다. 백색소음의 긍정적인 효과에 대해서는 전문가들의 의견이 엇갈리는 편이다.[13]

업무를 수행할 때 특정한 음악이나 소리를 들으며 집중력을 높이는 데는 어느 정도의 시행착오가 필요하다. 차라리 아무 소리도 듣지 않고 일하는 편이 집중력 향상에 도움이 된다는 사람도 있다. 너무 시끄러운 소리나 잘못된 종류의 소리는 집중력을 방해하고 생산성에 지장을 준다. 위에서 설명한 요인들을 고려해서 당신에게 적합한 방법을 찾아보라.

동료: 함께 달려갈 책임 동반자 구하기

당신이 책임감 있게 행동하도록 옆에서 꾸준히 지켜보고 도와줄 동반자를 찾아낸다면, 목표를 달성하는 데 큰 힘이 될 것이다.

같은 목표를 공유하는 친구를 옆에 두는 것은 참으로 멋진 일이다. 만일 당신의 목표가 신체를 단련하고 근육을 강화하는 것이라면 그 친구와 같은 헬스클럽에서 함께 운동하고, 식이요법 정보를 공유하고, 상대방에게 동기를 부여함으로써 계획을 잘 지키도록 서로를 독려할 수 있을 것이다. 내게도 가장 친한 친구이자 15년간 함께 일한 파트너가 한 사람 있다. 그 친구는 내 삶에서 줄곧 그런 식의 역할을 담당해왔다. 우리는 어린 시절부터 함께 자랐고, 각자의 목표를 책임감 있게 추구하도록 늘 서로를 독려했다. 그 친구가 아니었다면 지금까지 내가 성취한 일을 이루기는 불가능했을 것이다.

당신의 삶에도 그런 사람이 있다면 좋겠지만, 그런 행운이 항상 주어지는 것은 아니다. 나는 가족 중에 목표가 같은 사람이 없다고 불평하거나 친구들 사이에서 외톨이처럼 느껴진다고 하소연하는 사람들의 메시지를 수없이 받는다. 물론 당신과 목표가 비슷한 사람들이 주위에 있으면 삶을 살아가는 데 큰 도움이 되겠지만, 아직 그런 사람들을 만나지 못했더라도 전혀 문제가 없다. 당신이 책임감 있게 행동하도록 도와줄 수 있는 사람이 있다면 그것으로 충분하다. 다시 말해 당신이 잘못된 행동을 했을 때 성가실 만큼 이를 지적하고 압박감을 느끼게 해줄 친구가 있는지 생각해보라. 그런 사람이 바로 완벽한 동반자다. 예를 들어 당신이 일주일에 네 번씩 헬스클럽에서 운동하며 살을 뺄 계획을 세웠다고 해보자. 그 친구가 아무리 뚱뚱하고 몸매가 엉망이어도 아무 문제가 없다. 다만 당신이 매주 네 번씩 헬스클럽에서 운동할 때마다 그 친구에게 사진을 찍어 보낼 것이고, 운동을 빼먹을 때마다 매번 100달러씩 주겠다고 말해보라. 그것만으로도 친구는 당신의 '책임 동반자accountability partner'가 될 수 있다. 운동을 빼먹으면 돈을 주겠다고 약속했으니 그 친구는 당신이 해야 할 일을 잘하고 있는지 항상 확인할 것이다. 당신 역시 운동을 거르면 주머니를 털어야 한다는 이유로 자기가 약속한 바를 더 잘 지키려고 노력할 것이다. 그런 역할을 맡아줄 친구는 누군가? 어떤 방법을 사용하면 그 친구가 당신의 책임감 있는 행동을 독려할 수 있을까?

책임 동반자에게 진척 상황을 수시로 보고하기만 해도 목표를 달성하는 데 큰 도움이 된다. 피어슨의 법칙Pearson's Law에 따르면 실적을 '측정'하면 성과가 개선되고, 실적을 '측정'하고 '보고'하면 개선이 가속화된다고 한다. 당신도 본인의 진척도를 혼자만 추적하지 말고 자신을 독려해줄 누군가에게 계속 보고하라. 성과가 기하급수적으로 증가할 것이다. 언젠가 내 고객 중 한 명이 약 14킬로그램을 감량하겠다는 목표를 세운 적이 있었다. 나는 피어슨 방법을 사용해 그를 돕고자 했고, 그는 매일 운동과 식이요법에 관련된 보고를 해왔다. 매주 만나 진척 상황에 대해 이야기를 나눴고, 그 결과 그는 4개월 만에 목표를 초과 달성해냈다.

당신의 마음이 항상 동기부여로 넘쳐날 거라고 기대하지 마라. 때로는 일할 기분이 들지 않거나 의욕이 생기지 않는 날도 있을 것이다. 책임 동반자는 그럴 때마다 당신이 좀 더 힘을 내어 일을 완수할 수 있도록 어깨를 두드리고 등을 밀어주는 역할을 한다. 책임 동반자는 꼭 한 사람만 두어야 한다는 법도 없다. 목표를 달성하는 데 도움이 된다면 당신을 지원해줄 동반자는 많을수록 좋다.

움직이기: 새로운 동기부여 만들기

행동은 또 다른 행동을 불러온다. 그리고 행동에 뒤이어 동기부여가 생겨난다. 반대로 한 번 행동하지 않으면 계속 행동하지 않게 된다. 이따금 행동하기가 어려운 순간이 닥치면 다음에 설명할 두 가지 도구(움직이기와 냉수욕)를 활용해보자.

때로 내키지 않는 순간이 찾아와도 당신은 그저 움직여야 한다. 자리에서 일어나 몸을 움직이며 심박수를 높여줄 만한 아무 동작이나 취해보라. 집 근처를 걸어 다니든, 제자리 팔 벌려 뛰기를 100번쯤 하든, 유튜브의 10분짜리 운동 영상에 따라 몸을 움직이든 무슨 일이든 하라. 음악을 틀어놓고 방안에서 춤을 추기만 해도 몸을 움직이고 심박수를 높이는 데 도움이 된다.

하버드 의과대학의 심리학 교수 존 래트니John Ratney는 "운동은 지적 능력을 개선한다"라고 말했다.[14] 여기서 말하는 지적 능력이란 기억력, 우선순위 판단 능력, 지속적 집중력 등을 포괄하는 개념이다. 래트니 교수는 운동이 사람의 집중력을 2~3시간 정도 개선해주는 효과가 있다고 설명한다. 적절한 운동은 기분과 수면, 그리고 전반적 건강을 개선할 뿐만 아니라 혈류도 증가시키는 효과를 발휘한다. 혈액 순환이 좋아지면 체내에 더 많은 산소와 에너지가 공급된다. 당신이 운동하면서 땀을 흘리는 순간 뇌에서 학습과 기억에 핵심 역할을 담당하는 '해마' 부위가 활성화된다. 2015년에 10~13세의 네덜란드 초등학생을 대상으로 진행한 연구에 따르면, 매일 20분간의 가벼운 운동을 두 차례 실시한 아이들은 선택적 주의력 테스트selective attention test에서 운동하지 않은 아이들보다 더 높은 점수를 받았다고 한다.[15]

몸을 움직이면 활동에 필요한 모멘텀과 동기부여를 불러일으킬 수 있다. 아무 일도 하지 않고 멍하게 있는 상태를 벗어나 일단 어떤 행동이라도 취하면(다른 할 일이 없으면 그냥 컴퓨터 자판으로 뭔가를 입력할 수도 있다. 그게 어떤 종류의 움직임인지는 아무런 상관이 없다), 행동을 계속 이어가기가 훨씬 쉬워질 것이다.

주위의 사물을 이리저리 이동하는 것도 여러모로 도움이 된다. 당신이 업무를 수행하는 공간을 어떤 형태로든 바꿔보라. 어떤 사람들은 하나의 업무가 끝날 때마다 업무 공간의 위치나 구조를 바꾸면 집중력이 더 강해지는 것을 느낀다고 한다. 단순히 자리를 옮기거나 다른 방에서 일하는 것만으로도 새롭게 힘이 솟아나고 뇌의 각성도가 높아진다는 것이다.

냉수욕: 의도적인 도파민 활용법

집중력을 강화하는 데는 커피 한 잔보다 차가운 물에 몸을 담그는 것이 훨씬 효과적이라고 장담할 수 있다. 차가운 물이나 얼음 구덩이에 뛰어들거나(안전한 환경이라는 전제하에서), 냉수로 샤워를 하면 사람에게 동기부여를 불러일으키는 도파민^{dopamine}의 분비가 촉진된다. 연구에 따르면 섭씨 14도의 차가운 물에 1시간 정도 몸을 담갔을 때 뇌의 도파민 농도가 무려 250퍼센트 증가한다고 한다![16] 도파민의 수준이 높은 사람은 열심히 일해서 목표를 달성하고자 하는 욕구를 느낀다. 도파민에 대해서는 3부에서 좀 더 자세히 살펴볼 예정이다.

또 냉수욕은 하고 싶지 않은 일을 꼭 해야만 할 때 필요한 에너지를 끌어오는 좋은 방법이기도 하다. 나는 동기부여 수준이 낮거나 행동하는 데 어려움을 느낄 때면 제자리 팔 벌려 뛰기를 100번 한 다음 섭씨 5도의 차가운 물이 담긴 풀에 뛰어들어 4분간 물속에 머문다. 그전까지 아무리 피곤하고 사기가 떨어졌다 해도 냉수에 몸을 담근 뒤에는 돌로 쌓은 벽도 뚫고 지나갈 수 있을 만큼 충만한 에너지를 느낀다.

지금까지 소개한 일곱 가지 도구는 업무를 집중적으로 완료하는 데 필요한 당신만의 루틴을 개발하는 데 매우 유용할 것이다. 특히 좀처럼 동기부여가 되지 않아 어려움을 느끼는 날에는 이 방법들이 더욱 도움이 될 것이다. 모든 도구를 한 번씩 실험해보고, 그중 무엇이 당신에게 가장 적합한지 직접 확인해보라. 도구 상자에 몇 개만 담아두어도 꽤 든든할 것이다.

몸이 먼저 움직이는 행동 처방

❖ 당신의 생산성을 현저히 향상하기 위해 주기적으로 완료해야 할 중요한 행동이 무엇인지 종이에 적어보자.

❖ 이 장에서 이야기한 일곱 가지 도구를 하나씩 활용해보고 이들이 집중력 강화에 어떻게 도움이 됐는지 그 경험을 일지에 작성해보자.

❖ 당신의 책임 동반자가 될 만한 친구의 명단을 작성하고, 그들이 어떻게 그 역할을 해낼 수 있을지 적어보자. 그들이 당신의 책임 있는 행동을 독려하고, 목표에 다가서는 데 도움을 주려면 어떤 조치가 필요한지 아이디어를 모아보자.

❖ 이 일곱 가지 도구를 당신이 매일 실천하는 루틴에 포함하려면 어떻게 해야 할까? 당신 자신이나 책임 동반자에게 어떤 약속을 할 수 있을지 생각해보자.

아주 작은 변화를 지속하는 힘

3부

당신이 행동에 나서지 않는 이유를 정확히 파악하고,
그 문제를 해결하기 위해
마이크로 액션을 활용할 계획까지 세웠다.

3부에서는 이렇게 만들어진 모멘텀을
꾸준히 유지하는 법을 알아보고자 한다.
열정 가득한 마음으로 뭔가를 시작했지만,
고작 며칠이나 몇 주 뒤에 포기해버린 적은 없는가?

출발은 거창했던 사람들이 결승점에 도달하는 데
종종 실패하는 이유는
삶에서 새롭게 이루어낸 변화를 지속하지 못했기 때문이다.

이제 그런 악순환은 멈출 때가 됐다.
당신과 성공 사이에 가로놓인 마지막 장벽이 바로 그것이다.
그리고 지금부터 그 장벽을 부술 방법들을 알아보자.

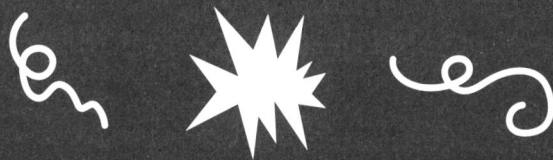

9장.

일관성
매일 거르지 않고 행동하는 법

"저는 왜 이렇게 끈기가 부족할까요?" 나를 찾아오는 고객들이 자주 하는 말 중 하나다. 부푼 마음을 갖고 새로운 도전에 임했지만 그 노력을 지속하는 것이 너무 어렵다는 것이다. 그리고 그 핑계를 '끈기'의 탓으로 돌린다. 하지만 이건 끈기가 아닌 '규칙'의 문제다. 이번 장에서는 포기가 너무 쉬운 당신을 위해 꾸준함을 기르는 방법을 소개하고자 한다.

열아홉 살 풋내기 영업직원이었을 때, 나는 한동안 게으름을 부리며 업무를 등한시했던 적이 있다. 고객들에게 열심히 전화를 돌리지도 않았고, 영업에 꼭 필요한 업무도 대충 무시하고 넘어갔다. 게다가 그런 상황에서도 이리저리 핑계를 대며 내가 원하는 삶을 살지 못하는 이유를 다른 사람들 탓으로 돌렸다. 당시 나를 지도해주던 코치 앞에서 그런 불만을 털어놓자 그는 이렇게 물었다.

"여기 회사가 하나 있다고 해보지. 그 회사가 운영에 어려움을 겪고 성공하지 못한다면, 그건 누구 잘못일까?"

"CEO 탓이겠죠."

"반대로 그 회사가 큰 성공을 거두는 중이고 그곳에 근무하는 수천 명의 직원도 조직의 목표를 달성하는 데 저마다 도움을 준다면, 그건 누구 때문일까?"

"그것도 CEO 때문이죠."

"자, 그렇다면 네가 나중에 삶의 마지막 순간에 도달했을 때를 상상해보자. 만일 네 인생이 뜻대로 풀리지 않았고, 행복이나 사랑처럼 네가 그토록 원했던 경험을 얻지 못했다면, 그건 누구의 탓일까?"

"제 탓이라고 생각합니다."

"그렇다면 네가 크게 성공해서 온 세상에 좋은 영향을 미치고, 원하는 목표를 모두 달성한다면 그건 누구의 공일까?"

"그것도 저 때문이겠죠."

"바로 그거야. 네가 원하는 것을 지금 손에 넣지 못하는 이유는 삶을 살아가는 과정을 회사를 운영하는 일처럼 생각하지 않기 때문이야. 자기 삶의 CEO가 되는 법을 배워야 해. 네가 원한 대로 일이 풀려나가지 않은 것은 결국 너의 잘못이지 다른 누구의 탓도 아냐."

그 멘토의 조언처럼 내 삶의 궤도를 크게 바꿔놓은 말은 없었다. 그 순간부터 내 삶은 완전히 변했다. 나는 남 탓을 하거나 핑계를 늘어놓는 일을 멈추고 세상의 모든 일을 이전과 다른 관점에서 생각하기 시작했다. 그런 성찰의 결과 그동안 내가 해왔던 행동은 내가 추구하는 목표나 되고 싶은 사람의 모습과 전혀 일치하지 않는다는 것을 알게 됐다. 또 내 삶을 바꾸는 일은 매일같이 실천하는 사소한 행동과 작은 의사결정부터 시작된다는 사실을 깨달았다. **당신이 할 수 있는 일은 핑계를 늘어놓거나 결과를 얻어내거나 둘 중 하나다.** 그밖에 다른 선택지는 존재하지 않는다. 그렇다고 그 두 가지 행동을 동시에 할 수도 없다. 반드시 둘 중 하나만을 선택해야 한다.

그로부터 16년이 지난 지금, 그때를 돌이켜 보면 참으로 올바른 선택을 했다는 생각이 든다. 내가 지금 이 자리까지 올 수 있었던 이유는 삶에서 뭔가 커다란 사건이 생겨서가 아니라, 사소한 마이크로 액션들을 꾸준히 실천하고 이를 삶의 루틴으로 도입했기 때문이다. 당시에는 그 행동들이 중요하다고 생각하지 않았다. 하지만 시간이 흘러 반복했던 행동들이 차곡차곡 쌓였고, 이들이 모여 만들어낸 복합적인 효과는 내 삶을 크게 바꿔놓았다.

프랑스의 전설적인 요리사 페르낭 푸앙Fernand Point은 이렇게 말했다. "**성공이란 올바르게 이루어진 모든 일의 총합이다.**" 시어도어 루스벨트 대통령도 비슷한 철학을 이야기한 바 있다. "작은 일들을 제대로 해내면 성공적이고 훌륭한 삶을 이룰 수 있다."

사람들에게 성공이 의미하는 바는 저마다 다르다. 어떤 사람들은 백만장자가 되는 것을 성공이라고 말하고, 어떤 사람들은 좋은 가족을 이루거나, 훌륭한 예술가로 살아가며 생계를 유지하는 것을 성공으로 정의한다. **당신이 어떤 분야에 종사하든, 목표를 달성하기 위해 반드시 세상에서 가장 똑똑하고, 빠르고, 뛰어난 사람이 될 필요는 없다. 단지 가장 꾸준한 사람이 되어야 할 뿐이다.** 올바른 방향을 잡고 올바른 행동을 매일같이 실천한다면, 언젠가는 목표 지점에 도달할 수 있을 것이다. 하지만 너무나 많은 사람이 바로 이 대목에서 벽에 부딪힌다.

내 주변의 수많은 이들이 목표를 설정하고는 한두 주 곧잘 행동을 이어오다가 결국 포기했다는 메시지를 내게 보내온다. 혹시 당신도 그런 사람들 중 한 명인가? 이처럼 '꾸준함을 유지하기가 너무 어렵다'는 불평은 누구나 한 번쯤 말해봤을 핑계다. 하지만 그건 핑계가 아닌 "나는 끈기가 부족하다"라는 일종의 정체성 선언이다. 따라서 사용하는 언어에 각별한 주의를 기울일 필요가 있다. 특히 자신의 정체성을 이야기할 때는 더욱 신경 써야 한다. 1부에서 살펴본 대로 당신의 행동이 곧 당신의 정체성을 대변하기 때문이다. 따라서 꾸준함의 벽에 부딪혔을 때, "나는 끈기가 부족해"라는 말 대신 "요즘은 끈기를 기르려고 매일 노력하고 있어"라고 말해야 한다.

사람들이 꾸준함과 일관성을 발휘하는 데 어려움을 겪는 이유는 이를 도울 도구가 없기 때문이다. 그것이 이 장에서 말하고자 하는 내용이다. 꾸준함을 기르는 일은 '규칙^{discipline}'에 대한 생각을 바꾸는 것부터 시작된다.

규칙의 비밀

세계 최고의 영업사원은 누굴까? 바로 '마음속에서 속삭이는 목소리'다. 우리는 하기 싫은 일이나 어려운 일을 마주할 때마다 번번이 마음의 소리에 승기를 내어준다. 그렇게 포기하는 사람이 되고 만다. 이 머릿속의 목소리를 잠재울 수 있는 방법 중 하나는 반드시 지켜야 할 '규칙'을 세우는 것이다. 어떤 사람들은 규칙이라는 개념을 아이를 훈육하거나 반려동물을 길들일 때 사용하는 수단처럼 부정적인 의미로 받아들인다. 하지만 나는 절대 그렇게 생각하지 않는다. 오히려 규칙은 자기 사랑의 한 형태다. 나 자신에게 도움이 되는 일을 해내기 위해서는 반드시 규칙이 필요하다. 규칙에는 반드시 필요한 두 가지 요소가 있다.

1. 당신이 하겠다고 약속한 일을 하는 것
2. 하고 싶지는 않아도 당신이 마땅히 해야 할 일을 하는 것

사람들은 종종 이런 핑계를 댄다. "내가 좋아하는 일을 한다면 좀 더 규칙 있는 생활을 할 수 있을 겁니다." "내가 직접 사업을 운영하면 더 엄격한 규칙을 만들지 않을까요?" 이는 도무지 말이 되지 않는 이야기다. 규칙은 당신이 원하는 일을 하는 것과 아무런 관련이 없다. 오히려 하고 싶지 않아도 반드시 해야 하는 일을 할 때 규칙이 필요하다. 진정으로 규칙을 세우고 싶다면 하기 싫은 일을 할 때 세워야 한다. 그 일에서 좋은 성과를 낸다면 정말로 좋아하는 일을 할 때는 훨씬 더 훌륭한 결과를 얻을 수 있을 것이다.

우리는 자신도 모르는 사이에 이 규칙들을 자주 무시하며 살아왔다. 그 예시는 너무나도 많다. 아무렇지도 않게 길에 쓰레기를 버리는 사람들은 '누군가 치우겠지' 하는 내면의 목소리에 설

득당했을 것이다. 또 침대 위에 옷을 아무렇게나 던져 놓을 때나 할 일을 미루고 소파에 누워 빈둥거릴 때도 '나중에 하면 된다'는 말로 스스로를 설득하고 있을 것이다. 이처럼 우리 머릿속의 목소리는 어떻게든 규칙에 저항하기 위해 애쓴다. 이를 극복하는 방법은 그 목소리에 귀 기울이지 않고 자신과 타협하지도 않는 것이다. 다시 말해 마음속의 저항을 있는 그대로 받아들이고 당신에게 유리한 방향으로 그 저항을 활용해야 한다. 왜 그럴까? 행동은 행동으로 이어지고, 행동하지 않음 역시 행동하지 않음으로 이어지기 때문이다.

우리가 지금까지 규칙을 포기하는 훈련을 해왔다면 규칙을 지키는 훈련도 할 수도 있다. 가장 어려운 대목은 무無 행동의 악순환에서 벗어나 일단 뭔가를 시작하는 것이다. 처음에는 그 일이 벅차게 느껴질지도 모르지만, 해결책은 간단하다. 일어나서 움직여라. 당신이 해야 할 모든 일을 빠짐없이 완료하라는 말이 아니라, 그저 아무 일이나 하라는 것이다. 몸을 움직여보라. 팔 굽혀 펴기나 제자리 팔 벌려 뛰기도 상관없다. 집 근처를 산책해도 좋다. 몸을 움직이면 몸 안에서 분비되는 화학물질이 바뀌고 심장 박동과 호흡에도 변화가 생긴다. 그 덕에 물리적·신체적 측면에서 당신이 원하는 방향으로 움직일 준비를 할 수 있다.

행동의 물꼬를 트는 3초의 법칙

작가 겸 동기부여 전문가 멜 로빈스Mel Robbins도 자신의 저서 《5초의 법칙The 5 Second Rule》에서 즉시 움직이는 것의 중요성에 대해 강조했다. 책에서 이를 곧바로 실행할 수 있는 방법을 소개했는데, 그것이 바로 '5초의 법칙'이다. 만약 당신이 어떤 일을 반드시 해내야 하는 상황이라면, 다섯부터 거꾸로 헤아려서 0이 되는 순간 즉시 몸을 움직이라는 것이다. 나 역시 오랫동안 이와 비슷한 방법을 사용해왔다. 하지만 **나는 다섯이 아니라 '셋'을 센다.** 나는 어린 시절 유달리 부끄러움이 많은 아이였다. 친구를 만들거나 여자친구를 사귀려면 남들과 대화하는 법을 배워야 한다는 것은 알았지만, 막상 기회가 생겼을 때는 긴장도 되고 어떻게 말을 꺼내야 할지 알 수 없었다. 그래서 나는 대화의 물꼬를 트기 위해 첫 번째로 해야 할 말에 초점을 맞추고, '셋, 둘, 하나'를 센 다음 곧바로 입을 떼는 연습을 했다.

오늘날에도 나는 다양한 상황에서 이 방법을 사용 중이다. 하지만 그때만큼 실천하기가 어렵지는 않다. 마음과 타협을 거부하도록 오랫동안 자신을 훈련해왔기 때문이다. 나는 행동을 멈추고 멍하니 생각에 빠지도록 스스로를 가만히 놓아두지 않는다. 그저 행동을 계속할 뿐이다.

꾸준함과 규칙에 대해 이야기하면서도 나 역시 운동하러 갈 시간이 되면 매번 같은 일을 반복한다. 운동하기 싫어서 꾸물거리는 것. 원체 운동을 싫어했던 나는 헬스클럽에 가고 싶어 안달이 난 열렬한 스포츠맨이 되지 못했다. 그러다 보니 내 입에서 "신난다. 오늘은 하체 운동하는 날이네!" 같은 말이 나온 적은 단 한 번도 없다. 헬스클럽에 가지 않아도 그 시간에 할 수 있는 일은 넘쳐나고, 핑곗거리도 충분하다. 하지만 나는 그런 마음을 억누르고 매일 운동하러 간다. 그 과정은 일단 자리에서 일어나 몸을 움직이는 것으로 시작된다. 헬스클럽에 도착해도 심리적인 저항감은 여전하다. 내 머릿속에서 속삭이는 목소리는 오늘 일찍 운동을 마쳐야 할 온갖 이유를 늘어놓는다. 하지만 나는 원래 계획했던 것보다 오히려 조금 더 운동하려고 애쓴다. 한 세트를 더 들어 올리고, 한 가지 운동을 더 한다. 그러다 보면 뇌의 화학물질과 신체의 리듬이 바뀌면서 운동이 점점 쉽게 느껴진다. 심지어 평소보다 헬스클럽에 더 오래 있고 싶은 마음까지도 생긴다. 운동이 끝나면 기분이 상쾌하다. 자리를 박차고 일어나 헬스클럽에 오기를 잘했다는 생각이 든다!

저항감을 극복하고 행동에 뛰어드는 또 한 가지 요령은 일단 문밖으로 발을 내미는 것이다. 가령 나는 설거지를 정말 싫어한다. 헬스클럽에 가는 것보다도 싫고, 빨래하는 것보다도 싫다. 하지만 일단 설거지를 시작하면 항상 끝까지 마무리한다. 다음과 같은 방법을 사용하기 때문이다. 먼저 설거지 할 수많은 그릇을 생각하는 대신 오직 한 개의 그릇만 닦자고 자신을 설득한다. 그리고 말 그대로 딱 그릇 한 개만 설거지하는 것이다. 그릇 한 개를 닦은 뒤에는 '자, 이제 또 하나를 닦아보자'라고 말한다. 그리고 다른 그릇을 또 하나 닦은 뒤에, 그 다음 그릇들도 계속해서 닦아나간다. 오래 지나지 않아 모든 그릇을 깨끗하게 설거지한다. 이런 방법이 매번 통하지는 않겠지만, 여기서 필요한 건 설거지를 전혀 하지 않기보다 그릇 하나라도 닦는 데 성공해서 긍정적인 모멘텀을 만들어내는 것이다.

최초에 느껴지는 심리적 저항감은 많은 사람의 행동을 제한하고 발목을 잡는 요인이다. 하지만 일단 움직이기 시작해서 용감하게 문밖으로 발을 내민다면 그런 마음의 저항감도 조금씩 사라질 것이다.

가장 성공적인 사람들이란 조금 더 많은 일을 조금 더 나은 방법으로 하기 위해 꾸준히 노력하는 사람들이다. 그들은 가능성의 한계를 넘어 늘 한 걸음 더 나아간다. 그들에게는 하나의 목표를 달성하면 항상 또 하나의 가능성이 기다리고 있다. 삶을 그런 식으로 바라보는 사람은 어떤 일을 하든 늘 새로운 버전의 자신을 만들어 갈 수 있다. 가장 어려운 일은 일단 행동을 시작하는 것이다.

행동을 위한 또 하나의 방법은 한번 시작한 일을 반드시 마무리하는 습관을 들이는 것이다. 나는 수면이라는 행동을 마무리하기 위해 아침에 침대를 정리한다. 밥을 먹은 뒤에는 식사라는 행동을 완료하기 위해 설거지하고, 세탁이라는 행위를 마무리하기 위해 깨끗하게 세탁된 옷을 옷장에 개어 넣는다. 이런 사소한 일들이 내 인생을 획기적으로 바꿔주지는 않겠지만, 어쨌든 일단 시작한 일은 반드시 마무리해야 한다고 늘 뇌를 훈련한다. 당신이 삶에서 맞닥뜨리는 모든 일을 이런 마음가짐으로 처리한다면, 6개월 뒤에는 훌륭한 규칙을 만들어낼 수 있고 더 크고 원대한 일을 마무리할 자세를 갖출 수 있을 것이다. 하지만 성공의 진정한 비결은 도중에 포기하지 않고 자기가 하겠다고 스스로 약속한 일을 조금이라도 초과 달성하는 데 있다. 이런 습관을 들인다면 진정한 모멘텀을 구축할 수 있을 것이다.

언젠가 헬스클럽의 러닝머신 위에서 운동 시간을 10분으로 설정하고 달리기를 시작한 적이 있다. 10분을 다 뛴 것 같아 종료 버튼을 눌렀는데, 알고 보니 계획한 10분을 다 채우지 못한 것이 아닌가? 그렇다고 큰 차이가 난 것이 아니라 10초 정도 계획에 못 미쳤을 뿐이었다. 내가 조금 일찍 종료 버튼을 눌러 달리기를 멈췄다는 사실을 알거나 신경 쓰는 사람은 아무도 없었다. 물론 10초를 더 달렸다고 신체적으로 크게 달라질 일은 없겠지만, 목표를 달성하는 데는 분명 실패했다. 헬스클럽에서조차 목표를 이루지 못하고 달리기를 멈춘다면, 삶의 목표를 달성하기 전에도 미리 행동을 멈출지 모른다. 나는 그날 이후로 내가 하겠다고 약속한 것보다 늘 1퍼센트 더 많은 일을 해내는 습관을 들이게 됐다.

헬스클럽에서 '1퍼센트 더'라는 말은 러닝머신 위에서 몇 초 정도 더 뛰고, 역기를 한두 차례 더 들어 올린다는 뜻이다. 물론 세상의 모든 일을 수량화할 수는 없다. 그러므로 내게 '1퍼센트 더'라는 말은 오늘 밤 잠자리에 들기 전에 나 자신이 어제보다 조금이라도 더 나아진 사람이 됐는지 반성하는 기준이 되기도 한다. 처음에는 아무도 그 차이를 알아보지 못하지만, 시간이 흐르고 변화가 누적되면서 큰 격차가 생겨날 수 있다. 가장 중요한 장점은 눈앞의 목표를 채우는 데 급급하기보다 이를 조금이라도 초과 달성해야 한다고 당신의 뇌를 길들일 수 있다는 것이다.

올바른 규칙을 세우고 이를 정확히 준수하는 일은 우리가 성공을 달성하기 위해 익혀야 할 가장 중요한 기술 중 하나다. 규칙을 잘 지킬수록 더 많이 행동할 수 있다. 즉 더 많은 결과물을 얻어내고 더 빨리 삶을 변화시킬 수 있다는 뜻이다.

자기가 좋아하는 일에 흠뻑 빠진 사람에게는 굳이 규칙이 필요 없다. 규칙은 당신의 취향과 관계없이 매일 실천하는 사소한 행동을 통해 생겨난다. 한 가지 행동을 보면 백 가지 행동을 알 수 있다. 그 일이 크든 작든 관계없다. 그런 사소한 일조차 제대로 해내지 못하는 사람이 어떻게 자아의 극심한 저항을 극복하고 큰일을 해낼 거라고 기대할 수 있을까? 모든 것은 규칙을 부정적인 방향으로 생각하지 않고 자기 사랑의 한 형태로 받아들임으로써 시작된다. 물론 당신이 활용할 수 있는 도구는 규칙만이 아니다.

의식을 통해 자유를 얻는 사람들

꾸준함을 기르기 위한 가장 단순한 방법의 하나는 의식儀式을 개발하는 것이다. 의식이란 일정한 단계별 프로세스로 이루어진 의미 있는 관행 또는 루틴을 뜻한다. 이 의도적이고 계획적인 의식을 전략적·반복적으로 잘 활용하면 목표에 한 걸음 더 가까워질 수 있다. 어떤 사람들은 행동을 제한하고 지루함을 안겨준다는 이유로 의식을 실행하는 데 저항감을 느낀다. 누구나 새로운 것을 좋아하고 일상에 변화를 주고 싶어 한다. 물론 그런 일이 필요할 때도 있다. 하지만 가장 성공적인 사람들이란 의식이 자유를 창조한다는 사실을 가장 잘 아는 사람들이다. 이 책에서 줄곧 강조한 대로 성공으로 향하는 최선의 비결은 처음에 열심히 노력해서 길을 매끄럽게 닦고, 후반부의 여정을 수월하게 만드는 데 있다. 당신이 지금 실천한 의식은 미래에 더 많은 자유를 만들어낼 것이다.

이런 식으로 생각해보자. 당신이 지금 열심히 운동하는 의식을 개발해서 매일같이 실천한다면 미래에는 더 건강해지고 더 많이 운동하게 될 것이다. 지금 꾸준히 공부하는 의식을 개발한다면 미래에는 더 좋은 성적을 얻고 더 많은 삶의 기회를 누릴 것이다. 오늘 성실하게 업무에 열중하는 의식을 개발하면 앞으로 더 많은 돈을 벌고 더 책임 있는 자리에 오를 수 있을 것이다.

이 공식은 어떤 사례나 변수를 대입해도 성립된다. 당신이 지금 뭔가를 꾸준히 실천하는 의식을 개발했을 때 나중에 자유로운 시간을 더 많이 얻게 되리라는 점에는 변함이 없다. 그뿐만이 아니라 우리가 궁극적으로 원하는 것은 사실 자유밖에 없다. 어떤 사람들은 돈을 원한다고 생각하지만, 사실 돈이 제공하는 자유를 원하는 것이다. 우리는 **내가 원하는 일을 할 자유, 원하는 사람과 함께 일할 자유, 원하는 때에 그 일을 할 자유**를 얻고 싶어 한다. 우리는 다음 달 임대료를 걱정하지 않아도 상관없는 자유를 원한다. 은행 계좌의 잔액을 따져보지 않고도 다음 주말에 친구들과 여행을 떠날 자유를 얻고 싶다. 다음 몇 달간 허리띠를 졸라매지 않고도 배우자에게 근사한 선물을 사줄 자유를 원한다. 그것이 모두가 원하는 자유이며, 지금 훌륭한 의식을 개발했을 때 나중에 분명히 성취할 수 있는 자유이기도 하다.

프로 운동선수 중에서도 독특한 의식으로 유명한 사람이 많다. 그들의 의식이 그렇게 거창하거나 화려한 것도 아니다. NBA 스타 르브론 제임스는 경기가 시작되기 전에 미끄럼 방지용 파우더를 하늘로 뿌리는 퍼포먼스를 펼친다. 타이거 우즈는 일요일에 열리는 토너먼트의 마지막 라운드에서 늘 빨간색 셔츠를 착용했다. 마이클 조던은 노스캐롤라이나 대학교 농구팀에서 전국대회 우승을 차지한 시즌에 입었던 반바지를 NBA에 진출한 뒤에도 시카고 불스 팀의 유니폼 아래에 항상 받쳐 입었다. 어떤 선수들에게는 꾸준한 훈련이 의식이 되기도 한다. MLB의 최고 3루수로 명성을 날렸던 웨이드 보그스 Wade Boggs는 매일 저녁 같은 시간 운동장에 나가 훈련하는 습관이 있었다. 그는 정확히 150개의 내야 땅볼을 처리하는 연습을 마친 뒤에 오후 5시 17분에 타격 훈련을 시작했고, 오후 7시 17분에는 단거리 달리기 훈련에 돌입했다. 그리고 경기에 출전해 네 차례 타석에 들어서서 네 번 연속 안타를 치는 장면을 마음속으로 떠올리며 이미지 훈련을 했다. 보그스는 이런 과정이 매일 밤 경기에 참여할 준비를 하는 데 도움이 된다고 믿었다. 그가 그렇게 생각할 만한 근거는 충분했다. 과학이 이를 뒷받침하기 때문이다. 2017년에 진행된 어느 연구에서는 운동선수들의 의식이 성적을 개선해준다는 결과가 나왔다.[1] 오늘날 보그스는 MLB 명예의 전당에 이름을 올렸다.

행동을 자동화하는 의식을 개발하라

당신이 초점을 맞춰야 할 것은 작은 카드에 담긴 그날의 핵심 활동을 수행하는 의식을 개발하는 일이다. 간단한 사례를 이용해서 그 과정을 설명하고자 한다. 당신은 지금부터 2시간 정도 자리에 앉아 집중적으로 프레젠테이션 자료를 작성해야 한다. 아래의 과정을 순서대로 밟으면 그 업무를 준비하는 절차를 하나의 정형화된 의식으로 개발할 수 있을 것이다.

1. 업무 공간을 깨끗이 정리한다.
2. 물리적 공간에서 집중력을 방해하는 요인들을 모두 제거하고 스마트폰도 치워둔다.
3. 일하기에 알맞은 조명을 설치한다.
4. 공책 한 권을 준비해서 업무 도중 일과 무관한 생각이 떠올랐을 때마다 공책에 기록한다.
5. 소음 방지용 헤드폰을 쓴다.
6. 숨을 깊게 들이쉬고 내쉬는 동작을 여섯 차례 반복한다.
7. 컴퓨터 화면을 2분간 바라보며 시야를 축소한다.

여기까지 진행했다면, 이제는 포모도로 기법을 사용하든 다른 집중력 강화 전략을 사용하든 업무를 시작할 준비를 마친 것이다.

여러 가지 프로젝트를 동시에 진행하는 상황이라도, 업무를 시작할 때는 똑같은 의식을 반복적으로 수행하는 편이 좋다. 이 의식을 진지하게 받아들여야 한다. 뭔가 신성한 의식을 거행하듯 같은 과정을 매번 거듭하면 어느덧 당신에게 중요한 의미가 있는 일로 자리 잡게 될 것이다. 시간이 흐르면서 뇌도 길이 들기 마련이다. 처음에는 이 의식이 어렵고 낯설게 느껴지겠지만, 계속 반복하다 보면 조금씩 자연스러워지고 저항감도 줄어들 것이다. 위의 사례를 참조해서 당신만의 의식을 만들어보라. 당신이 얼마나 많은 활동에 참여하든 똑같은 프로세스를 활용해서 일을 시작할 수 있다.

작은 행위를 통해 작은 성과 쌓아 올리기

앞에서도 말한 것처럼 성공이란 당신의 삶을 송두리째 바꿔줄 하나의 큰 사건이 아니라, 당신이 매일같이 실천하는 마이크로 액션들이 차곡차곡 쌓인 결과물이다.

5장에서 살펴본 바에 따르면 성공의 근원은 방향, 행동, 시간이라는 세 가지 요인으로 압축된다. 훌륭한 의사결정을 내리고 올바른 행동을 꾸준히 실천하는 사람에게는 시간이 매우 좋은 친구다. 반대로 목표에 도달하는 데 도움이 되지 않는 나쁜 의사결정을 쏟아내는 사람에게 시간은 최악의 적일 수밖에 없다. 시간은 누구에게나 공평하다. 당신이 과거에 실천한 모든 행동의 결과를 낱낱이 보여준다. 세상의 모든 일은 때가 되면 저절로 참 모습을 드러낸다. 당신이 지금 올바른 행동을 선택하면 행복한 미래를 맞이할 것이고, 그렇지 않으면 암울한 미래를 겪을 것이다. 참으로 간단한 원리다.

그런데도 사람들이 그 간단한 원리를 잘 이해하지 못한다. 이유는 본인이 매일 실천하는 사소한 행동에서 곧바로 결과를 확인할 수 없기 때문이다. 하지만 작은 효과가 꾸준히 누적된다면(가령 10년 동안) 삶의 궤적이 완전히 달라질 수 있다.

미국의 작가 겸 연설가 대런 하디Darren Hardy는 자신의 책《인생도 복리가 됩니다The Compound Effect》에서 이렇게 썼다.

"당신의 인생을 최종적으로 좌우하는 요인은 거창한 행동이 아니다. 평범함과 비범함의 차이는 수백, 수천, 수백만의 사소한 행동에서 비롯된다."²

작고 현명한 선택을 꾸준히 지속하면 언젠가 큰 보상을 얻고 삶의 획기적인 변화를 이룰 수 있다. 문제는 그렇게 생각하는 사람이 별로 없다는 것이다.

사람들에게 이렇게 한 번 물어보라. 지금 당장 100만 달러를 받을 것인가, 아니면 1센트부터 시작해서 매일 두 배로 늘어난 금액을 한 달 뒤에 받을 것인가. 당연히 모든 사람이 100만 달러를 원할 것이다. 그들은 1센트를 매일 두 배로 늘려가면 30일 뒤에 536만 8,709달러가 된다는 사실을 알지 못한다. 그것이 바로 복리 효과의 위력이다. 또 당신이 은행에 1,000달러를 저축해서 1년에 10퍼센트의 이자를 받는다면, 1년 뒤의 잔액은 1,100달러가 된다. 그다음 해에는 원금과 이자를 합한 1,100달러에 다시 10퍼센트의 이자가 붙는다. 단기적으로 보면 그다지 큰 금액처럼 생각되지 않겠지만, 25년 뒤에는 1만 835달러로 불어난다. 50년 뒤에는 당신의 계좌에 11만 7,391달러가 들어 있을 것이다. 마이크로 액션도 당신의 삶에서 똑같은 효과를 발휘한다.

내 삶의 직접적인 경험과 코치로 일한 경력을 통해 깨닫게 된 복리 효과의 몇몇 사례를 다음과 같이 소개하고자 한다.

▶ 오늘 밤 일찍 잠자리에 들고 내일 아침 일찍 일어나는 행동은 이 순간에는 즉각적인 성과가 미미한 마이크로 액션이다. 하지만 그 효과가 몇 년간 누적되면 아침 시간을 이용해서 당신이 원하는 일을 더 많이 해낼 수 있고 건강한 습관도 들이게 될 것이다.

▶ 오늘 책을 열 페이지 읽는다고 해서 큰 지식을 쌓지는 못하지만 매일 열 페이지씩 10년 동안 반복하면 그 효과는 엄청날 것이다. 보통의 책이 약 300페이지 정도의 분량이라면 10년간 120권의 책을 읽을 수 있다.

▶ 오늘 30분 동안 스페인어를 공부한 것만으로 하루아침에 스페인어에 유창해질 수는 없다. 하지만 매일 30분씩 10년간 공부를 계속한다면 모두 1,825시간을 스페인어 공부에 쏟는 셈이다. 그때가 되면 이 언어를 유창하게 말할 수 있다.

▶ 오늘 10분간 명상함으로써 당신의 불안한 마음이 금세 가라앉지는 않겠지만, 앞으로 10년 동안 매일 10분씩 명상한다면 모두 608시간을 명상에 드는 셈이다. 그런 장기적 노력의 결과 당신은 예전과 비교해서 훨씬 덜 불안하고 더 평안한 자아를 성취할 수 있다.

▶ 오늘 5달러를 절약한다고 당장 부자가 되는 것은 아니다. 하지만 향후 10년 동안 하루에 5달러씩을 매일 저축한다면,

당신의 은행 계좌 잔액은 1만 8,250달러가 될 것이다. 이 돈을 잘 투자하면 엄청난 금액으로 불어날 수도 있다.

▶ 오늘 지방이 듬뿍 들어간 햄버거 하나를 먹는다고 건강이 크게 나빠질 일은 없다. 하지만 건강에 좋지 않은 선택을 반복하면 그 효과가 누적되면서 영양의 불균형이 초래되고 건강상의 문제가 발생할지 모른다. 이에 반해 하루 한 차례의 건강한 식사를 10년 동안 반복하면 그 반대의 효과를 거둘 수 있을 것이다.

이런 사소한 행위들을 하나의 의식으로 만들어 하루에 단 몇 분이라도 꾸준히 실천한다면 시간이 지날수록 커다란 변화를 이뤄낼 수 있다. 몇 년 뒤에는 지금과 전혀 다른 지점에 도달한 당신을 발견하게 될 것이다. 그곳이 행복한 장소인지 그렇지 않은 곳인지는 지금 어떤 행동을 실천하느냐에 달렸다.

당신의 삶을 좌우하는 것은 하루하루 꾸준히 실천하는 서너 가지의 행동이다. 앞으로 해야 할 수많은 일을 한꺼번에 생각하는 순간 너무 벅차서 기가 질리기도 쉽고 어디서부터 시작해야 할지 막막할 수도 있다. 하지만 하루에 세 가지(최대 다섯 가지) 의사결정과 세 가지 행동으로 압축한다면 제대로 방향을 잡고 앞으로 나아갈 수 있을 것이다. 가령 알람이 울리면 스누즈 버튼을 누르는 대신 침대에서 벌떡 일어나고, 헬스클럽을 빼먹을 핑계를 찾는 대신 일단 운동화부터 신자. 고객들에게 거절당할지 모른다고 걱정하는 대신 매일 잠재 고객들에게 100통씩 전화를 돌려라. 이는 모두 당신을 목표 가까이에 데려다주는 행동이다. 때로는 스마트폰을 잠시 치워두고 아이들과 놀아주거나 배우자를 칭찬해주는 일처럼 사소한 행동도 큰 결과로 이어질 수 있다. 삶의 초점을 이런 중요한 의사결정들에 맞춰야 하는 이유는, 그 의사결정이 반복됐을 때 평범한 삶과 위대한 삶이 극명하게 갈리기 때문이다. 우리는 한순간의 좋지 않은 의사결정을 별로 큰일이 아니라고 무시하고 넘어가기 쉽다. 그건 고작 햄버거 한 개에 불과하니까. 운동을 한 번 빼먹는 것뿐이니까. 오늘 하루만 명상을 거르고, 독서를 건너뛰고, 돈을 낭비할 뿐이니까. 하지만 이런 사소한 의사결정들이 누적되면 앞날에 큰 영향을 미칠 수 있다. 나폴레온 힐이 한 말을 기억하라.

"위대한 일을 할 능력이 없다면 사소한 일을 위대한 방식으로 하라."

오늘과 다른 미래를 원한다면
오늘과는 다른 행동이 필요하다

기술은 인간의 일상을 매우 편리하게 만들어준다. 우리는 버튼 하나만 누르면 수많은 일을 순식간에 처리할 수 있다. 그런 이유로 우리의 삶도 그렇게 수월하게 펼쳐지리라고 기대한다. 하지만 멋진 몸, 성공, 기쁨, 평화, 행복, 건강 같은 목표는 그렇게 쉽게 이루어지지 않는다. 노력의 결과를 얻는 데는 시간이 걸린다. 우리는 앞에서 언급한 질문을 다시 생각해봐야 한다. 지금 수월하고 나중에 힘든 삶을 선택할 것인가, 아니면 지금 힘들고 나중에 수월한 길을 택할 것인가? 오늘과 다른 미래를 원하는 사람은 오늘과 다른 마이크로 액션을 선택해야 한다. 나는 당신이 지금 어떤 상황과 위치에 놓여 있는지 별로 관심이 없다. 오직 관심이 있는 것은 지금 당신이 어떤 행동을 하고 있느냐는 것이다. 왜냐하면 그 행동이 당신이 가게 될 곳을 결정하기 때문이다. 당신이 절대 삼가야 할 일은 출발하지 않고 멈춰서서 마냥 때를 기다리는 것이다.

결국 이 모든 논리는 2장에서 인용한 제임스 클리어의 조언으로 귀결된다. "당신의 모든 행동은 미래에 자기가 되고 싶은 사람에게 던지는 한 장의 투표지와도 같다." 만일 당신이 샐러드 대신 베이컨 치즈버거를 선택했다면, 그 음식에 걸맞은 사람이 되는 데 한 표를 던진 것이다. 나는 클리어가 사용한 '투표'라는 은유가 마음에 든다. 선거에서 승리하기 위해서는 꼭 100퍼센트의 표를 얻어야 하는 것은 아니다. 완벽한 승리를 거두려고 지나치게 노력할 필요는 없다. 51퍼센트의 표만 얻으면 선거에서 이길 수 있기 때문이다. 물론 방향만 올바르다면 더 많은 행동을 실천할수록 바람직하다. 그렇다고 당신이 평생 햄버거를 거들떠보지도 않고 온종일 샐러드만 먹어야 한다는 말은 아니다. 당신이 해야 할 일은 본인이 올바른 방향을 향해 나아가는 데 하루의 대부분을 보내는지 수시로 확인하는 것이다. 매일 한 걸음씩 꾸준히 전진하면 언젠가 목표 지점에 도달할 수 있을 것이다. 인생은 장기전이다. 천천히 움직이면서도 꾸준하게 나아가는 사람이 결국 경주에서 이기게 되어 있다.

완벽함보다는 꾸준함을 추구하라

어느 날 당신은 친구 집의 차고를 방문한다. 그 친구가 그린 아름다운 그림을 본 당신은 놀라서 이렇게 소리친다.

"네가 이렇게 그림을 잘 그리는지 몰랐어! 화랑에 내다 팔거나 인스타그램에 올려봐. 모두가 이 그림을 꼭 봐야 해."

"아냐, 아냐. 그 그림들은 아직 준비가 덜 됐어. 조금 더 손을 봐야 해."

"멋지기만 한데! 어떤 작업을 더 하려고?"

"어쩔 수 없어. 나는 완벽주의자니까."

아, 그 얘기였나. 문제는 그림에 더 많은 작업이 필요한 게 아니라, 당신의 친구가 본인을 완벽주의자라고 정의한 데 있다. 그것이 바로 친구의 정체성인 것이다. 하지만 세상에 완벽함이란 없다. 그동안 내가 코치했던 사람 중 열에 아홉은 자신을 완벽주의자라고 생각했다. 만약 당신도 본인을 완벽주의자라고 스스로 평가한다면 이제 그 클럽에 가입한 셈이다. 하지만 완벽함을 성취하기 위해 노력할 생각은 하지 말라. 당신은 결코 완벽해질 수 없으니까.

당신의 친구가 작품을 세상에 내보내고 싶어 하지 않는 진짜 이유는 남들이 어떻게 생각할지 두렵기 때문이다. 누군가 그 그림들이 엉망이라고 생각하면? 남들의 입방아에 오르면? 사람들에게 거부당하면? 화랑이나 전시회에 내보냈는데 한 점도 팔리지 않는다면? 한 점에 1,000달러라고 가격표를 붙였는데 어떤 사람이 자기 친구에게 "저 쓰레기 같은 그림에는 10달러를 내기도 아까워"라고 말하는 소리를 엿듣게 된다면? 이런 생각이 그가 세상에 나가는 일을 막고 제자리에서 움츠리게 만든다. 차라리 "작품이 아직 준비가 덜 됐어"라고 말하는 편이 훨씬 수월하다. 굳이 공포와 맞서 싸우지 않아도 되기 때문이다. 완벽주의가 창의력의 적이자 행동의 적인 이유도 여기에 있다. 물론 기대치를 높게 설정하는 일은 바람직하나. 하지만 당신이 세상에서 빛을 보는 데 완벽주의가 훼방을 놓는다면 그런 높은 기준은 아무런 득이 되지 않는다.

그동안 나와 함께 일한 많은 사람이 동기부여 교육 동영상을 제작해서 소셜미디어에 게시하는 문제를 두고 그런 태도를 보였다. 그들은 조명이 제대로 갖춰지지 않았다느니, 대본을 다시 다듬어야 한다느니 하는 핑계를 대며 그 작업을 완성하지 않을 모든 이유를 찾아냈다. 따지고 보면 그들은 세간의 평가를 두려워했을 뿐이다. 그것이 바로 완벽주의의 본질이다. 당신이 여건이 갖춰지지 않아 행동을 시작할 수 없다거나 행동할 준비가 되지 않았다고 본인을 설득하는 중이라면, 사실은 공포나 불안감을 그런 거짓말로 덮으려 애쓰는 것이다. **완벽주의란 공포를 감추기 위해 덮어쓰는 가면일 뿐이다.** 역시 삶의 시간 대부분을 완벽주의와 씨름했던 뼈아픈 경험을 통해 이 교훈을 배웠다. 나는 늘 최고를 추구하는 사람이다. "와, 정말 멋지네!" 하는 감탄사를 불러일으키지 못한다면 그 무엇도 용납할 수 없다. 하지만 언제까지나 그런 식으로 삶을 살아갈 수는 없는 노릇이다. 내가 처음으로 팟캐스트 콘텐츠를 제작했을 때는 에피소드를 몇 편 녹음한 뒤에 갖은 아이디어를 짜내며 수없이 다듬는 작업을 거듭했다. 그럼에도 당시 나는 단 한 편의 방송도 내보내지 못했다. 마침내 8개월 뒤에 나 자신에게 이렇게 말했다. "이제는 남들이 뭐라고 하든 상관하지 않겠어. 나는 이 일이 좋아. 그들이 나를 평가하고 싶다면 그렇게 하라고 하지."

아닌 게 아니라 사람들은 나를 평가하기 시작했다. 내가 처음으로 선보인 몇몇 에피소드는 그야말로 엉망진창이었다. 어떤 사람이 처음으로 남긴 부정적인 댓글은 지금도 기억이 생생하다. "이 사내는 동기부여에 대해 말한다고 했지만, 지금까지 내가 들은 어떤 목소리보다 동기를 더 많이 빼앗아갔다." 이 댓글을 읽고 처음으로 한 생각은 '지옥에나 가라!'는 것이었다. 하지만 내 방송을 좀 더 자세히 검토하자 그 사람 말에도 일리가 있었다. 당시 나는 하고 싶은 말의 요점을 정확히 짚어내지 못했다. 게다가 평소의 나답지 않게 단조로운 목소리로 지루하게 말을 늘어놓았다. 나는 그 사람의 부정적인 후기 덕분에 부족한 점을 보완하고 조금 더 나은 팟캐스터가 될 수 있었다. 그런 성찰의 과정은 오늘도 계속 이어지고 있다. 그동안 1,300회의 방송을 내보냈지만, 나는 여전히 배우고, 성장하고, 적응하는 중이다. 모든 것이 완벽해질 때까지 나 자신을 세상에 내보내는 일을 미뤘다면, 그런 성과를 거두지 못했을 것이다.

내 멘토 중 하나는 이렇게 말하곤 했다. "앉아서 완전함을 추구하기보다는 행동하는 편이 낫다." 완벽해지기 위해 마냥 때를 기다리기보다 뭔가 행동하면 당신이 가고자 하는 곳에 더 빨리 도달할 수 있다.

게다가 당신에게 완벽함을 기대하는 사람은 아무도 없다. 내 팟캐스트 방송을 들어보면 알겠지만, 온통 실수투성이다. 매끄러운 진행과는 거리가 멀다. 말을 더듬거리거니 했던 말을 되풀이하는 일도 다반사다. 하지만 청취자들은 그런 방송을 좋아한다. 그들은 마치 자기 집의 거실에 앉아 나와 함께 이야기를 나누는 것처럼 느껴진다고 말한다. 내 방송은 고도로 세련된 편집이나 제작 과정을 거치지 않는다. 내가 사람들의 관심을 끈 이유가 바로 그런 진정성과 소탈함 때문인지도 모른다. 나 역시 그 덕에 완벽주의라는 가면 뒤에 숨겨진 공포를 극복할 수 있었다.

우리의 삶에서는 두 걸음, 세 걸음, 네 걸음 앞으로 나아가다가 다시 한두 걸음 물러서는 과정이 반복된다. 그렇다고 앞으로 나아가는 일을 포기하라는 말이 아니라, 세상을 살다 보면 실수가 있을 수밖에 없다는 뜻이다. 우리는 사람인 이상 어쩔 수 없이 실수를 저지르게 되어 있다. 문제는 그 실수에 어떻게 대응하느냐는 것이다. 당신이 목표가 다이어트와 체중 감량이라고 해보자. 당신은 식이요법을 잘 지키고 열심히 운동하면서 엿새 하고도 반나절을 보냈다. 그러다 어느 날 자신과의 약속을 깨뜨리는 일이 생겼다. 당신이 그 실수에 대응하는 방법은 두 가지다. 하나는 자기가 형편없는 사람이라고 자책하며 침체기에 빠지는 것이다. 또 하나는 당신 자신과 진지한 대화를 통해 실수를 인정하면서도 본인의 자존감을 되살리고, 앞으로 잘못된 점을 수정해서 같은 실수를 저지르지 않겠다고 다짐하는 것이다. 당신이 이루어낸 엿새 하고도 반나절 동안의 놀라운 발전에 초점을 맞추고, 고작 하루뿐인 실수는 잊어버려라. 궤도로 복귀해서 목표를 향해 달려갈 태세를 갖추라.

당신의 불안감을 덮고 있는 가면은 훌훌 벗어버려야 한다. 완벽주의란 자기계발의 일부가 아니라 남들에게 완벽하게 보임으로써 승인을 얻어내고자 하는 심리일 뿐이다. 완벽주의는 성공을 가로막고 발전을 제한한다. 게다가 당신이 꼭 기억해야 할 사실은 완벽함을 달성하기가 애초에 불가능하다는 것이다. 당신을 반대하거나 싫어하는 사람은 항상 존재하기 마련이며, 당신은 늘 남들에게 평가받을 수밖에 없다. 따라서 그런 사실 앞에서 움츠리기보다는 당신이 생각하는 최선의 모습을 사람들 앞에 당당히 공개하라. 당신은 절대 완벽해질 수 없다. 그것만이 완벽한 진실이다. 당신이 부족하다는 사실을 받아들이고, 완벽함을 달성하려고 안간힘을 쓰기보다는 꾸준한 발전을 이루는 데 초점을 맞춰야 한다. **나는 꾸준함이 완벽함보다 더 우월한 가치라고 자신 있게 말할 수 있다.** 짐 캐리는 어느 대학교의 졸업식에서 이렇게 연설했다. "세상 누구에게나 받아들여지기를 원하는 사람은 결국 세상에서 보이지 않는 존재가 될 것입니다." 당신은 세상에서 보이지 않는 존재가 되기 위해 태어난 게 아니라, 자신에게 주어진 특별한 선물을 사람들과 나누기 위해 세상에 왔다.

성공의 과정은 대나무를 키우는 일과 비슷하다. 당신은 먼저 기름진 땅에 대나무 씨앗을 심는다. 햇빛도 듬뿍 쏘여주고, 1년 동안 매일 물을 준다. 하지만 아무 일도 일어나지 않는다. 심지어 흙 위로 싹을 틔울 기미도 없다. 당신은 이랑곳하지 않고 같은 일을 반복한다. 마침내 5년째 되는 해에 대나무는 폭발적인 성장을 시작한다! 하루에 60센티미터씩 쑥쑥 크면서 불과 6주 만에 25미터가 훌쩍 넘게 자라난다! 어찌나 성장 속도가 빠른지 나무가 자라나는 모습을 눈으로 확인할 수 있을 정도다. 삶의 성공도 마찬가지다. 우리는 성공한 사람들이 하루아침에 그런 성과를 거두었다고 생각하지만, 사실 그들은 아무도 알아주지 않는 상황에서도 몇 년 동안 열심히 일해서 성공을 거머쥔 것이다. 그들은 앞이 보이지 않는 어둠 속에서 꾸준히 노력을 계속했다.

사람들은 대나무가 6주에 25미터 넘게 자라나는 모습만 바라보지만, 대나무의 삶에서 가장 중요한 것은 그런 폭발적인 성장을 가능케 한 땅속에서의 5년이다.

성공은 당신이 어떤 의사결정을 내렸고 어떤 행동을 실천했는지(또는 실천하지 않았는지) 주의 깊게 자각하는 일부터 시작된다. 길을 나서기도 전에 스스로 완벽해지기를 기다리지 말고 이 순간의 잘못된 선택에 대해 핑계를 대지도 말라. 방향만 올바르다면 당신이 어떤 행동을 실천하든 행동하지 않는 것보다는 낫다. 앞서 말한 대로 당신의 모든 행동은 본인이 되고자 하는 사람에게 던지는 한 장의 투표지와도 같다. 우리네 인생은 단거리 경주가 아니다. 천천히 움직이면서도 꾸준히 전진하는 사람이 결국 경주에서 이기게 되어 있다. 어느 날 갑자기 대문을 뛰쳐나가려고 애쓰지 말라. 당신이 해야 할 일은 올바른 방향을 설정한 뒤에 올바른 행동을 꾸준히 실천하는 것이다. 시간은 당신의 편이다. 밤에 침대에 누우면 자신에게 이렇게 묻는 습관을 들여보라. 오늘의 나는 어제의 나보다 1퍼센트 더 나아진 사람이 됐나? 그것이 당신에게 가장 중요한 질문이다. 삶을 바꾸기를 원한다면, 바꿀 사람은 바로 당신이기 때문이다.

몸이 먼저 움직이는 행동 처방

당신의 평소 행동, 특히 생각 없이 반복하는 행동을 하루이틀 자세히 관찰해보자. 7장에서 당신의 에너지 수준을 1시간마다 타이머로 측정한 일을 기억하는가? 그것과 비슷한 방법으로 당신이 온종일 어떤 식으로 행동하는지 종이에 기록해보자. 이 방법을 통해 당신의 행동 패턴을 상세하게 파악해보자. 그다음에 아래의 질문에 답해보자.

❖ 당신이 세운 목표에 가까워지려면 어떤 마이크로 액션이 필요한가?

❖ 어떤 마이크로 액션이 당신을 목표에서 멀어지게 하는가?

❖ 당신은 부정적인 마이크로 액션을 어떻게 변명하고 합리화하는가?

❖ 부정적인 마이크로 액션을 긍정적인 마이크로 액션으로 바꾸려면 어떻게 해야 하는가?

10장.

습관
행동의 자동화 패턴을 만드는 법

'습관'이라는 단어만 봐도 숨이 막히는 듯하다. 하지만 사실 '습관'은 나도 모르는 사이 반복하고 있는 행동일 뿐이다. 그것이 습관임을 인식하지 못하는 건, 나조차 인식하지 못한 채 일어나는 일이기 때문이다. 지금껏 이야기한 '마이크로 액션'도 의식하지 않은 채로 이뤄지는 자동화가 가능하다. 지금부터 행동의 자동화 패턴을 만드는 법을 알아보자.

코미디언 제리 사인펠트Jerry Seinfeld는 자기가 주연을 맡은 시트콤 〈사인필드Seinfeld〉가 처음 전파를 탄 뒤에도 미국 전역을 순회하며 스탠드업 코미디 공연을 계속했다. 어느 날 저녁 무대 위에 오르기 직전 어느 젊은 코미디언이 그에게 다가와 말을 걸었다. 성공할 기회를 찾고 있던 그 젊은이는 이제 막 일을 시작한 자신에게 한 가지 조언을 들려달라고 부탁했다.

 사인펠트는 코미디언으로 성공하려면 당연히 고품질의 유머가 필요하다고 말했나. 그리고 자신은 매일 글을 쓰면서 유머를 개발한다고 귀띔했다. 사인펠트는 하루하루 조금이라도 글을 쓰면 언젠가는 방대한 규모의 자료를 만들 수 있다는 사실을 알고 있었다. 물론 개중에는 쓸모없는 자료도 있겠지만, 결국에는 그런 과정을 거치며 좋은 유머를 개발할 수 있을 거라고 확신했다. 그는 바쁜 시기를 맞아 한꺼번에 몰아서 아이디어를 짜내거나 영감이 떠오르기를 기다려 글을 쓰기보다는, 직장에서 정규직으로 일하듯 매일 규칙적으로 글을 쓰는 편이 더 효율적이라고 생각했다. 이처럼 매일같이 글을 쓰는 습관이 몇 달을 넘어 몇 년

1월

일	월	화	수	목	금	토
1 ✗	2 ✗	3 ✗	4 ✗	5 ✗	6 ✗	7 ✗
8 ✗	9 ✗	10	11	12	13	14
15	16	17	18	19	20	21
22	23	24	25	26	27	28
29	30	31				

'X' 표시가 쌓일수록 당신의 습관이 된다

간 이어지면서 코미디언으로서 그의 능력은 눈부시게 성장했다. 그뿐만이 아니라 그는 사인펠트 전략Seinfeld Strategy이라고 알려진 방법론을 사용하기도 했다.

사인펠트는 1년이 한 장에 전부 표시된 커다란 달력을 구해서 눈에 잘 띄는 곳에 걸어두었다. 그리고 매일 자리에 앉아 글을 쓸 때마다 해당하는 날짜에 붉은색 매직 펜으로 X 표시를 했다. 그런 과정을 반복하는 사이에 어느덧 X 표시가 사슬처럼 길게 이어졌고, 그는 이 사슬을 계속 이어가고자 하는 동기를 느꼈다. 사슬이 길게 이어질수록 동기부여는 더욱 강해졌다. 스스로 나날이 발전하는 모습을 시각적으로 확인할 수 있었기 때문이다. 가장 놀라운 변화는 어느 정도 시간이 지난 뒤에는 이제

자리에 앉아 글을 써야 한다고 자신을 강요할 필요가 없어졌다는 것이다. 마음속에서는 아무런 저항감이 일어나지 않았고 글쓰기를 해야 한다는 생각조차 필요하지 않았다. 당신이 유머를 개발하든, 헬스클럽에서 운동하든, 회사를 성장시키든, 건강한 음식을 먹으려고 노력하든, 정해진 의식을 꾸준히 실천하고 마이크로 액션을 반복하면 확고한 습관으로 정착시킬 수 있다.

습관이란 당신의 뇌와 몸이 무의식적으로 수행하는 행동을 뜻한다. 사람이 특정한 행동을 수없이 반복하면 몸이 반사적으로 그런 행동을 취하게 된다. 습관은 당신의 잠재의식에 의해 통제되는 자발적 행동이다. 하버드 대학교의 심리학자 두 명은 인간의 행동 47퍼센트가 습관에 의해 자동으로 이루어진다는 연구 결과를 발표했다.[1] 습관적 행동의 비율이 이보다 더 높다고 주장하는 연구자들도 있다.

당신은 직장에서 자동차를 몰고 집으로 돌아온 뒤에 어떻게 그 길을 운전해서 왔는지 기억하지 못한 적이 없나? 당신의 의식은 깨어 있었지만, 운전은 뇌의 자율주행 기능에 맡긴 것이다. 또 방을 나서며 아무 생각 없이 불을 끈 적은 없나? 나도 방을 나갈 때는 항상 불을 끄는 습관이 있다. 때로는 아내가 방 안에 있는데도 무심코 스위치를 내리기도 한다. 이처럼 나도 모르는 사이에 몸이 먼저 움직이는 행동들은 수없이 많다.

당신의 목표를 이루는 데 필요한 마이크로 액션 역시 이렇게 몸이 먼저 움직일 수 있도록 습관을 들여야 한다. 이는 앞서 만든 의식을 계획적으로 실행에 옮기면 얼마든지 가능하다. 한 번 습관으로 자리 잡은 행동은 특별한 의도, 생각, 노력 없이 저절로 이루어진다. 당신을 올바른 방향으로 이끌어주는 사소한 행동들이 생각할 필요 없이 자연스럽게 이루어진다면, 시간이 흐른 뒤에 얼마나 큰 성과를 달성할 수 있을지 생각해보라. 또한 당신의 뇌 속에서 지금 어떤 일이 벌어지고 있는지 구체적으로 이해하는 것도 그 습관을 당신에게 더 유리한 방향으로 활용하는 데 도움이 될 것이다.

사람의 뇌는 무게가 체중의 2퍼센트에 불과하지만, 신체에 공급되는 에너지의 20퍼센트를 사용한다. 몸 안에서 가장 많은 에너지를 소비하는 기관이 바로 뇌다.[2] 당신이 온종일 의자를 떠나지 않고 전화 통화, 회의, 이메일 업무 등 머리를 쓰는 일에만 매달려도 일과 후에는 녹초가 되는 이유는 바로 그 때문이다.

뇌는 필요 이상의 일을 하고 싶어 하지 않기 때문에 늘 해야 할 일의 패턴을 파악하고 이를 좀 더 쉽게 처리할 수 있는 지름길을 개발해서 에너지를 절약할 방안을 찾는다. 당신이 특정한 일을 더 많이 반복할수록 뇌에는 그 일의 패턴이 더욱 강하게 자리 잡는다. 한번 습관으로 자리 잡은 패턴은 무너뜨리기가 매우 어렵다. 당신이 뇌에게 뭔가 새로운 일을 요구하면, 뇌는 그 요구에 저항하면서 평상시의 패턴으로 돌아가려고 한다. 당신이 직장에서 집으로 자동차를 몰고 귀가할 때 도중에 슈퍼마켓에 들러 우유를 사야겠다고 마음먹었지만, 이를 까맣게 잊어버리고 집에 도착한 뒤에야 그 사실을 알게 됐다면 그것도 뇌의 저항 때문이다. 다행히 우리에게는 패턴이나 지름길을 개발해서 일을 처리하고자 하는 뇌의 욕구를 좀 더 유리한 방향으로 활용할 수 있는 방법이 있다. 지금은 고인이 된 호주의 배우 프레데릭 마티아스 알렉산더F. Matthias Alexander는 이런 유명한 말을 남겼다.

"사람들은 자신의 미래를 결정하지 않는다. 다만 그들은 습관을 결정하고 습관이 그들의 미래를 결정할 뿐이다."

일상에서 뇌가 당신에게 유리한 습관을 만들어내게 할 수 있다면, 당신은 새로운 초능력을 얻게 될 것이다.

뇌는 무의식적으로 습관을 처리한다. 문제는 뇌에 각인된 모든 습관이나 패턴이 단순히 자동차를 운전해서 집으로 돌아오는 일처럼 무해無害하지는 않다는 것이다. 다시 말해 모든 습관이 긍정적이기만 한 것은 아니다. 당신이 자연스럽게 반복하는 수많은 일 중에 얼마나 많은 습관이 장기적 목표를 달성하는 데 지장을 주는가? 자신도 모르게 본인의 발전을 가로막는 습관은 얼마나 많은가? 뇌의 엉킨 타래를 풀어내 당신이 지금 어떤 생각을 하고 있으며, 그 생각들은 어디서 왔는지 이해한다면 당신이 교정해야 할 수많은 부정적 패턴이 모습을 드러낼 것이다. 하지만 걱정하지 말라. 좋고 나쁜 운명이 우리에게 미리 주어져 있는 것은 아니다. 뇌는 충분히 통제할 수 있다. 이를 위한 첫 번째 단계는 당신의 습관이 무엇인지 주의 깊게 들여다보는 것이다.

당신의 습관을 파악하라

매일 아침과 밤에 이를 닦는 것은 좋은 습관이다. 반면 스트레스를 받았을 때 술이나 담배를 찾는 것은 나쁜 습관이다. '술을 마시거나 담배를 피울 시간이 됐다'는 이유로 특정 시간에 규칙적으로 술을 마시고 담배를 피우는 행동은 특히 더 나쁜 습관이다. 모든 사람에게는 좋든 나쁘든 수많은 습관이 있다. 따라서 어떤 습관을 새로 만들어가야 할지 고민하기 전에 당신이 이미 가지고 있는 습관이 무엇인지를 먼저 파악해야만 삶에 도움이 되지 않는 습관들을 제거할 수 있을 것이다.

그 방법은 무엇인가? 간단하다. 스스로에게 이렇게 물어라. "이 행동은 나를 목표 가까이 데려다주는가? 아니면 목표에서 멀어지게 하는가?"

만일 당신이 회사를 잘 운영하겠다는 목표를 세우고도 잠시 짬이 날 때마다 인스타그램을 뒤적이고 있다면, 그건 바로 없애야 할 나쁜 습관이다. 인스타그램을 조금 들여다본다고 사업에 엄청난 지장이 있지는 않겠지만, 적어도 당신을 목표에 가까운 곳으로 데려다주지는 못할 것이다. 게다가 그 습관은 당신의 시간, 집중력, 지적 능력 등을 낭비함으로써 미래에 부정적인 영향을 미칠 수도 있다. 따라서 당신이 원하는 성공을 이루는 데 도움이 되는 습관으로 이를 대체하는 편이 바람직하다. 일례로 소셜미디어를 들여다보는 대신 비즈니스와 관련된 책을 가까운 곳에 가져다 두고 수시로 펼쳐보는 습관을 들이는 방법도 생각해 볼 수 있다. 몇 분간 짬이 날 때마다 회사를 성장시키는 법을 배우면 목표를 향해 조금씩 가까이 다가설 수 있을 것이다. 아침에 집을 나설 때마다 꼭 책을 챙겨 나가는 습관을 들여보라.

만일 당신의 목표가 몸무게 10킬로그램을 줄이는 것인데도 여전히 한밤중에 감자칩 같은 군것질거리를 쉴 새 없이 입에 넣는 습관이 있다면, 당신 집에 있는 모든 정크푸드를 건강한 음식으로 바꿈으로써 그 습관을 깨뜨려보라. 가령 눈에 잘 띄는 가까운 곳에 과일을 올려놓으면 항상 건강한 대체 식단을 즐길 수 있을 것이다. 게다가 우리가 음식을 탐닉하는 이유의 75퍼센트는 배고픔이 아니라 감정 때문이다.[3] 당신이 지루함이나 스트레스로 인해 뭔가를 끝없이 먹어대는 습관이 있다면, 먼저 당신이 언제 어떤 이유로 음식에 손을 뻗는지 알아차린 뒤에 당신을 목표지점 가까이 데려다주는 선택지를 골라 그 습관에서 벗어나도록 노력해야 한다.

당신이 더 좋은 부모가 되고자 하는 목표를 세웠는데도 아이들이 말을 안 들을 때 감정을 드러내며 소리를 질러대는 버릇이 있다면, 그 순간 자신을 억누르고 감정에서 벗어나는 습관을 들일 필요가 있다. 여섯 번쯤 깊게 숨을 들이쉬면서 마음을 가다듬을 여유를 갖는다면 감정보다는 사랑의 마음으로 그 상황에 대응할 수 있을 것이다. 어떤 부모들은 그 일을 꽤 어렵게 받아들인다. 아이들에게 소리치는 습관을 자신의 부모에게서 배운 탓이다. 그러면서도 그것이 나쁜 버릇이 아니라 자연스러운 훈육의 방법이라고 생각한다. 당신이 가족 중에서 그 습관을 최초로 깨뜨리는 사람이 되어보면 어떨까?

당신이 아침 일찍 일어나 달려보겠다는 목표를 세웠지만, 밤늦게까지 TV를 시청하는 습관이 있다고 가정해보자. 당신은 퇴근 후 일상을 바꿀 필요가 있다. 할 일을 다 마친 후에는 자신에게 충분한 휴식을 부여하자. 그리고 내일 아침에 입을 운동복을 미리 챙겨두고 일찍 잠에 드는 습관을 들여보자. 아마 내일 아침에는 좀 더 상쾌한 기분으로 자리에서 일어날 수 있을 것이며, 침대를 박차고 일어나 거리로 달려 나가고 싶어질 것이다.

내가 여기서 이야기하는 방법론의 핵심은 구체적인 목적의식이다. 그러나 좀 더 선명한 목적의식을 구축하기 위한 첫 번째 단계는 먼저 자신의 성향이나 기질이 어떤지 스스로 파악하는 일이 되어야 한다. 사람들은 어떤 나쁜 습관이 자신의 앞길을 가로막고 있는지 잘 모를 때가 많다. 8장에서는 본인의 마이크로 액션을 자세히 파악함으로써 이 프로세스를 시작하는 법을 이야기했다. 자기가 소유한 습관을 정확히 이해하고 어떤 점을 고쳐야 할지 깨닫는 사람은 단점을 극복하고 삶의 경로를 바꿀 수 있다. 이 과정은 자주 반복할수록 더 자연스러워질 것이다.

쐐기돌 습관

사람들이 좋은 습관을 갖고자 할 때 흔히 저지르는 실수 중 하나는, 자신의 목표를 달성하는 데 보탬이 된다고 생각하는 습관들을 한꺼번에 적용해 삶을 순식간에 바꾸려고 하는 것이다. 이는 너무 많은 변화를 원한 나머지 오히려 성공으로부터 멀어지는 결과를 낳는다. 변화가 너무 급진적이고 과격해서는 안 된다. 과거의 자아가 강력하게 저항하면 어떤 습관도 새롭게 정착시킬 수 없다. 대신 당신의 삶을 바꾸는 데 가장 핵심적이면서도 실천하기 쉬운 몇몇 습관에 집중하는 편이 바람직하다. 한 번에 하나의 습관을 기르는 데 초점을 맞춰야 한다. 작가 찰스 두히그 Charles Duhigg는《습관의 힘 The Power of Habit》이라는 저서에서 이 단 하나의 중요한 습관을 '쐐기돌 습관 keystone habit'이라고 불렀다.

벽돌이나 돌로 만들어진 둥그런 모양의 아치가 본래의 형태를 유지하며 버티는 이유는 아치 한복판에 자리 잡은 '쐐기돌' 때문이다. 쐐기돌이 없다면 아치는 무너져 내린다. 사람의 습관도 마찬가지다. 당신에게 가장 중요하고 생활에 주축이 될만한 습관, 즉 쐐기돌 습관을 찾아내어 이를 삶에 적절히 통합한다면 다른 여러 분야에도 그 영향을 고루 미칠 수 있을 것이다.

쐐기돌 습관이 작동하는 방식은 이렇다. 당신이 앞으로 매일 아침 일찍 일어나 아침 루틴을 실천하는 습관을 들이기로 했다고 가정해보자. 여기서 당신이 목표로 할 쐐기돌 습관은 '아침에

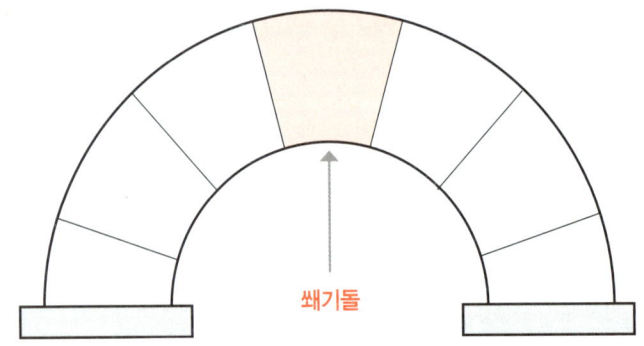

쐐기돌이 없다면 아치는 그대로 무너져 내린다

일찍 일어나기'다. 그러나 많은 사람이 이런 계획을 세운다. 평소보다 2시간 일찍 일어나 운동, 독서, 일기, 명상처럼 익숙지 않은 행동으로 아침 시간을 보내리라 다짐하고 있을 것이다. 단호하게 말하자면, 이는 불가능하다. 당신의 정체성은 이런 급격한 변화에 맞서 싸우려들 것이고, 계획한 일들을 모두 실천하지 못한 채 좌절감을 느끼고 말 것이다. 이런 일이 벌어진다면 당신의 노력은 한순간에 물거품이 된다.

그 대신 단순한 계획을 세우라. '아침에 일찍 일어나기'라는 단 하나의 쐐기돌 습관에 집중하고, 그 행동이 평범한 일상이 될 때까지 계속 반복하라. 꼭 100일 동안만 계속해서 아침에 일찍 일어나보라. 100일이라는 기간을 제안하는 이유는 어떤 습관이 정착하는 데 평균 66일에서 100일이 걸린다는 과학자들의 연구 결과가 있기 때문이다. 물론 당사자가 어떤 사람인지, 또 목표로 하는 습관이 무엇인지에 따라 이 기간은 조금 줄어들 수도 있고 늘어날 수도 있다.[4] 그러나 어떤 행동이든 100일만 꾸준히 실천하면 확고한 습관으로 정착시킬 수 있다. 그 말은 평일은 물론이고 주말까지 같은 행동을 매일 실천해야 한다는 뜻이다. 주말에는 늦잠을 자거나 평일과 다른 시간에 일어나면 수면 주기가 왜곡되어 습관으로 정착시키기가 어렵기 때문이다. 당신이 아침 일찍 일어나는 행동을 꾸준히 실천한 결과 알람이 울리기 전에 잠에서 깨기 시작했다면, 이제는 그 시간에 기상하는 일이 평범한 일상으로 자리 잡은 것이다. 당신은 침대를 떠나 바닥에 발을 딛는 순간 하나의 승리를 이루어낸 셈이다. 쐐기돌 습관을 정착시킨다는 목표를 성취했기 때문이다.

단, 이 100일 동안에는 너무 많은 활동을 해야 한다고 스스로를 몰아붙여서는 안 된다. 다만 아침 일찍 일어난 덕에 여유가 생겼으니 그동안 조금 다른 일들을 시도해볼 수는 있다. 하루는 책을 읽고, 다음 날에는 요가를 해보라. 그다음 날에는 일기를 써도 좋고, 밖으로 나가 거리를 달리는 것도 좋다. 아니면 밀린 일을 처리하거나 명상을 할 수도 있다. 당신이 집중해야 할 유일한 목표는 일찍 일어나는 것이지만, 그 덕분에 얼마나 많은 일을 할 수 있게 됐는지 떠올려보라. 아침에 조금 일찍 일어난 사소한 행동이 독서, 요가, 일기, 달리기 같은 다양한 활동으로 이어진 것이다. 쐐기돌 습관이 그토록 커다란 효과를 발휘하는 이유가 여기에 있다. 하나의 긍정적인 활동이 다른 긍정적인 활동을 낳고,

당신은 새로운 활동을 계속 이어가면서 그 행동을 다시 습관으로 개발하게 될 여지가 커진다.

그렇게 100일이 지나서 '아침에 일찍 일어나기'라는 활동이 저절로 이루어지는 습관으로 정착됐다면, 이제 다음번 쐐기돌 습관으로 옮겨갈 때가 된 것이다. 예를 들어 이번에는 운동하는 습관을 개발한다고 가정해보자. 앞으로 100일 동안은 신체적 활동에 시간을 투자할 계획을 세워보라. 일주일에 이틀 정도 헬스클럽에 가보고, 요가도 며칠 해보고, 오디오북을 들으며 집 근처를 걸어보라. 아니면 자리에서 일어나 맨손 운동이라도 해보라. 그것이 다음 100일 동안 집중해야 할 목표의 전부다. 일단 운동을 시작했으면 좀 더 건강한 음식을 먹고자 하는 욕구가 생길 수도 있다. 물을 많이 마시고 밤에 일찍 잠자리에 들어서 몸의 피로를 효과적으로 회복하고 싶은 마음이 들 수도 있다. 자신이 그동안 얼마나 많은 술을 마셨는지 되돌아보게 될지도 모른다. 당신은 100일 동안 매일 운동한다는 한 가지 습관에만 집중했을 뿐인데, 그로 인해 헬스클럽에 가고, 요가를 하고, 건강한 음식을 먹고, 물을 많이 마시고, 저녁에 일찍 잠자리에 들게 됐다.

그렇게 100일이 지나 운동하는 일이 습관으로 자리 잡은 뒤에는 또 다른 곳으로 관심을 돌리고 다음번 쐐기돌 습관을 찾아야 한다. 100일 동안 한 가지 습관을 들이는 데 집중하면 1년 동안에는 적어도 세 가지의 습관을 개발할 수 있다. 그 정도라면 당신이 추구하는 목표에 긍정적인 영향을 미치기에 충분하다.

그 덕에 당신의 삶도 영원히 달라질 것이다.

습관 이어붙이기

새로운 습관을 개발하고 삶에 정착시키기 위한 또 하나의 방법이 '습관 이어붙이기habit stacking'다. 이는 미국의 사회 과학자 겸 작가 B. J. 포그Brian Jeffrey Fogg가 창안한 사소한 습관Tiny Habits이라는 방법론을 통해 대중화된 개념이다. 원리는 지극히 간단하다. 기존의 습관 뒤에 새롭게 개발할 습관을 이어붙이라는 것이다. 자신에게 이렇게 말해보라.

나는 ____ (기존 습관)을 실천한 뒤에,
반드시 ____ (새로운 습관)을 실천할 것이다.

당신이 매일 긍정적인 말을 입에 담는 연습을 하고 싶지만 이를 실천하는 데 어려움을 겪는다고 가정해보자. 별도로 시간을 내어 긍정적인 말을 연습하기보다는, 당신이 매일 반복하는 특정한 습관(예를 들어 이 닦기)에 이어 곧바로 이를 실천하는 편이 더 효과적일 수 있다. 즉 이를 닦을 때마다 거울을 들여다보며 매사에 긍정적인 마음가짐을 갖자고 스스로 독려하는 것이다. 당신은 이미 이를 닦는 습관이 있으므로 뇌는 양치질이라는 행위를 자동으로 처리한다. 덕분에 당신은 기존의 습관에 새로운 행동을 어렵지 않게 이어붙일 수 있고, 그 행동을 또 다른 습관으로 정착시킬 수 있다. '습관 이어붙이기'라는 이름도 그래서 붙었다.

습관 이어붙이기는 어떤 상황에도 적용할 수 있다. 당신에게 효과가 있을법한 몇 가지 예를 더 들어보자. 매일 업무를 처리하기 위해 자리에 앉을 때마다 곧바로 물을 한 잔 마신다. 배우자가 퇴근해 집에 오면 그의 노고에 얼마나 고마운 마음을 느끼는지 말한다. 밤에 침대에 누워 불을 끈 뒤에는 그날 감사했던 일을 한 가지 생각한다. 음식을 한입 맛본 뒤에는 이렇게 또 한 차례 식사할 수 있다는 사실을 마음속으로 감사한다. 일터에서 집으로 돌아온 뒤에는 스마트폰을 치워두고 아이들과 놀아준다. 모닝커피를 마신 뒤에는 팔굽혀펴기를 50번 한다.

습관 이어붙이기 방법이 효과적인 이유는 기존의 습관이 다음 행동을 자연스럽게 유도하기 때문이다. 얼마 뒤에는 두 번째 행동을 취하기 위해 굳이 노력할 필요가 없어진다. 말하자면 자신도 모르는 사이에 그 행동이 습관으로 자리 잡는 것이다. B. J. 포그는 새로운 습관을 정착시키는 데 도움을 주는 '사소한 습관의 ABC'라는 개념을 개발했다.

A. 앵커 습관 Anchor

B. 행위 Behavior

C. 축하 Celebration

앵커 습관이란 기존의 습관(당신이 이미 실천하고 있는 일)을 뜻하며, 당신이 특정한 행위(새로운 습관)를 수행해야 한다고 자신을 상기시키는 역할을 한다. 새로운 행위를 완료한 뒤에는 그 사실을 반드시 축하해야 한다. 특히 세 번째 단계 '축하'는 대단히 중요하다. 거창하지는 않더라도 그 행위를 성공적으로 수행한 데 대해 작은 축하의 메시지를 마음속으로 보내야 한다. "좋아!" 또는 "잘했어!"처럼 자신이 성취한 바를 칭찬하는 간단한 말이면 충분하다. 성격이 활발한 사람이라면 잠깐 춤을 춰봐도 좋을 것이다. 이 과정이 왜 중요한지는 뒤에서 좀 더 자세히 이야기하겠지만, 어쨌든 당신이 이루어낸 일을 스스로 칭찬하고 축하하는 습관은 반드시 필요하다.

습관을 생각하기 전에 기준을 바꿔라

자기계발에 관련된 팟캐스트나 서적들은 하나같이 습관을 강조한다. 하지만 우리가 습관보다 훨씬 중요하게 생각해야 할 개념이 바로 '기준 standard'이다. 그런데도 이 주제를 언급하는 사람은 거의 없다. 기준을 적절히 활용하면 새로운 습관을 정착시키는 데 도움이 된다. 기준은 습관의 어머니다. 기준에 따라 습관이 저절로 만들어지기 때문이다.

　간단히 말해 기준이란 당신이 뭔가를 받아들일 수 있거나 받아들일 수 없다고 생각하는 경계선 또는 한계선을 뜻한다. 기준은 당신의 정체성과 직접적인 관련이 있으며, 어떤 상황에서든 당신이 일정 수준 이하로는 절대 내려가지 않겠다고 그어놓은 선이라고 볼 수 있다. 당신 집의 실내 온도조절기가 특정 온도 범위를 안전지대로 설정하듯, 당신의 기준은 개인적인 안전지대를 설정한다. 당신의 체형體型을 생각해보라. 대부분의 경우 지난 5년 또는 10년 동안 거의 비슷한 모습으로 유지됐을 것이다. 왜 그럴까? 당신이 세운 기준에 따라 지금의 상태로 고정되어 있기 때문이다. 사람들 대부분이 자신의 몸을 획기적으로 바꾸는 데 실패하는 이유도 여기에 있다. 그것 역시 하나의 기준이다.

　당신의 예금 계좌 잔액은 어떤가? 아마도 지난 몇 년 동안 비슷한 금액으로 유지됐을 공산이 크다. 가령 몇 년째 당신 통장의 잔액이 5,000달러 정도라면, 그 금액이 곧 당신 잔고의 기준이 된다. 어느 날 갑자기 큰돈을 쓸 일이 생겨서 잔액이 3,000달러로 떨어졌다면, 당신은 편안하게 여겨지는 수준으로 이 금액이 회복될 때까지 허리띠를 졸라매고 돈을 절약하기 위해 노력할 것이다. 유감스러운 점은 반대의 경우도 마찬가지라는 것이다. 당신이 회사에서 2,000달러의 보너스를 받아서 잔액이 갑자기 7,000달러로 불어났다고 가정해보자. 그런 일이 생긴다면 평소보다 자주 외출해서 돈을 쓰거나 보통 때는 사지 않는 물건을 사들일 것이다. 금방은 아니더라도 당신의 계좌 잔액은 조만간 5,000달러 수준으로 내려앉을 가능성이 크다. 왜 그럴까? 당신이 편안함을 느끼는 안전지대가 바로 그 금액이기 때문이다. 마치 집안 온도를 섭씨 22도로 설정하는 것과 비슷한 상황이다. 당신은 예금 잔액이 5,000달러 이하로 떨어진 상황을 편안하게 받아들이지 않고, 그보다 많은 금액이 계좌에 남아 있는 상황도 익숙하게 느끼지 않는다. 따라서 가장 편안하게 느껴지는 금액으로 돌아갈 방법을 찾는 것이다.

한마디로 당신이 살아가고 있는 현재의 삶은 본인이 세운 기준을 토대로 구축된 것이다. 친구들과의 관계에서부터 집이 얼마나 깨끗한지에 이르기까지 삶의 모든 것이 당신의 기준에 따라 결정된다. 당신이 판단하기에 그 이하로는 도저히 더 내려갈 수 없을 정도의 바닥을 생각하면 기준이라는 개념을 이해할 수 있을 것이다. 물론 바닥층보다 높은 곳은 항상 존재한다. 하지만 그곳으로 올라가기 위해서는 먼저 마음의 기준을 높여야 한다. 현재 당신이 있는 곳이 본인이 원하는 지점이 아니라면, 기준을 높이는 법을 배우지 않고는 당신이 추구하는 삶으로 발돋움하기가 불가능하다.

지금 당신의 기준을 적절하게 조정하지 못하면 나중에 특정한 행동을 습관으로 정착시킬 수 없다. 예를 들어 당신이 성공한 사람들을 본받아 아침에 일찍 일어나는 습관을 개발하고 싶다고 해보자. 하지만 당신이 수면을 삶의 중요한 우선순위로 받아들이는 기준을 세우지 않았다면(즉 전날 저녁 일찍 잠자리에 들고 충분한 휴식을 취할 준비가 되지 않았다면), 아침에 알람이 울렸을 때 벌떡 일어나는 습관을 들이기가 어려울 것이다. 수면을 중요시하지 않는 사람에게 알람은 언제나 일찍 울려대기 마련이고, 침대에서 일어나기는 늘 힘들다. 왜 그럴까? 당신이 그런 식으로 기준을 세우지 않았기 때문이다. 당신이 먼저 해야 할 일은 기준을 세우는 것이다. 기준이 있어야 습관을 개발할 수 있다.

이런 식으로 생각해보자. 당신이 어느 날 갑자기 세금이나 각종 청구서 납부를 거부하고, 직장을 그만두고, 온갖 책임을 저버리고, 하루아침에 거리로 나가 노숙자가 되는 일은 절대 없을 것이다. 왜 그럴까? 그 행위가 당신이 세운 기준에 미치지 못하기 때문이다. 말하자면 당신에게 그 상황은 선택의 대상이 아니다. 하지만 아침에 알람이 울리면 당신은 자리에서 일어나지 못하고 계속 스누즈 버튼을 눌러댄다. 왜일까? 당신이 그렇게 기준을 세웠기 때문이다.

만일 당신이 길에서 노숙자 생활을 하는 것과 아침에 스누즈 버튼을 누르는 일을 심리적으로 똑같이 받아들인다면 어떤 일이 생길까? 당신은 이렇게 생각할 것이다. '내가 살아 있는 한 저 버튼을 누를 일은 절대로 없을 거야!' 조금 과격한 예를 들었을지도 모르지만, 독자들은 내 말의 의도를 이해하리라 믿는다.

당신의 목표가 10킬로그램을 감량하고 체지방을 10퍼센트 줄이는 것이라고 해보자. 평소에도 하루에 두 차례씩 운동하며 열심히 땀을 흘리는 사람이라면 그렇게 습관을 들이는 일이 별로 어렵지 않을 것이다. 하지만 내 지인들 가운데는 지난 몇 년 동안 한 번도 운동을 해보지 않은 사람도 있다. 그런 사람들에게는 목표를 달성하는 일이 어려울 수밖에 없다. 그 습관이 가능한 기준을 세우지 않았기 때문이다.

체중을 줄인다는 목표를 이루기 위해서는 당연히 열심히 운동하고 건강한 음식을 먹는 습관을 들여야 한다. 하지만 당신이 정크푸드나 패스트푸드를 먹는 데 익숙하다면 그 목표를 달성하는 데 도움이 되는 기준을 아직 세우지 않았다는 뜻이다. 당신은 주차장의 더러운 바닥에 실수로 음식을 떨어뜨렸을 때 그 음식을 절대 주워 먹지 않을 것이다. 하지만 건강에 도움이 되지도 않고 기분을 유쾌하게 만들어주지도 않는 정크푸드나 패스트푸드를 먹는 데는 아무런 거부감이 없다. 만일 정크푸드를 먹는 일과 더러운 길거리에 떨어진 음식을 먹는 일을 심리적으로 똑같이 받아들이도록 기준을 세운다면 어떨까? 아마도 그런 음식에 다시는 손을 대지 않을 것이다. 이처럼 몸을 바꾸고 싶다면 먼저 기준을 바꿔야 한다.

당신의 기준에 따라 죽고 사는 일이 결정된다. 기준은 당신이 현재 살아가고 있는 삶을 만들어냈지만, 당신에게 '원하는' 삶을 안겨주지는 못할 것이다. 진정한 잠재력을 발휘하고 싶다면, 습관을 생각하기 전에 먼저 기준을 바꿔라.

기준은 곧 정체성이자 당신을 바꿀 열쇠다

책의 앞부분에서 이야기한 대로 언젠가 내 팟캐스트 채널에서 억만장자 사업가 제프 호프만을 인터뷰한 적이 있다. 그의 가까운 친구 중 한 사람이 프로복싱 세계 헤비급 챔피언을 지낸 에반더 홀리필드다. 어느 날 호프만은 홀리필드가 운동하는 장소에 우연히 들러 그가 훈련하는 모습을 지켜보게 됐다. 홀리필드는 그곳에서 구슬땀을 흘리며 초고강도의 체력 훈련에 열중하고 있었다. 보통 사람이라면 한 세트도 해내기 어려운 운동을 정확히 300세트를 반복했다. 호프만은 어쩌다 보니 홀리필드가 300세트를 반복할 때 숫자를 세는 역할을 맡게 됐다. 운동이 거의 끝날 무렵, 홀리필드가 물었다.

"방금 한 게 299번째야 300번째야?"

"300번째인 것 같은데."

"제프, 299번째야, 아니면 300번째야?"

"내 생각에는 300번째 같아. 그게 뭐가 중요해?"

"300과 299의 차이는 세계 헤비급 챔피언과 다른 선수들과의 차이지."

그렇게 말하고는 홀리필드는 300세트를 확실히 완료하기 위해 한 세트를 더 반복했다. 그가 챔피언 자리에 오른 비결은 자신을 항상 조금 더 높은 기준으로 끌어올린 데 있었다. 그러기 위해서는 본인이 스스로 약속한 바를 완벽하게 지키는 습관이 필요하다.

당신이 지금보다 더 나은 사람이 되기를 원하고 뭔가 특별한 일을 이루고 싶다면, 자신이 세운 목표에 조금이라도 미치지 못하는 상황을 용납하지 말고 늘 100퍼센트 이상을 달성하기 위해 노력해야 한다. 그러기 위해서는 먼저 기준을 세우는 작업이 필요하다. 당신이 세운 기준에 따라 본인의 삶을 지탱하는 개인적 기대치가 수립된다. 여기서 한 단계 더 발전하고 싶은 사람은 에반더 홀리필드의 훈련 방법을 모범으로 삼아 본인이 현재 성공을 향해 잘 가고 있는지 아니면 게으름을 부리는 중인지를 추적 및 기록할 수 있는 가시적 기준을 세워볼 것을 권한다. 이는 자가당착에 빠지지 않고 자기가 세운 기준을 현실에 직접 대입해볼 수 있는 쉽고도 간단한 방법이다.

당신이 기억해야 할 사실은 우리가 이 책에서 이야기한 개념들이 대부분 서로 연결되어 있다는 것이다. 그 점에서는 '기준'도 예외가 아니다. 기준은 당신의 정체성 및 목표와 직접적으로 연관된다. 자신의 정체성을 바꾸고 새로운 캐릭터로 탈바꿈하고 싶은 사람은 먼저 그 정체성에 적합한 새로운 기준을 세워야 한다. 몸무게를 몇 킬로그램 줄이거나 돈을 어느 정도 벌겠다는 목표를 수립할 때는 단순히 목표만 세우기보다 먼저 올바른 기준을 설정함으로써 목표에 도달하는 데 도움이 되는 건강한 습관을 구축할 필요가 있다. 올바른 기준을 세우면 의지력을 발휘할 필요 없이 저절로 습관을 실천할 수 있다.

기준은 서로 영향을 미친다. 삶의 한 분야를 게을리한 사람은 다른 분야도 게을리하게 된다. 삶의 기준이 전체적으로 낮아졌기 때문이다. 반대의 경우도 마찬가지다. 한 분야의 기준을 높이면 다른 분야의 기준도 높이기가 수월하다. 변화는 항상 높은 곳에서 낮은 곳으로 흐르기 마련이다. 따라서 변화의 과정은 먼저 우리 자신을 높은 기준으로 이끄는 일부터 시작되어야 한다.

목표를 이루는 데는 꾸준한 자세와 성실한 노력이 필요하다. 미래의 성공이란 당신이 매일같이 실천하는 모든 마이크로 액션의 결과물일 뿐이다. 당신은 지나치게 어려운 싸움에 뛰어들거나 매일 실천해야 하는 긍정적인 활동의 목록을 힘들여 작성할 필요가 없다. 성공의 비결은 일상적인 마이크로 액션들을 습관으로 정착시키는 법을 배우고 삶의 기준을 높이는 데 있다. 그래야만 늘 손쉬운 방법으로 일을 처리하고 에너지를 절약하려는 뇌의 자연스러운 성질을 적절히 활용할 수 있다. 이 모든 것은 당신의 행동과 습관을 자세히 들여다보는 일에서부터 시작된다. 습관 이어붙이기를 통해 나쁜 습관을 좋은 습관으로 바꿀 방법을 찾아보라. 그 습관은 단순하고 실천하기 쉬워야 한다. 불가능한 목표를 세우지 말라. 당신의 삶에 하나의 쐐기돌 습관을 도입하는 작업부터 시작해야 한다. 100일 동안 오직 하나의 습관을 정착시키는 일에만 전념하고, 그 습관이 당신의 삶 전체에 어떤 파급효과를 미치는지 지켜보라.

몸이 먼저 움직이는 행동 처방

❖ 당신의 습관 중에 목표에 다가서는 데 도움이 되는 것은 무엇인가?

❖ 당신의 습관 중에 목표에 다가서는 데 방해가 되는 것은 무엇인가?

❖ 나쁜 습관을 없애고 좋은 습관을 개발하기 위해 할 수 있는 일은 무엇인가?

❖ 오늘부터 당장 실천할 수 있는, 삶에 가장 큰 도움이 될만한 쐐기돌 습관은 무엇인가?

❖ 오늘부터 당장 실천할 수 있는 습관 이어붙이기는 무엇인가?

11장.

신경가소성
당신의 뇌를 바꾸는 과학

당신과 성공 사이에 가로놓인 마지막 장벽을 부술 방법 중 하나는 바로 뇌를 자신에게 유리한 방향으로 활용하는 것이다. 다행히도 당신의 뇌에는 시냅스 연결을 새로 구성하거나 재구축함으로써 변화에 적응하게 해주는 신경가소성이라는 능력이 있다. 지금부터 뇌에 숨겨진 놀라운 과학을 활용해 성공에 한 발짝 다가서보자.

런던에서 택시를 타본 사람이라면 기사들이 지도나 GPS를 거의 보지 않고 운전하는 모습을 목격한 적이 있을 것이다. 그건 우연이 아니다. 무슨 이유인지는 모르겠지만, 런던의 택시 기사들이 지도에만 의존해서 손님을 태우고 거리를 돌아다니는 일은 오늘날에도 법으로 금지되어 있다. 런던의 모든 기사는 '지식The Knowledge'이라는 이름의 복잡한 시험을 통과해야 녹색 배지를 달고 기사로 일할 수 있다. 그 말은 택시 기사들이 이 도시의 모든 거리나 골목을 일반 운전자들보다 훨씬 정확하게 기억해야 한다는 뜻이다. 런던 시내에 무려 2만 4,000개의 십자 교차로가 있다는 사실을 고려한다면 기사들이 그 길을 속속들이 기억하기는 쉽지 않을 것이다. 그런 의미에서 어떤 운전자들이 런던의 길을 익히는 데 4년이 걸리고 택시 기사 시험 응시자의 절반이 탈락한다고 한다.

신경 과학자들은 이 테스트가 기사들의 뇌에 미치는 영향을 연구했다.[1] 그들은 택시 기사 시험을 준비하는 운전자 72명을 4년 동안 추적 관찰했다. 연구가 처음 시작되고 과학자들이 택시 기사 지망생들의 뇌를 자기공명영상법MRI으로 촬영했을 때 사람의 뇌에서 길을 찾는 역할을 담당하는 해마 hippocampus의 크기는 72명 모두가 비슷했다. 그로부터 4년이 흐른 뒤에 그중 39명의 피실험자가 '지식' 시험에 합격했고, 연구자들은 참가자 72명을 대상으로 두 번째 MRI를 촬영했다. 그러자 시험에 합격한 운전자들의 해마가 합격하지 못한 사람들의 해마보다 더 크다는 결과가 나왔다. 런던 택시 기사들의 뇌가 4년 동안 눈에 띄게 달라진 것이다.

이는 그렇게 놀라운 일이 아니다. 시각 장애인들의 뇌는 점자點字로 된 글을 읽으면서 촉각을 받아들이는 역할의 부위가 발달해 그 크기가 다른 사람들에 비해 커진다. 손을 사용해서 글을 읽기 때문에 시냅스의 새로운 연결이 생겨나고, 그 결과 뇌의 모습과 구조가 조금씩 바뀌는 것이다. 이처럼 당신이 알지 못하는 사이에 뇌는 수없이 많은 변화를 겪는다. 가령 당신이 평소 사용하는 손을 관장하는 부위의 뇌가 그렇지 않은 부위보다 클 것이며, 전자의 뇌가 구조적으로 훨씬 더 견고하다.

뇌는 참으로 놀라운 기관이다. 반복적인 행동을 통해 뇌에 영향을 주고 구조를 바꿀 수 있기 때문이다. 앞에서도 잠깐 언급했지만, 신경가소성이란 뇌가 시냅스를 새롭게 연결하거나 재구축하는 방식으로 학습이나 경험을 처리하는 능력을 뜻한다. 그 말은 당신이 원하는 대로 뇌의 세부 구조를 바꿈으로써 목표 달성에 필요한 행동이나 건강한 습관을 뇌가 자동으로 수행하게 만들 수 있다는 뜻이다. 신경가소성에는 수동적 가소성, 부적응 가소성, 적응 가소성의 세 가지 종류가 있다. 지금부터 조금 더 자세히 알아보자.

수동적 가소성: 저절로 뇌의 구조를 바꾸는 힘

나이가 어릴수록 뇌를 바꾸기가 쉽다. 그 사실은 누구도 부인하지 못한다. 당신이 처음 갔던 해변, 처음 극장에서 본 영화, 처음으로 경기장에서 지켜본 프로 야구 경기 등은 모두 수동적 가소성passive plasticity이라고 불리는 기능을 통해 뇌의 구조를 바꾼다. 이 변화는 의도하지 않더라도 저절로 일어난다. 특히 어린 아이의 뇌일수록 더 높은 가소성을 발휘하도록 설계되어 있는데, 이는 뇌가 성장을 원하기 때문이다.

골프 황제 타이거 우즈는 두 살 때 골프를 시작했고, 복싱계의 스타 플로이드 메이웨더는 일곱 살에 권투를 배웠다. 물론 이 선수들이 꼭 운동을 일찍 시작해서 챔피언이 되었다는 말은 아니지만, 그들이 그보다 더 늦은 나이에 운동에 뛰어들었다면 지금과 같은 성공을 거둘 수는 없었을 것이다. 아이들의 뇌가 작동하는 방식은 성인들의 그것과 전혀 다르다. 아이가 어른보다 훨씬 빠르게 언어를 습득하는 이유도 그런 차이 때문이다.

사람의 뇌는 뉴런neuron이라고 불리는 수십억 개의 뇌세포로 이루어져 있다. 이들은 외부에서 정보를 입수하면 세포들끼리 화학적·전기적 신호를 주고받는 방식으로 우리에게 그 정보와 관련된 경험을 제공한다. 그 과정에서 뉴런 사이에 연쇄적인 작용과 반작용이 발생한다.

신경과학자 카를라 샤츠Carla Shatz는 외부의 경험에 반응해서 스스로 구조를 바꾸는 신경 시스템의 능력을 표현하기 위해 "함께 활성화되고, 함께 연결되는 뉴런neurons that fire together, and wire together"이라는 유명한 말을 했다.[2] 그 말은 당신이 뭔가 행동할수록 뇌의 연결이 더 많이 바뀐다는 뜻이다. 많이 사용하는 뉴런은 강해지고, 사용하지 않는 뉴런은 약해진다. 하지만 사람이 25세 이상이 되면 이 소통의 경로는 점차 폐쇄되고 시냅스(뉴런 사이의 접합부)도 축소되면서 뇌가 수동적 가소성을 바탕으로 변화를 일으키기는 더욱 어려워진다. 하지만 그 뒤로도 당신의 뇌를 변화시킬 방법이 없는 것은 아니다. 다만 그 작업을 위해서는 더 많은 집중과 반복이 필요하다.

부적응 가소성: 단일 사건만으로 뇌는 바뀐다

뇌의 구조가 바뀌는 두 번째 원인은 부적응 가소성maladaptive plasticity이다. 이 기능은 트라우마를 안겨줄 만한 끔찍한 사건들과 깊은 관련이 있다. 사람이 삶과 죽음을 넘나들 정도의 위기 상황에 빠지면, 뇌는 일종의 방어기제로서 극도로 높은 수준의 경계 태세를 발령하는 화학물질을 분비한다. 그 순간에는 마치 시간이 천천히 흐르는 것처럼(이 현상을 타키 사이키아 tachypsychia라고도 부르는 사람도 있다) 느껴지기도 한다. 내 친구는 예전에 큰 교통사고를 당했을 때 자동차가 몇 바퀴 구르는 동안 유리 조각들이 자신의 얼굴 앞에서 마치 슬로모션처럼 움직였다고 말했다.

뇌가 외부의 사건에 이런 식으로 대응하는 것은 진화와 관련 있다. 우리의 조상들은 주어진 환경에서 생존하는 법을 스스로 터득해야 했다. 지금부터 수십만 년 전으로 돌아가 당신이 친구와 함께 큰 강을 건너고 있다고 상상해보자. 물속에서 느닷없이 거대한 악어 한 마리가 튀어 올라 당신의 친구를 순식간에 낚아챈다. 그 모습을 본 당신의 뇌는 많은 양의 에피네프린과 아세틸콜린을 분비해서 집중력과 각성도를 높이고 당신이 생존할 수 있도록 돕는다. 에피네프린은 경계심과 집중력을 강화하고, 아세틸콜린은 당신이 끔찍한 일을 경험한 순간 활성화되어 있던 뉴런에 형광펜을 칠하듯 표시를 남김으로써 당신이 미래에 비슷한 상황을 맞았을 때 자신을 보호하는 역할을 한다. 다음번 당신이 물가에 갔을 때 본능적으로 위험을 감지한다면, 그 순간 뇌가 '재연결'되기 때문이다. 그때 당신의 뇌에서는 뭔가에 집중할 때 분비되는 호르몬과 똑같은 화학물질이 분비된다. 정신적 트라우마가 일종의 스트레스처럼 느껴지는 이유도 그 때문이다.

바로 이것이 외상후 스트레스 장애post-traumatic stress disorder, PTSD가 발생하는 과정이다. 당신에게 트라우마를 일으킬 만한 큰 사건이 벌어지면 뇌의 연결이 바뀌고, 당신이 경험을 해석하는 방식에도 변화가 생긴다. 가령 큰 교통사고를 당한 사람은 나중에 사고 장소로 돌아가기를 망설이거나, 사고가 벌어졌을 때와 비슷한 상황에 놓이면 공포를 느낀다. 이처럼 당신에게 잠재적 위험이 닥치면 뇌는 그런 식으로 경고 신호를 보낸다.

시간이 흐르면서 그 끔찍한 사건과 당신을 괴롭히는 힘겨운 감정의 연결고리는 어느 정도 약해지겠지만, 일어난 사건 자체는 절대 기억에서 사라지지 않는다. 당신은 그 사건으로 이어지는 전후 상황까지 생생하게 떠올릴 것이며, 심지어 하루 전체를 기억할 수도 있다. PTSD로 고생하는 사람들이 평범한 상황에서 갑자기 트라우마를 겪는 이유도 그 때문이다. 그들은 트라우마를 기억한 게 아니라, 트라우마로 이어진 수많은 순간 중 하나를 기억해낸 것이다. 또 이 기억은 편도체에 암호화되어 저장됨으로써 거짓된 감정적 반응을 유도하고, 그로 인해 PTSD의 치료를 어렵게 만든다.[3] 이는 감정과 집중이라는 조건이 갖춰진다면 인간의 뇌가 단일 사건만으로도 얼마든지 바뀔 수 있음을 보여주는 사례다.

적응 가소성: 반복하여 뇌를 바꾸는 힘

수동적 가소성과 부적응 가소성이 우리의 통제를 벗어난 외부적 요인으로 인해 뇌의 구조가 바뀌는 방식이라면, 적응 가소성 adaptive plasticity 은 우리 스스로 영향력을 행사할 수 있는 또 다른 형태의 신경가소성이다. 앞에서 이야기한 대로 우리가 뇌에 영향력을 행사한다는 말은 특정한 행동을 습관이 될 때까지 반복한다는 뜻이다. 같은 행동을 계속 반복하면 뇌는 결국 바뀌게 되어 있다.

 뇌는 늘 변화에 저항하고 원래의 익숙한 경로로 돌아가려고 한다. 그것이 에너지를 더 적게 소모하는 길이기 때문이다. 그 말은 어떤 변화든 정착시키는 데는 시간이 걸린다는 뜻이다. 따라서 오늘 어떤 행동을 한 뒤에 내일 당장 뇌가 바뀔 거라고 기대해서는 안 된다. "반복은 기술의 어머니"라는 말도 있지 않나. 당신의 뇌는 반복의 과정을 거치며 미엘린을 튼튼하게 구축한다. 미엘린이란 신경섬유를 감싸는 피막의 일종으로 뇌가 다른 물질의 방해를 받지 않고 효율적으로 신호를 보낼 수 있도록 돕는 부위다. 당신의 노트북에 사용하는 전원 코드를 생각하면 이해하기가 쉬울 것이다. 고무로 만들어진 전원 코드의 피막은 전기 신호를 보내는 내부의 구리 선을 보호하는 역할을 한다. 미엘린은 전기 코드에서 절연 기능을 담당하는 고무 피막과 비슷한 부분이라고 생각하면 된다. 당신이 특정한 행동을 더 많이 반복할수록 더 많은 미엘린이 생성되고, 그 덕에 신경섬유는 더 빠르고

효율적으로 신호를 보낼 수 있게 된다.[4]

사람의 뇌는 시간의 흐름에 따라 다음 세 단계로 이루어진 프로세스를 거치며 학습을 지원하고, 미엘린을 구축하고, 새로운 전달 경로를 만들어낸다. 처음에는 화학적 변화, 다음에는 구조적 변화, 마지막으로 기능적 변화다.[5]

1. 화학적 변화

당신의 뇌에는 생각의 내용에 따라 뉴런에 보내는 신경전달물질의 양을 증가시키거나 감소시키는 기능이 있다. 이 기능은 단기적 기억력을 개선함으로써 당신이 새로운 기술을 학습하는 과정을 돕는다.

당신이 피아노를 배운다고 가정해보자. 첫날에는 〈떴다 떴다 비행기〉 같은 간단한 동요를 배운다. 한 번도 피아노 앞에 앉아본 적이 없지만, 워낙 노래가 간단하다 보니 금세 연주하는 법을 익힌다. 뇌가 뉴런에 많은 화학물질을 보내준 덕이다. 하지만 다음 날에는 어떤 일이 생길까? 전날에는 그토록 쉽게만 느껴졌던 노래를 전혀 연주하지 못할지도 모른다. 마치 기억이 까맣게 사라진 것처럼 느껴질 수도 있다. 사람의 뇌에 기억이 '머무는' 이유나 방식은 다양하지만(수면, 집중력, 스트레스의 수준, 피로감 등), 당신이 이 노래를 연주하는 법을 잊어버린 이유 중 하나는 뇌가 단기적 기억만을 개선할 목적으로 화학적 신호의 양을 증가시켰기 때문이다. 말하자면 당신이 바닷가 모래 위에 남긴 글씨가 파도에 쓸려가 버리는 것과 비슷한 상황이 벌어진 것이다. 좀 더 장기적이고 의미 있는 방식으로 뇌에 변화를 주고 싶다면 더 깊은 곳을 파고들어야 한다. 다시 말해 뇌의 구조를 바꿔야 한다.

2. 구조적 변화

장기적 기억력을 개선하고 운동 능력을 높이기 위해서는 많은 시간과 노력, 그리고 반복적인 작업이 필요하다. 사람이 어떤 일을 반복할 때 뇌에서는 화학적 변화에 이어 구조적 변화가 발생한다. 우리가 하루도 거르지 않고 행동을 실천하는 일이 중요한 이유가 바로 여기에 있다. 학습의 과정이 진행됨에 따라 예전과는 전혀 다른 형태로 새롭게 뉴런들이 연결된다. 말 그대로 뇌의 물리적 구조가 바뀌는 것이다. 그것이 어떤 일이든 관계없다. 당신이 뭔가를 배우거나 특정한 대상에 집중하는 행위가 일정 기간 반복되면, 나이에 상관없이 결국 뇌의 구조가 변하게 되어 있다.

뇌에서 이루어지는 화학적 변화는 비가 내린 뒤에 지표에 흐르는 물로 인해 일시적으로 지형이 바뀌는 상황과 비슷하다. 하지만 비가 오랫동안 퍼붓거나 많은 양의 물이 넘쳐흐르면 새로운 물길이 생겨나면서 지형이 영구적으로 변하게 된다. 그렇게 수많은 시간이 흐르면서 엄청난 변화가 생겨나는 것이다. 미국의 그랜드 캐니언도 헤아릴 수 없이 오랜 시간 동안 바위 사이를 줄기차게 흘러내린 콜로라도강이 만들어낸 것이다. 뇌에서 구조적 변화가 발생하면 이전에는 단절되어 있었거나 연결이 부족했던 특정 부위가 다른 부위들과 처음으로 함께 작동하게 된다. 런던의 택시 기사들이나 점자를 습득한 사람들의 뇌에서 바로 그런 일이 벌어지는 것이다.

3. 기능적 변화

뇌의 구조를 바꾸는 데 성공한 뒤에는 뇌의 기능을 바꿈으로써 그 변화가 장기적으로 이어지도록 할 수 있다. 사람이 뭔가 배우는 일을 반복하면 신경 네트워크 활동이 전체적으로 변화하면서 시간의 흐름에 따라 학습의 행위가 더 수월해지고 노력도 적게 든다. 당신이 어떤 행동을 하기 위해 생각할 필요가 없을 만큼 그 일이 습관이 됐다면 그것이 바로 뇌가 기능적으로 바뀌고 있다는 증거다.

이를 설명하는 데 가장 좋은 예가 바로 피아노 연주자의 사례다. 피아노를 제대로 연주하기 위해서는 양손을 독립적으로 사용할 수 있어야 한다. 피아노는 건반이 88개나 되는 데다 악보에 따라 열 개의 건반을 동시에 눌러야 하는 때도 있어서 다른 악기에 비해 능숙하게 연주하기가 조금 더 어려운 편이다. 피아노를 배우는 사람은 왼손잡이나 오른손잡이라는 한계를 극복해야 한다. 그렇게 오랜 시간 연습을 반복하면 평소에 잘 사용하지 않은 손도 주로 사용하는 손만큼 능숙하게 연주가 가능해진다. 더 인상적인 변화는 연주자들이 그런 과정을 통해 뇌의 특별한 능력을 개발할 수 있고, 나아가 뇌 전체의 기능을 개선할 수 있다는 것이다.

연구자들은 한창 피아노를 연주 중인 사람들의 뇌를 촬영한 결과, 그들의 뇌에서 운동 능력에 연관된 부위에 공급되는 혈액의 양이 보통 사람들보다도 오히려 적다는 사실을 밝혀냈다.[6] 이는 연주자들의 뇌가 연주라는 행위에 집중하기 위해 그렇게 많은 에너지를 사용할 필요가 없다는 뜻으로 해석할 수 있다. 그렇다고 그들이 태어날 때부터 그런 능력을 얻은 것이 아니라 오랜 시간의 반복적인 연습을 통해 뇌를 그런 방향으로 발달시킨 것이다.

또 다른 연구자들은 숙련된 재즈 피아니스트들이 즉흥 연주를 할 때 그들의 전두엽 부위에서 피아노를 연주하지 않는 사람들과 전혀 다른 형태의 뉴런 연결이 발생한다는 사실을 발견했다. 전두엽은 문제 해결, 의사결정, 자발적 행동 등과 관련이 깊은 부위다. 그 말은 재즈 피아니스트가 자동적이고 정형화된 반응을 제공하는 뇌 부위의 스위치를 임의로 끌 수도 있다는 뜻이다. 그 덕에 다른 사람들의 음악을 모방하지 않고 본인만의 독특한 연주를 통해 진정한 자신을 표현할 수 있는 것이다.[7]

어제와 다른 행동을 하라

뇌의 기능을 바꾼 사람은 직장에서 집으로 자동차를 운전하거나 방을 나설 때마다 불을 끄는 일처럼 본인이 원하는 습관을 자동으로 실천할 수 있게 된다. 고작 하루 만에 연주하는 법을 잊어버린 노래도 나중에는 생각할 필요도 없을 만큼 익숙하게 연주하게 될 것이다. 하지만 여기에는 한 가지 생각해봐야 할 점이 있다.

당신의 일상적 행동의 47퍼센트는 습관적으로 이루어진다. 그 말은 당신이 매일 하는 일의 거의 절반가량이 어제와 똑같은 반복적인 행위라는 뜻이다. 오늘 한 일의 약 50퍼센트가 어제 한 일과 똑같다면 뇌가 과연 바뀔 수 있을까? 사람의 뇌는 늘 예전과 똑같은 상태로 복귀하려는 항상성恒常性을 갖는다. 따라서 뇌를 바꾸기 위해서는 먼저 행동을 바꾸고, 바뀐 행동을 수없이 반복해야 한다. 당신이 새로운 내용을 학습하면 뇌에서는 새로운 신경 경로가 생겨난다. 모든 것의 핵심은 꾸준함이다. 하루도 거르지 않고 매일같이 행동을 실천하는 일은 그래서 중요하다.

뇌의 신경가소성은 생각의 내용을 바꾸는 데 도움을 주기도 한다. '긍정적 사고의 힘'이라는 말 뒤에는 충분한 과학적 근거가 존재한다. 긍정적인 생각을 하는 사람의 뇌에서는 자아 인지 능력이나 보상 시스템과 연관된 뇌 부위가 활성화된다.[8] 또 긍정적인 사고와 낙관적 태도는 스트레스를 줄이고 코티솔의 수준을 낮춰준다.[9] 심지어 긍정적 마음가짐이 심혈관계의 건강을 개선하고 다른 건강상의 위험도 감소시킨다는 연구 결과도 있다.[10] 문제는 긍정적인 마음가짐을 어떻게 습관으로 삼느냐는 것이다.

나 역시 과거 비관주의자의 삶을 살았던 사람으로서, 부정적인 눈을 통해 세상을 바라보는 데 익숙한 사람이 생각을 바꾸기가 얼마나 어려운지 잘 알고 있다. 하지만 머리에 처음으로 떠오르는 생각을 통제하기는 어려워도 두 번째 생각은 얼마든지 통제할 수 있다. 마음속에서 부정적인 생각이 갑자기 솟아나더라도 뒤이어 긍정적인 생각을 떠올림으로써 이 패턴을 깨뜨리는 습관을 들인다면 새로운 신경의 경로를 강화할 수 있다는 뜻이다. 이 프로세스에는 약간의 노력이 필요하다. 당신이 활용할 수 있는 간단한 방법 세 가지를 소개한다.

방법1: 감사를 표현하는 연습을 한다. 당신의 아침 또는 저녁 루틴에 이 습관을 포함하라.

방법2: 긍정과 확신의 언어를 개발한다. 긍정적인 언어를 창조하기 위해서는 세 가지 기준을 충족해야 한다. 그 말은 첫째로 진실이어야 하고, 둘째로 현재 시제여야 하며, 마지막으로 당신에게 힘과 용기를 주어야 한다. 따라서 "우주 곳곳에서 흘러온 돈이 내게 넘쳐나고 있어"라는 말 대신 "나는 내가 원하는 삶을 만들어낼 능력이 있어"라고 말하라. 긍정적인 문장을 하나 작성해서 집안 잘 보이는 곳에 걸어놓거나 스마트폰의 배경 화면으로 설정하라. 또 아침 샤워 시간에 긍정적인 말을 하는 습관을 들이거나 그것이 어려울 때는 알람을 설정해서 그 말을 해야 한다는 사실을 스스로 상기시켜라.

방법3: 주위 환경에도 신경을 쓸 필요가 있다. 긍정적인 생각에 도움이 되는 환경을 만들어라. 여기에는 당신이 집으로 초대하는 손님, 소셜미디어에서 팔로우하는 사람, 소비하는 콘텐츠 등도 포함된다. 만일 당신이 저녁 시간마다 우울한 성격의 친구들과 함께 살인 미스터리를 소재로 한 TV 프로그램을 시청한다면, 긍정적인 생각을 유지하기는 어려울 것이다.

위와 같은 방법을 사용하면 마음속에서 처음 떠오른 부정적 생각은 점점 약해지고 의도적으로 긍정적인 생각을 하기가 더 쉬워질 것이다. 이 과정을 여러 차례 반복하면 나중에는 별다른 노력 없이도 자연스럽게 긍정적인 생각을 떠올릴 수 있다. 물론 이 방법으로 모든 정신 건강 문제를 치료할 수는 없겠지만, 긍정적인 생각이 긍정적인 뇌를 만드는 데 도움을 주는 것만은 분명한 사실이다.

당신의 목표가 생각을 바꾸는 것이든 행동을 바꾸는 것이든, 성공의 비결은 계획적인 연습이다. 그렇다고 기타를 들고 언제까지나 똑같은 곡만 반복해서 연주하라는 말은 아니다. 그보다는 자신의 안전지대를 과감히 벗어나 좀 더 어려운 곡을 찾아서 연습해보라. 뭔가를 개선하기 위해서는 자기 스스로 변화의 과정을 주도하고 의도적인 노력을 쏟아야 한다. 세상에 우연히 일어나는 변화는 없다. 당신은 어린아이가 아니므로 그동안 인생을 살면서 보고 배운 수많은 내용이 당신의 뇌에 고스란히 저장되어 있을 것이다. 뇌의 구조를 바꾸는 작업은 전적으로 당신의 의지에 따라 이루어져야 한다. 브리티시 컬럼비아 대학교의 뇌

과학자 라라 보이드$^{Lara\ Boyd}$는 TED 강연회(이 강연의 제목은 "이 강연을 보고 난 뒤, 당신의 뇌가 전과 같지 않을 것입니다"였다)에 출연해서 이렇게 말했다. "우리의 뇌를 바꾸는 가장 핵심적인 요인은 행동입니다. 신경가소성을 높여주는 약 따위는 세상에 없어요. 학습을 돕는 데는 연습보다 효과적인 도구가 없습니다. 결론은 무조건 행동하라는 거죠."[11] 보이드 교수의 말은 한 번 더 강조할 가치가 있다. 연습과 반복만큼 학습에 효과적인 도구는 없다. 일단 행동해야 한다. 물론 그렇게 쉽지만은 않을 것이다.

어려움을 인정하라

가장 효과적인 학습의 방법이나 과정은 사람마다 다르다. 전통적인 학교에서 우수한 성적을 올리는 아이들이 있는가 하면 그렇지 못한 아이들도 있다. 악기를 남보다 빨리 배우는 사람이 있는 한편 스포츠에 필요한 기술을 쉽게 터득하는 사람도 있다. 당신이 쉽게 익히는 일을 다른 사람들은 어려워할 수도 있다. 따라서 본인에게 가장 적합한 학습 방법이 무엇인지 파악하는 일이 매우 중요하다. 누구에게나 필수적인 학습 과정 중의 하나가 실수를 통해 배우는 것이다. 뭔가를 배우려면 실수를 해야 한다. 그것이 뇌를 바꾸는 방법이다.

당신이 뭔가 어려운 것을 배울 때 좌절감이 느껴진다면, 그건 매우 바람직한 현상이다. 뇌를 바꾸는 데 가장 중요한 두 종류의 화학물질 아세틸콜린과 에피네프린이 분비되고 있다는 뜻이기 때문이다. 아세틸콜린은 당신이 뭔가에 집중할 수 있도록 학습 대상에 초점을 맞춰주는 스포트라이트 같은 역할을 한다. 에피네프린(다른 말로 아드레날린)은 당신에게 트라우마를 불러일으킬 만한 사건이 닥쳤을 때도 배출되지만, 당신이 뭔가를 배우기 위해 노력할 때도 분비된다. 당신의 뇌는 두 가지 상황에서 비슷한 과정을 밟으며 신경가소성을 활성화한다. 여기에서 중요한 것은 학습에 따르는 좌절감이나 불편함을 참아내는 마음가짐이다.

사람들 대부분은 학습 과정에서 어려움이 닥치면 아무리 노력해도 희망이 없다고 좌절하며 배움을 포기하고 손을 놓는다. 그들은 뇌가 막 바뀌려는 중요한 시점에 학습을 멈춘다는 사실을 알지 못한다. 배우는 데 힘이 들수록 뇌는 더 많이 변한다. 당신에게 필요한 것은 어려움을 인정하는 자세다. '**도전이 없다면 변화도 없다**'라는 말을 주문처럼 외우고 다녀야 한다. 배움의 과정에서 닥쳐오는 좌절감이나 불안감을 이전과 다르게 받아들이려고 노력하라. 좌절감이 밀려온다고 위축되지 말고 스스로 용기를 북돋아야 한다. 그런 감정이 느껴진다는 말은 당신의 뇌가 바뀌기 직전이라는 뜻이다. 절대 포기하지 말라.

예를 들어 당신이 헬스클럽에 갔을 때 몇 가지 운동기구로 손쉬운 운동만 반복한다고 해보자. 그런 사람은 헬스클럽에 아무리 자주 가도 원하는 몸을 만들 수 없다. 왜 그럴까? 자신을 충분히 몰아붙이지 않기 때문이다. 근육을 만들고, 지방을 줄이고, 더 나은 몸매를 만들고 싶다면 시간이 지날수록 조금 더 무거운 기구를 들어 올리고 조금 더 힘든 훈련을 해야 한다. 사람의 몸과 뇌는 그런 변화에 적응하게끔 설계되어 있다.

　사람들은 자신의 몸이 작동하는 원리는 잘 이해해도 뇌 역시 똑같은 방식으로 작동한다는 사실은 알지 못한다. 뇌는 익숙한 패턴을 따르기를 좋아한다. 당신이 새로운 패턴을 구축하려고 시도하면 뇌는 저항하기 마련이다. 성장을 위해서는 저항을 이겨내고 한계를 넘어서야 한다. 반복해서 말하지만, 도전이 없다면 변화도 없다. 당신이 안전지대를 벗어나 새로운 일을 시작했다면 그 일을 처음부터 능숙하게 해내지는 못할 것이다. 솔직히 말해서 솜씨가 아주 형편없을지도 모른다. 나는 지난 15년 동안 기타를 쳤다. 그러다 보니 어떤 곡은 눈을 감고도 연주할 수 있을 정도다. 하지만 새로운 곡을 배울 때는 평생 처음 기타를 집어 든 사람이 줄을 튕기는 듯한 소리를 낸다. 내가 들어도 소리가 엉망이다. 나는 계속 같은 실수를 저지르는 나에게 좌절감을 느끼고 쉬운 곡으로 되돌아간다. 그 실수가 바람직하다는 사실을 알게 된 것은 그로부터 오랜 시간이 흐른 뒤의 일이다! 그 사실을 깨닫는 것이 이 방정식을 푸는 첫 번째 해법이다. 하지만 자신의 뇌를 바꾸고자 하는 사람이 간과하지 말아야 할 또 하나의 중요한 요소가 있다.

수면: 모든 변화가 일어나는 시간

당신이 시험을 치르기 위해 공부하는 중이든, 피아노로 새로운 곡을 배우는 중이든, 아니면 악어가 친구를 물속으로 끌고 들어가는 장면을 지켜보는 중이든, 당신의 뇌가 그 자리에서 곧바로 바뀌는 것은 아니다. 그 순간에는 아세틸콜린과 에피네프린이 차후 바뀌어야 할 뉴런에 표시를 남길 뿐이다. 뇌의 실제적인 변화는 우리가 잘 때 일어난다. 뇌는 수면 중에 뉴런과 시냅스를 재구축한다. 그것이 변화의 마지막 단계다.

앞에서 예를 든 헬스클럽의 비유로 돌아가보자. 뇌가 변화하는 방식은 몸이 바뀌는 방식과 흡사하다. 근육을 단련하고 운동 능력을 개선하려면 운동을 마친 뒤에 몸을 회복하는 과정이 중요하다. 당신이 얼마나 강인하고, 의지가 굳고, 체격이 좋은 사람인지에 무관하게 인간의 신체적 능력은 오직 몸 안의 영양소가 고갈될 때까지만 발휘될 수 있다. 당신이 헬스클럽에서 근육을 단련하면 근섬유에 미세한 파열이 발생한다. 그리고 적절한 영양과 충분한 수면을 통해 파열된 근섬유가 회복되면서 근육이 더욱 커진다. 뇌가 작동하는 방식도 마찬가지다. 당신이 뭔가를 배우는 순간 뇌가 곧바로 바뀌는 것이 아니라 잠을 잘 때 비로소 변화가 이루어진다.

사람의 뇌에서 학습과 기억 저장을 담당하는 부위는 해마다. 해마는 당신이 온종일 행동하고 배운 내용을 기억장치에 저장한 뒤에 수면 중에 뉴런을 재연결해서 기억을 재생해낸다. 이 과정을 기억 강화memory consolidation라고 부른다. 이 프로세스는 당신이 하루를 살아가면서 복잡한 문제들을 해결하는 데 핵심적인 역할을 담당한다. 당신에게 수면이 매우 중요한 또 하나의 이유가 바로 이것이다.[12]

해마는 당신이 잠을 자는 사이에 기억을 저장하고 경험한 내용을 학습하지만, 당신이 휴식을 취할 때도 뇌에서는 비슷한 일이 벌어진다. 포모도로 기법에서 업무 도중 주기적으로 5분간 휴식을 취해야 한다는 사실을 기억할 것이다. 그때 당신의 뇌에서는 '해마 재생'이라는 현상이 벌어진다. 수면만큼은 아니라고 해도, 포모도로 기법을 반복적으로 실천하면 뇌의 신경가소성을 촉진하고 변화를 정착시킴으로써 당신이 학습한 내용을 기억으로 남기는 데 큰 도움이 된다.[13] 따라서 집중적으로 일한 뒤 잠시 휴식을 취할 때는 절대 스마트폰에 손을 대서는 안 된다. 기억이 회복되는 효과를 감소시킬 수 있기 때문이다.

재능과 기술, 무엇이 더 중요할까?

훌륭한 음악가나 위대한 운동선수를 만들어내는 것은 타고난 재능이 아니다. 그들이 성공한 비결은 꾸준한 연습을 통해 기술을 개발함으로써 뇌가 기능하는 방식을 바꿔놓은 데 있다. 음악가들은 오랜 연습을 반복하는 동안 심신의 근육을 강화해서 뇌와 몸의 연결을 개선해 나간다. 그들의 귀는 음의 섬세한 차이를 구분하는 데 최적화된다. 물론 개중에는 음악적 재능이 유달리 뛰어난 사람들도 있지만, 진정 위대한 음악가로 성공하려면 재능에만 의존하지 말고 기술을 숙련시켜야 한다. 이를 위한 유일한 방법은 꾸준히 연습하고 집중적으로 훈련하는 것이다.

내가 좋아하는 격언 중에 이런 말이 있다. "**재능이 노력을 외면할 때 노력은 재능을 이긴다.**" 프로 스포츠의 세계에서는 이 말이 종종 현실이 된다. 고등학교나 대학교를 갓 졸업한 젊은 유망주는 넘쳐난다. 그들은 뛰어난 재능 덕에 나중에 프로에 진출해서 각종 대회를 휩쓸 거라는 세간의 기대를 한 몸에 받는다. 자마커스 러셀JaMarcus Russell과 라이언 리프Ryan Leaf는 모두 미식축구계에서 촉망받는 쿼터백이었다. 그들은 수많은 사람의 극찬을 받았고 수백만 달러짜리 계약서를 손에 넣었다. 하지만 둘 다 잠재력에 걸맞은 성적을 내지 못한 채 선수 생활을 마감하고 말았다. 두 선수의 이야기는 미 프로미식축구 연맹NFL 역사상 최악의 실패 사례로 꼽힌다. 그들과 톰 브래디Tom Brady를 비교해보라. 브래디는 2000년의 NFL 드래프트에서 6라운드까지 기다린 뒤에야 전체 199번째로 가까스로 지명됐다. 소속팀에서 그보다 먼저 지명된 쿼터백은 여섯 명이나 됐고 아무도 그에게 큰 기대를 하지 않았다. 하지만 그는 패스 성공률, 패스 전진 거리, 터치다운 패스 등의 기록에서 NFL 역사를 통틀어 1위를 휩쓰는 기염을 토했고, 역사상 그 어떤 선수보다 많은 슈퍼볼 우승컵을 들어 올렸다. 이처럼 수많은 사람의 관심을 끌던 천재적인 선수들이 끝까지 잠재력을 발휘하지 못하는 경우가 있는가 하면 누구도 관심을 보이지 않던 선수들이 슈퍼스타가 되기도 한다. 그 이유는 무엇일까?

스포츠의 성적에 영향을 미치는 외부적 요인은 한둘이 아니지만, 재능과 기술의 차이가 중요한 역할을 하는 것만은 분명하다. 재능이란 사람이 선천적으로 타고난 능력을 뜻한다. 재능이 있다면 남보다 앞서가는 데 훨씬 유리하다. 하지만 진정한 잠재력을 발휘하고 목표를 이루려면 기술을 개발해야 한다. 기술을 익히기 위해서는 피나는 연습, 고된 노력, 과감한 행동이 필요하다. 세상에는 훌륭한 재능을 소유하고도 기술을 개발하는 데 실패한 선수도 많지만, 이름도 없는 작은 대학교를 나온 무명의 선수가 일약 스타로 발돋움한 사례도 적지 않다. 톰 브래디가 대학교를 졸업했을 때만 해도 이 선수에 대해 들어본 사람은 별로 없었을 것이다. 그는 기량이나 재능이 가장 뛰어난 선수가 아니었음에도 재능이 노력을 외면할 때 노력이 재능을 이긴다는 격언을 몸으로 증명해낸 살아 있는 증거라고 할 수 있다.

인간의 가장 큰 장점 중 하나는 시간과 노력을 쏟으면 본인이 원하는 어떤 기술이라도 개발할 수 있다는 것이다. 열심히 노력하기만 한다면 자신을 '빌드업'해서 당신이 되고자 하는 어떤 사람도 될 수 있다. 얼마나 놀라운 일인가?

이종 격투기 챔피언 코너 맥그리거Conor McGregor는 이렇게 말한다. "이 세계에 재능이란 없다. 피땀 어린 노력과 집착만이 있을 뿐이다. 세상에 재능이라는 말은 존재하지 않는다. 우리는 모두 똑같은 인간이다. 시간을 쏟으면 어떤 사람이든 될 수 있다. 당신은 정상에 설 것이며, 그것으로 끝이다. 나는 재능이 없다. 단지 승리에 집착할 뿐이다." 나는 오랜 시간 각고의 노력을 쏟아가며 기술을 닦아온 선수를 두고 단지 '재능이 있다'라고 표현하는 것은 수년에 걸친 피땀 어린 노력을 무시하는 말이라고 생각한다.

변화하기 위해서는 행동이 따라야 한다. 특히 장기간에 걸친 의도적인 연습이 필요하다. 당신의 뇌에서는 단기적으로 화학적 변화가 발생하고, 일정 기간의 연습이 진행된 뒤에는 중기적 차원의 구조적 변화가 일어나며, 그 행동이 습관으로 자리 잡는 순간 장기적으로 지속될 기능적 변화가 이루어진다. 당신이 하룻밤 사이에 피아노를 능숙하게 연주하지 못하는 이유도 여기에 있다. 하지만 뇌의 신경가소성 덕에 시간만 충분히 투자한다면 무엇이라도 배울 수 있고, 이를 습관으로 삼아 행동을 자동적으로 해낼 수도 있다.

몸이 먼저 움직이는 행동 처방

❖ 당신이 과거에 경험한 일 중에 뇌에 구조적 변화를 일으킬 만한 일은 무엇인가? 그 일은 본인이 의도적으로 일으킨 변화(학교에 가거나 취미 생활을 하는 것처럼)일 수도 있고, 의도치 않은 변화(트라우마를 일으키는 사건을 겪었거나 나쁜 습관에 빠진 것처럼)일 수도 있다.

❖ 당신이 이루고 싶은 가장 중요한 목표를 하나 골라보자. 매일 반복되는 연습을 통해 뇌의 구조를 바꾸려면 어떻게 해야 할까?

❖ 당신의 목표를 이루기 위해 새롭게 개발하거나 시간을 투자해서 갈고닦아야 할 기술은 무엇인가?

❖ 당신에게 필요한 기술을 익히기 위해서는 어떤 프로세스를 정립해야 할까?

12장.

도파민 보상 시스템
결과보다 과정을 사랑하라

뇌의 신경가소성과 도파민 보상 시스템에 대한 지식을 갖춘 사람들은 행동하는 과정 자체를 즐길 수 있다. 그들은 행동하기 위해 자신을 억지로 몰아붙이지 않는다. 그저 몸에서 자연스럽게 행동이 배어 나오게 한다. 그것이 인생을 업그레이드하는 비결이다. 뇌와 행동을 잇는 마지막 열쇠인 '도파민'에 대해 자세히 파헤쳐보자.

코비 브라이언트Kobe Bryant는 미국 프로농구 올스타에 열여덟 번 선정되고 우승컵도 다섯 차례나 들어 올린 불세출의 스타였다. 그는 아주 어렸을 때부터 농구를 시작해서 역사상 최고의 선수 중 한 사람이 됐다. 하지만 사람들은 그가 진정으로 원했던 건 경기에서 승리하는 일이 아니었다고 말한다.

브라이언트는 최고의 선수가 되려면 수많은 연습과 훈련이 필요하다는 사실을 잘 알고 있었다. 그는 매일 새벽 4시가 되면 어김없이 자리에서 일어나서 연습을 시작했다. 브라이언트는 경쟁자들이 모두 잠든 시간에 열심히 훈련하는 일을 매우 뿌듯해했고, 다른 선수들이 자기만큼 노력하지 않는다는 사실을 자랑스럽게 여겼다. 그는 이 마이크로 액션을 매일, 매주, 매년 반복하면 이 노력의 양을 그 누구도 따라잡지 못할 거라고 믿었다. 브라이언트는 NBA 우승컵을 따낸 뒤에도 다음 날 일찍 체육관으로 돌아가 훈련에 열중했다. 말하자면 그는 최고의 선수로 성장하는 과정 자체를 즐긴 것이다. 그의 트레이너 팀 그로버Tim Grover는 코비 브라이언트와 함께 일할 때 가장 어려웠던 점이 그가 지나칠 정도로 훈련하지 못하도록 옆에서 말리는 일이었다고 회고했다.

앨라배마 대학교의 미식축구 코치 닉 사반Nick Saban은 자신이 이끄는 팀을 13년 연속으로 시즌 중 어느 한 시점에 1위의 자리에 올려놓은 성공적인 경력을 쌓은 지도자다. 그의 독특한 코칭 기법의 하나는 선수들이 해당 시즌의 챔피언 타이틀을 따내는 데만 집중하기보다 시합에 나갔을 때 특정 플레이 하나에만 초점을 맞추도록 유도하는 것이었다. 그는 선수들이 자신의 역량을 최대한 발휘해서 매번 최고의 플레이를 펼친다면 각자 원하는 목표 지점에 도달할 수 있다고 믿었다. 브라이언트나 사반은 잘 몰랐겠지만, 두 사람 모두 도파민 보상 시스템을 개발하고 자신들의 훈련 프로세스에 이를 녹여낸 셈이다. 그 결과 사반의 팀원들과 브라이언트는 본인이 매일같이 훈련과 연습에 쏟아붓는 노력 자체를 사랑하게 됐다.

그동안 나는 자신의 목표를 꼭 달성하겠다는 의욕에 넘치는 수많은 사람과 대화를 나누고 함께 일했다. 그들은 목표를 이루기 전에는 어떤 즐거움도 누리지 않을 것이며 자신에게 상을 내리지도 않겠다는 의지를 보이곤 했다. 결승점에 도달하기 전에는 아무것도 축하하지 않겠다는 것이다. 하지만 장기간에 걸쳐 꾸준히 행동을 실천해야 할 사람들에게는 그런 마음가짐이 오히려 독이 될 수 있다. 자신을 억지로 몰아붙여 목표를 향해 나아갈 수는 있겠지만, 오랜 시간 아무런 보상을 받지 못하고 노력을 쏟다 보면 결국 '최고의 나'조차도 힘이 빠지고 지쳐버릴 수 있다. 더구나 길 위에서 장애물을 맞닥뜨렸을 때 아무 보상을 받지 못한다면 앞으로 나아가기가 더욱 힘들다. 그렇게 자신을 억지로 밀어붙이다 보면 극도의 피로감 속에서 되려 의욕을 잃어버릴 가능성이 크다.

"목적지보다는 여정이 중요하다." "목적지를 좋아하는 사람보다 걷기를 좋아하는 사람이 훨씬 더 멀리 걷는다." 이런 말들을 들어본 적이 있을 것이다. 상투적인 표현이기는 해도 수많은 사람이 여전히 이 표현을 입에 올리는 데는 그만한 이유가 있다. 그 말이 확고한 진리이기 때문이다. 이 문장들의 핵심 메시지는 우리가 여정 자체를 즐기면 언젠가 목적지에 도달하게 된다는 것이다. 그것이 과정에 초점을 맞춘 '행동 기반 목표$^{action-based\,goal}$'의 기본 철학이다. 오로지 성과에만 목을 매는 '결과 기반 목표$^{result-based\,goal}$'와는 출발부터가 다르다.

목표하는 바를 진정으로 이루고 싶다면 최종 목표 지점에 도달한 뒤에야 비로소 그 사실을 축하하는 것이 아니라, 행동 기반 목표를 중심으로 보상 시스템을 구축하고 목표를 달성할 때마다 수시로 축하해야 한다. 그래야 지치지 않고, 포기하지 않고 목표에 가닿을 수 있다. 요약하면 결과를 축하하기보다 과정을 축하하는 법을 찾는 것이 핵심이다. 당신이 매일같이 실천한 마이크로 액션이 시간이 흐르면서 큰 결실로 이어지듯, 행동 기반의 목표를 달성할 때마다 이를 축하하면 목적지로 향하는 과정 자체를 즐기고 여정을 계속할 동기를 얻음으로써 오직 목적지에 도착할 날만 기다릴 때보다 훨씬 좋은 성과를 거두게 될 것이다.

그중에서도 가장 중요한 사실은, 행동 기반 목표를 수립하면 최종 목적지로 향하는 과정 자체를 즐길 수 있으므로 뇌를 억지로 바꾸려 애쓸 필요 없이 자연스럽게 변화를 원하게 된다는 것이다. 그건 모두 도파민 덕분이다.

결론은 도파민이다

사람들은 도파민과 세로토닌을 사람을 기분 좋게 해주는 화학물질쯤으로 뭉뚱그려 생각한다. 하지만 이는 정확하지 않은 표현이다. 세로토닌은 주로 사람의 내면세계에 관련된 화학물질로서, 당신이 뭔가에 감사함을 느끼게 하고 평화나 고요함 같은 감정을 만들어낸다. 반면 도파민은 전적으로 외부 세계에 초점이 맞춰진 화학물질로 동기부여, 갈망, 더 많은 것을 원하는 욕구 등을 불러일으킨다. 그리고 뇌의 각성도나 준비 의식을 높여주고, 보상 시스템과도 긴밀하게 연결된다.

당신이 어쩐지 움직이기가 귀찮고 동기가 저하되는 듯한 느낌을 받는다면 이른바 저低 도파민 상태에 놓여 있다는 뜻이다. 반면 흥분으로 넘치고 동기부여가 충만할 때는 고高 도파민 상태에 도달했다는 신호다. 도파민은 당신을 목표 지점에 데려다주는 역할을 맡은 호르몬이다. 게다가 수렵이나 채집 활동과 깊이 연관된 물질이라는 점을 생각하면 인간이라는 종족을 지금껏 생존시키고 발전시켜준 호르몬이라고도 할 수 있다. 당신이 어느 날 사냥을 떠나는 장면을 상상해보자. 잡기만 한다면 부족 전체를 먹일 수 있는 큰 동물의 발자국을 따라가는 중이다. 그런 기대감 덕분에 뇌에서는 도파민이 흘러나온다. 동물을 발견한 순간에도 도파민이 분비된다. 사냥감을 잡는 데 성공했을 때도 도파민이 쏟아져 나오고, 죽은 동물을 끌고 집으로 돌아와 부족 전체의 축하를 받을 때도 도파민이 넘쳐흐른다.

현대인들은 먹잇감을 얻기 위해 굳이 사냥에 나설 필요가 없지만, 뭔가에 기쁨을 느끼거나 축하할 일이 생겼을 때는 여전히 뇌에서 도파민이 분비된다. 게다가 이 화학물질은 주로 외부 세계와 관련된 호르몬이기 때문에, 우리의 의욕을 북돋아 목표를 향해 나아가도록 등을 밀어주고 더 크고 높은 대상을 추구할 동기를 부여한다. 농구 시합에서 경기 내내 점수가 뒤처져 있던 팀이 마지막 순간 게임을 뒤집어 기적 같은 역전승을 거뒀다고 해보자. 양 팀 선수들은 모두 같은 시간 동안 같은 경기를 뛰었기 때문에 경기에 쏟아부은 에너지의 양은 비슷할 것이다. 하지만 경기가 끝난 뒤에는 어느 팀의 에너지가 더 충만할까? 승리한 팀의 선수들은 밤새 축하를 즐겨도 힘이 남아돌 것이다. 반면 패배한 팀 선수들은 그럴 에너지가 남아 있지 않을 만큼 기진맥진해 있을 것이다. 선수들의 에너지가 고갈된 이유는 승리의 순간

방출되는 도파민의 세례를 받지 못했기 때문이다. 이처럼 도파민은 우리에게 계속 움직일 수 있는 에너지를 제공한다.

우리는 지금까지 특정 행동을 꾸준히 실천하고, 이를 습관으로 정착시키기 위한 방법들을 알아봤다. 하지만 오랜 시간 동안 같은 페이스를 유지하며, 아무런 보상이 없는 노력을 꾸준히 반복하는 건 어려운 일이다. 물론 뇌에서 화학물질의 분비를 유도한다는 점에서 노력하고 실패하는 것 역시 바람직한 경험일 수 있다. 그것이 학습의 과정이기 때문이다. 하지만 실패에는 긍정적 보상이 따르지 않는다. 도파민은 새로운 것을 배우며 스트레스나 좌절을 경험할 때는 분비되지 않기 때문이다. 이처럼 동기부여, 행복, 의욕과 같은 보상의 감정들이 모두 외부적 요인에서만 비롯된다면, 아무런 대가 없이 계속해서 노력을 쏟아붓는 것은 결국 스스로를 지치게 할 뿐이다. 당신의 의지력이 얼마나 강한지에 관계없이 수많은 사람이 위의 상황을 겪게 되면 도중에 포기를 선언하고 만다. 만약 이때 도파민을 활용해 우리의 연료 탱크를 끝없이 채울 수 있다면 어떨까? 아마도 효과적으로 변할 수 있을 것이다.

사람들은 잘 모르겠지만 우리는 모두 도파민 중독자다. 우리의 뇌에서 도파민이 분비되는 이유는 수없이 많다. TV를 볼 때도 도파민이 샘솟는다. 소셜미디어를 뒤적여도 도파민이 넘쳐흐른다. 온라인으로 자신이 원하는 물건을 구매한 뒤에 현관 앞에 배달된 물건을 손에 넣을 때도 도파민이 쏟아져 나온다. 물론 이런 식의 도파민 중독이 목표를 달성하는 데 썩 도움이 되지는 않겠지만, 우리가 적절히 활용한다면 도파민은 매우 유용하고 강력한 도구가 될 수 있다. 하지만 도파민이 가장 독특한 종류의 화학물질인 이유는 이 호르몬이 언제 분비되는지 우리가 알 수 있기 때문이다.

신경과학자 앤드루 후버맨은 내 팟캐스트에 출연해서 도파민이 매우 주관적인 성향을 지닌 물질이라고 설명했다. 인간은 영리한 동물이다. 우리가 먹이사슬의 맨 꼭대기에 오른 이유는 자신의 뇌에서 이루어지는 도파민 분비 과정을 스스로 통제해왔기 때문이다. 내게 더 큰 욕구를 불러일으키고 보상의 느낌을 안겨주는 외부적 대상은 당신에게 비슷한 감정을 느끼게 해주는 대상과 같지 않다. 그러므로 뇌가 도파민을 방출하는 방식도 당신과 내가 서로 다르다. 우리가 도파민의 분비를 유도하는 데는 분명한 한계점이 존재한다. 속으로는 운동하기를 싫어하면서 겉으로만 좋아한다고 말해서는 도파민은 분비되지 않는다. 하지만 절대 하고 싶지 않았던 운동을 무사히 마친 사실을 진심으로 축하함으로써 도파민의 분비를 유도할 수는 있다. 덕분에 내일도 용감하게 집을 떠나 헬스클럽을 향할 수 있을 것이다.

도파민 보상 시스템을 활용하라

당신이 외부의 자극에 반응해서 기쁨이나 쾌락을 경험한다는 말은 그 순간 뇌에서 도파민이 분비되고 있다는 신호다. 도파민은 그 행동에 쾌락이라는 보상이 따른다고 뇌에 신호를 보내고, 뇌는 당신에게 같은 행위를 반복하고자 하는 동기를 부여한다. 이는 자연의 법칙에 따라 저절로 이루어지는 과정이다. 하지만 이 프로세스가 이루어지는 방식을 좀 더 자세히 이해하면 뇌가 외부의 자극에 반응하는 방식을 인위적으로 조절해 자신에게 유리한 방향으로 도파민을 활용할 수 있을 것이다.

10장에서 소개한 B. J. 포그의 '사소한 습관의 ABC'를 설명할 때도 언급했지만, 당신이 '축하'하기 위해 사용해야 하는 언어는 "잘했어!", "계속 그렇게 해!", "아까는 이 일이 하기 싫었지만, 지금은 잘 해내고 있어. 내가 자랑스러워!" 같이 간단한 말로도 충분하다. 그것이 전부다! 그런 작은 축하만으로도 뇌의 도파민 분비를 유도하기에 모자람이 없다. 그 덕에 당신은 기분이 뿌듯해지고, 성취감을 느끼고, 동기를 부여받을 것이다. 그것이 바로 도파민 보상 시스템의 기본 원리다. 문제는 **당신이 진정으로 뭔가를 축하하고 성취감을 느껴야 한다는 것이다. 축하를 가장하거나 거짓된 동작으로는 도파민이 분비되지 않는다.**

언어가 발휘하는 힘은 대단히 강력하다. 당신이 뭔가를 입으로 내뱉는(또는 생각하는) 순간 특정한 감정이 뒤따른다. 가령 자기가 목표를 향해 조금 더 다가선 사실을 긍정의 언어로 축하하면 뿌듯해지지만, 반대로 자신을 비하하거나 깎아내리면 기분이 나빠진다. 본인을 폄하하고 깔보는 말을 입에 담는 행위는 스스로 동기를 빼앗고 목표 달성을 어렵게 만든다. 우리가 자신에게 어떤 이야기를 들려주어야 하는지, 그리고 어떤 언어를 사용해야 하는지가 중요한 이유는 여기에 있다. 자신에게 동기를 부여한답시고 본인을 깎아내리면 오히려 기분만 더 나빠지는 부작용이 생길 수 있기 때문이다. 기분이 나쁜 상태에서는 목표 달성에 필요한 행동을 실행하기가 어렵다. 좋아하지 않은 일에 저항감을 느끼고 좋아하는 일에 이끌리는 것은 누구에게나 자연스러운 현상이다. 뇌에 작은 스위치를 켜고 도파민 분비를 유도함으로써 목표를 향해 나아가고자 한다면, 오직 자신을 칭찬하고 용기를 북돋는 말을 해야 한다. 자신을 향한 말에 각별한 주의를 기울여라.

과거 내가 영업직에서 일할 때 고객에게 매일 100통의 전화를 돌린다는 목표를 세우고 책상에 앉곤 했다. 영업을 해본 사람이라면 그 일이 얼마나 고문처럼 느껴지는지 잘 알 것이다. 내 멘토 중 한 사람은 이 업무를 조금 더 쉽게 해내는 요령을 알려주었다. 스키틀즈 캔디(내가 매우 좋아하는 과자다) 한 봉지를 들고 전화기 앞에 앉아 고객들에게 전화를 열 통 돌릴 때마다 캔디를 꼭 세 알씩만 먹으라는 것이었다. 그게 전부였다. 나는 열 건의 통화를 마칠 때마다 나 자신에게 스키틀즈 세 알의 상을 주었고, 이를 통해 그 작업을 계속할 동기를 얻었다. 그리고 100통을 모두 완료한 뒤에는 봉지에 남은 캔디를 전부 먹었다. 이 방법의 핵심은 업무의 결과에 초점을 맞추는 대신 과정을 구성하는 행위에 수시로 보상을 제공하는 데 있었다. 그때는 잘 몰랐지만 내가 만들어낸 것이 바로 도파민 보상 시스템 dopamin reward system이었다.

영화 〈이티 E.T.〉에 나오는 주인공 소년이 초콜릿을 바다에 일렬로 늘어놓고 외계인을 유혹했듯이 도파민 보상 시스템은 당신이 목표를 향해 꾸준히 나아갈 수 있도록 유혹하는 초콜릿과도 같다. 이는 단순한 은유가 아니다. 초콜릿은 실제로 도파민의 수준을 높여줄 뿐 아니라 운동을 마친 뒤에 초콜릿을 조금 먹으면, 다음 날도 헬스클럽에 나올 가능성을 높일 수 있다. 그 이유는 간단하다. 당신의 몸과 뇌가 도파민을 원하기 때문이다. 나는 지금도 그 방법을 사용하고 있지만, 꼭 초콜릿을 동원하지 않더라도 다양한 방식으로 스스로를 축하할 수 있다. 가령 매번 팟캐스트 녹음을 마칠 때마다 그 방송을 듣고 도움을 받은 모든 사람을 생각하며 자신에게 이렇게 말한다. "와! 정말 좋은 에피소드였어. 참 잘했어!" 이 말을 입 밖에 내는 순간 정말 그런 감정이 느껴진다. 이 작은 축하의 말이 나를 들뜨게 하고 성취감을 안겨준다. 더 중요한 사실은 그 말로 인해 내 뇌에서 도파민이 샘솟는다는 것이다. 나는 결과가 아니라 과정을 축하한 덕분에 다음 에피소드 녹음에도 다시 도전할 동력을 얻는다. 요즘에는 방송을 녹음할 때 팟캐스터 중 상위 100위 안에 든다거나 수백만 회의 다운로드 기록을 달성하는 데 신경을 쓰기보다 하나의 에피소드를 성공적으로 완료하는 데 더 집중하는 편이다. 보통의 팟캐스터가 평균 7회의 에피소드를 녹음하고 방송을 그만두는 상황에서, 내가 지난 7년 동안 1,300회의 에피소드를 녹음할 수 있었던 비결도 바로 여기에 있다고 생각한다. 내 목표는 세계에서 규모가 가장 큰 팟캐스트 채널을 만드는 것이 아니라 하나의 에피소드를 매번 최선을 다해 녹음하는 것이다. 그 방송이 누군가의 삶에 긍정적인 영향을 미칠 수 있다는 사실을 잘 알기 때문이다.

자신을 스스로 축하하는 행동은 도파민 보상 시스템을 구축할 때 밟아야 하는 핵심 단계 중 하나일 뿐만 아니라 동시에 자신의 기분을 더 나아지게 하는 방법이기도 하다. 우리는 삶의 부정적인 측면에만 신경을 쓰고 본인의 부족한 점을 끝없이 질책하는 경향이 있다. 그러기보다는 잘못된 점은 용서해주고 잘한 일은 칭찬하는 습관을 들여야 한다. 자기가 뭔가 어려운 일을 해냈거나 조금이라도 발전을 이루었다면 스스로 축하하라. 부모가 아이의 야구 경기를 지켜보다가 자기 아이가 안타를 쳤을 때 얼마나 흥분하는지 생각해보고 그와 같은 강도로 자기 자신을 축하하라. 사랑하는 이를 진심으로 축하하는 만큼 자기 자신을 축하할 수 있기를 바란다.

도파민 보상 체계를 이용한 여러 방식들

미 해군 네이비실 출신의 마라톤 선수 데이비드 고긴스^{David Goggins}는 장거리 달리기에 나설 때면 '마음의 쿠키 단지^{mental cookie jar}'라고 스스로 이름 붙인 방법을 사용해서 마음을 다잡는다고 한다. 경기 도중 본인의 능력에 회의감이 느껴지고, 결승점에 도달할 수 있을지 의구심이 생기고, 경주를 포기하고 싶은 기분이 들면, 그는 마음의 쿠키 단지에 손을 뻗는다. 그 단지 안에는 그동안 자신이 달성한 화려한 업적에 관한 기억이 가득 담겨 있다. 그는 자신이 이미 이루어낸 실적을 하나씩 떠올리며 자기가 얼마나 훌륭한 선수인지 생각하고 스스로 용기를 북돋는다. 이 방법 역시 그를 멈추지 않고 계속 달리게 하는 도파민 보상 시스템의 일종이라 할 수 있다.

전직 네이비실 요원 리치 디바이니^{Rich Diviney}는 내 팟캐스트 방송에 출연해서 자신이 이 부대의 기초 수중폭파/특수전^{BUD/S} 훈련을 받을 때 '지옥의 주^{Hell Week}' 훈련을 어떻게 견뎠는지 이야기한 적이 있다. 지옥의 주는 네이비실을 꿈꾸는 수많은 지원자가 줄줄이 탈락하는 혹독한 훈련 프로그램으로 유명하다. 그는 평소 웃음이 많고 농담을 잘하는 동료들이 훈련을 통과하는 비율이 높다는 사실을 발견했다. 당사자들은 몰랐겠지만, 웃음에는 아드레날린의 수준을 낮춰주고 도파민의 분비를 증가시키는 효과가 있다. 도파민의 세례를 받은 사람들은 체력이 한계에 도달했다고 좌절하거나 포기하지 않는다. 당신이 장거리를 달리든지 헬스클럽에서 운동할 때 어느 순간 벽에 부딪힌 느낌을 받는다면, 한바탕 웃어보자. 이때 웃음은 거짓이 아니라 진심으로 즐거워서 웃는 웃음이어야 한다. 당신이 웃음을 터뜨리는 순간 뇌에서 분비된 도파민은 아드레날린과 코티솔의 작용을 막아주는 완충지대가 되어주며 목표에 도달하는 일을 한결 수월하게 도울 것이다.

당신이 비참하거나 우울한 마음이 들었을 때 누군가 던진 한마디의 농담으로 인해 기분이 나아지고 하루가 즐거워졌던 순간을 떠올려보자. 웃음은 사람에게 더 많은 에너지를 선사하고 세상의 모든 일이 그렇게 나쁜 것만은 아니라는 느낌을 안겨준다. 웃음이 제공하는 의학적 혜택에 관해서도 많은 연구가 이루어지고 있다.[1] 사람이 웃음을 터뜨릴 때는 일종의 성취감과 같은 통쾌한 감정을 느낀다고 한다. 다음번에 당신이 하루를 보내다 갑자기 스트레스를 받거나 좌절감이 느껴지는 상황이 닥치면 5분 정도 시간을 내어 가장 좋아하는 코미디언이 출연하는 동영상을 시청해보라. 웃음은 도파민 보상 시스템을 만들어내어 아드레날린의 수준을 낮춰주고 목표를 향해 계속 나아갈 힘을 선사할 것이다.

도파민의 분비량을 자연스럽게 늘리는 방법은 그 밖에도 수없이 많다. 가령 운동은 도파민의 분비를 최대 두 배까지 증가시키는 효과가 있다. 앞에서 언급한 냉수욕(안전한 온도에서 이루어진다면)도 도파민의 수준을 2.5배 높여준다. 그렇게 증가한 도파민은 냉수욕을 마친 뒤에도 최대 3시간까지 체내 시스템에 남아 있다가 평소 수준으로 되돌아간다.[2]

행동 기반 목표의 위력

모든 사람에게는 저마다 훌륭한 장기적 목표(가령 성공적인 경력을 쌓음으로써 자신에게 자랑스러운 사람이 되고자 하는 목표)가 있다. 하지만 그토록 머나먼 미래에 자리 잡은 목표를 어떻게 달성해야 할지 고민에 빠지는 순간 갑자기 의욕이 떨어지고 동기가 저하되는 느낌을 받는다. 그로 인해 행동에 나서기가 더욱 어려워진다. 당신에게 장기적 목표가 필요한 것은 분명한 사실이지만, 당신이 지금 해야 할 일은 오늘 실천할 행동에만 집중하고 이 순간 달성해야 할 목표에만 초점을 맞추는 것이다.

나는 지난 15년이 넘도록 헬스클럽에 나가 주기적으로 운동을 했다. 내 목표는 지방을 줄이고, 근육을 만들고, 건강한 몸을 지닌 사람이 되는 것이었다. 그 모두가 결과 지향적 목표였다. 비록 예전보다 몸이 조금 좋아지기는 했지만, 운동이 늘 즐거운 것만은 아니었다. 그러다 보니 원래 계획했던 목표를 이루는 데도 실패했다. 요즘 나는 간단한 행동 기반 목표를 세우는 것으로 운동 전략을 바꿨다. 내가 말하는 운동이란 헬스클럽에 나가고, 요가를 하고, 거리를 달리고, 집에서 운동하는 등의 신체적 활동을 모두 포함한 개념이다. 나는 매번 행동 기반 목표를 달성할 때마다(특히 하고 싶지 않았던 일을 완료했을 때마다), 빠짐없이 나 자신을 칭찬하고 축하했다. 한 달을 지내고 보니 운동하는 횟수가 예전보다 더 늘어 있었다. 한 번 몸을 움직이기 시작하면 움직임을 계속하고 싶은 의욕이 느껴지기 마련이다. 그런 식으로 몇 개월이 지나자 세상에 태어난 이래로 가장 멋진 몸을 갖게 됐다. 하지만 그런 결과를 염두에 두고 운동에 땀을 쏟은 것은 아니었다. 다만 매일 빼놓지 않고 조금이라도 몸을 움직였고 목표를 달성할 때마다 스스로 축하했을 뿐이었다.

이처럼 사소하고 간단한 행동도 도파민 분비를 촉진할 수 있다. 다시 말하지만, 행동은 동기부여를 불러온다. 더구나 행동을 통해 긍정적인 결과가 발생했을 때는 동기부여의 효과가 더욱 커진다. 가만히 앉아 동기가 부여되기만을 기다려서는 안 된다. 가령 당신이 새로 세운 건강 목표를 달성하기 위해 헬스클럽에 나가 운동을 시작한다고 해보자. 처음에는 어려울 수도 있다. 하지만 열심히 노력해서 조금씩 결과가 나오면 뇌에서 도파민이 분비되기 시작하고, 그 상태가 하나의 보상으로 여겨진다. 그로 인해 더욱 큰 동기를 부여받고 계속 헬스클럽에 나가고 싶은 욕구를 느낀다. 한마디로 꾸준한 행동을 통해 더 많은 행동의 동기를 얻는 것이다.

앞서 언급한 '**쐐기돌 습관**'이 중요한 이유도 여기에 있다. 당신이 헬스클럽에서 조금씩 결과를 내기 시작한다면, 갈수록 더 많은 결과를 원하게 될 것이다. 일주일에 세 번이 아니라 다섯 번을 운동하러 갈 수도 있다. 또 식생활을 개선해서 몸에 좋은 음식을 섭취하고 충분히 잠을 자는 등 건강 목표의 수준을 높이게 될지도 모른다. 그렇게 얼마의 시간이 흐른 뒤에는 목표를 향해 가는 과정 자체에 흠뻑 빠지게 될 것이다. 그 모든 것이 합쳐져서 모멘텀을 이룬다. 한 번 움직인 뒤에는 그 움직임을 계속하기가 어렵지 않다. 도파민이 당신에게 더 많은 동기를 부여하면 모멘텀을 계속 이어갈 수 있다. 행동 기반 목표가 그토록 효율적인 시스템인 이유도 그 때문이다.

이 시점에서는 결과를 걱정하지 마라. 오직 당신이 원하는 일, 취해야 할 행동, 밟아야 할 프로세스만 생각하고, 이들을 중심으로 도파민 보상 시스템을 개발해서 목표를 향해 가는 과정 자체를 즐겨야 한다. **최종 목적지가 아닌 '프로세스'와 사랑에 빠지는 것이 중요하다.** 그래야만 장기적 목표를 향해 꾸준히 몸을 움직일 수 있다. 올바른 행동을 실천하면 언젠가 목표 지점에 도달할 수 있다는 것은 분명한 사실이다. 그 예시는 다음과 같다.

▶ 최종 영업 실적을 달성한다는 목표보다는 오늘 고객들에게 몇 통의 전화를 돌릴 것인지에 집중해 행동 기반 목표를 세운다. 이를 달성했을 때 스스로 상을 준다.

▶ 감량한다는 목표보다는 운동을 완료한다는 행동 기반 목

표를 세우고 이를 달성했을 때 스스로 상을 준다.

▶ 거울에 비친 자신의 모습을 어떻게 바꾸겠다는 목표보다는 오늘 건강한 식사를 하겠다는 행동 기반 목표를 세우고 이를 달성했을 때 스스로 상을 준다.

▶ 선수권 대회에서 우승한다는 목표보다는 오늘 1시간 동안 연습한다는 행동 기반 목표를 세우고 이를 달성했을 때 스스로 상을 준다.

▶ 곡 전체를 능숙하게 연주한다는 목표보다는 어려운 한 소절을 익히겠다는 행동 기반 목표를 세우고 이를 달성했을 때 스스로 상을 준다.

행동 기반 목표를 중심으로 도파민 보상 시스템을 수립하면 어떤 행동을 습관이 될 때까지 매일같이 실천하도록 힘을 실어주는 강력한 동력을 개발할 수 있다. 더 중요한 사실은 당신이 운전석으로 직접 자리를 옮겨 본인의 기분을 더 나아지게 만들 시기를 스스로 결정하고 통제할 수도 있다는 것이다. 하지만 그 상태에 너무 안주해서는 안 된다. 사람의 뇌는 무척 영리한 데다 패턴을 인식하는 능력도 뛰어나다. 당신의 뇌가 특정한 시간에 도파민이 생성될 거라고 기대하기 시작하면, 막상 도파민이 분비된다 해도 예전과 같은 충격이나 자극을 안겨주지는 못할 것이다. 그런 일이 생기면 기존의 행동을 계속 이어나가기가 어려워질 수 있다. 그 말은 예전만큼 벅차고 흥분된 마음으로 행동할 수 없다는 뜻이다. 따라서 당신은 기존의 보상 시스템을 수시로 바꿔줘야 할 뿐만 아니라 이따금 자신에게 상을 주는 일을 일부러 빼놓고 넘어갈 필요도 있다.

도파민이 놀라운 능력을 발휘하는 화학물질이기는 하지만, 오직 이 물질에만 의존해서 모든 일을 처리하려 해서는 안 된다. 그보다는 지금까지 설명한 모든 프로세스와 단계를 하나로 통합하는 작업이 더 중요하다. 당신이 행동에 나서지 않는 이유를 이해하고, 행동을 시작할 방안을 세우고, 그 행동을 습관으로 만들어내는 과학적 방법을 적절히 활용한다면, 수많은 난관을 뚫고 목표 지점에 도달할 수 있을 것이다.

몸이 먼저 움직이는 행동 처방

❖ 당신이 하루도 거르지 않고 올바른 행동을 실천한 것을 스스로 축하할 방법은 무엇인가?

❖ 당신의 '결과 기반 목표'에 더 가까이 가게 해주는 '행동 기반 목표'의 목록을 작성하고, 이 목록을 중심으로 보상 시스템을 수립할 방안을 생각해보자.

❖ 각각의 행동과 프로세스에는 어떤 보상 시스템이 필요한가?

❖ 하루를 보내면서 도파민의 수준을 자연스럽게 높일 방안을 작성해보자.

마치며

당신이 앞으로 걸어갈
자기계발의 여정에 함께하고 싶다

나는 지난 15년이라는 세월을 자기계발 분야에 매진했다. 그 경험을 바탕으로 독자 여러분께 중요한 말을 하나 남기고 싶다. 만약 누군가 자기계발을 꿈꾸고 있다면, 반드시 자아를 개선하는 작업부터 시작하라는 것이다. 하지만 대부분의 사람들이 이 사실을 알지 못한다. 이 작업이 우선되어야 하는 이유를 쉽게 설명하자면 이렇다. 당신이 길을 걷다가 어느 버려진 집으로 들어가고 있다고 상상해보자. 집은 너무 낡아서 곧 쓰러질 것만 같고, 위층으로 올라가니 지난 몇십 년간 아무도 발을 들여놓지 않은 것처럼 먼지가 자욱하게 낀 다락방이 보인다. 방 한구석에는 먼지와 얼룩이 가득한 거울도 하나 놓여 있다. 거울이 어찌나 더러운지 당신의 모습은 알아보기조차 어려울 정도다. 거울을 닦으려 손을 쓸어내리는 순간, 먼지가 뿌옇게 일어 얼굴을 덮친다. 거울로 당신의 얼굴을 보기 위해서는 그 엄청난 양의 먼지를 제거해야 한다.

　자아를 개선하고자 하는 사람에게는 먼저 먼지를 없애는 노력이 필요하다. 우리는 그 작업을 자기계발이라고 부른다. 표면 아래에 놓인 우리의 본모습은 모두 깨끗한 거울이다. 그것이 진정한 자아다. 하지만 우리는 어떤 사람이 되어야 하고 어떤 식으로 행동해야 한다는 사회의 강요에 따라 저마다 갖가지 습관, 프로그램, 시스템 등을 개발해서 그 위에 덕지덕지 쌓는다. 그 모두가 우리의 진정한 잠재력을 가로막는 요인들이다. 지금 우리는 그 먼지를 제거하기 위해 애쓰는 중이다. 모든 사람은 먼지로 덮여 있다. 단지 그 사실을 모를 뿐이다.

　당신이 이 책을 읽는 이유도 거울을 닦기 위해서다. 지금까지 이 책을 읽고 여기서 배운 바를 실천한 사람들은 자신에게서 먼지와 때가 조금씩 닦여나가는 모습을 보기 시작했을 것이다. 그 먼지는 참된 당신이 아니므로 자신을 부정적으로 평가하거나 비난할 이유가 전혀 없다. 오직 지금 하는 일에 최선을 다해 집중한다면 뿌연 먼지 뒤에 가려진 당신의 진정한 실체를 발견할 수 있을 것이다. 당신이 이 책을 읽고 많은 일을 실천했는데도 여전히 자아를 개선하는 일이 너무 벅차고 좌절감이 느껴진다면, 잠시 시간을 내어 뒤를 돌아보고 당신이 이 책을 처음 집어든 후 얼마나 먼 길을 걸어왔는지 생각해보라. 무엇을 배웠나? 얼마나 성장했나? 나는 누구이며 어디로 가고 싶은지 얼마나 잘 파악하게 됐나? 이 책을 읽지 않았더라면 생각지도 않았을 행동을 얼마나 많이 실천했나? 그동안 거둔 성과와 승리에만 집중하고 부정적인 결과에 마음을 두지 말라.

그동안 내가 지켜본 문제점 중의 하나는, 자기계발에 나선 사람들이 그 여정에 종착지가 분명히 존재하며 그동안 거울이 깨끗한 채로 계속 남아 있으리라고 생각한다는 것이다. 하지만 내가 깨달은 바는 다르다. 이 여정에는 끝이 없다. 사람들은 종종 이렇게 말한다. "모든 트라우마를 극복하고 나 자신을 더 개선할 필요가 없어질 날이 기다려집니다." 하지만 그런 식의 생각은 바람직하지 못하다. 자기계발은 당신이 살아 있는 동안 끝없이 이어질 프로세스다. 그러니 그 여정을 즐겨라.

앞서 말한 것처럼 유리병 속에 가만히 들어앉은 사람은 병의 겉면에 붙은 상표를 읽지 못한다. 당신의 목표는 눈앞의 상황에서 한 걸음 물러나 자신의 삶에서 어떤 일이 일어나고 있는지 파악할 능력을 기르는 것이다. 다시 말해 당신을 틀 속에 가둔 프로그램이 무엇이고 그것이 어디서 비롯됐는지를 정확히 이해함으로써 본인의 단점과 더딘 발전을 있는 그대로 받아들이는 것이다. 과거에는 나도 무슨 일이 생기면 쉽게 화를 냈을 뿐 아니라 화를 가라앉히는 데도 오랜 시간이 걸렸다. 화가 난 채로 일주일을 보내면서 애초에 왜 화가 났는지도 잊어버리고 계속 화가 난 느낌에 사로잡혀 있기도 했다. 그러나 자아 개선의 노력을 시작한 뒤에는 화를 내는 기간이 5일에서 3일로 줄어들었다. 오늘날에는 고작 하루 정도 화를 낼 뿐이다. 나는 여전히 화를 내지만(이를 멈추는 일은 영원히 계속될 숙제다), 이제는 내가 왜 화가 났는지 알아차리고 한 걸음 물러서서 좀 더 일찍 평온한 상태를 되찾을 수 있게 됐다. 당신도 앞으로 10년, 20년, 30년의 세월이 흐르는 동안 화를 돋우는 외부 요인들과 맞닥뜨린다면, 그럴 때마다 그 상황에서 한 걸음 물러서고, 유리병에서 벗어나고, 화를 유발한 원인을 파악하고, 무엇을 개선해야 할지 생각하고, 다음번에는 좀 더 나아질 수 있는 길을 찾아내기를 바란다.

그 어떤 사람도 부담감이나 문젯거리를 전혀 느끼지 않고 조금도 화를 낼 일이 없는 경지에 이르지는 못한다. 누구에게도 마음을 상하지 않고, 성미를 부리는 일도 없고, 손톱만큼의 부정적인 감정도 드러내지 않으면서 삶을 사는 사람은 아무도 없다. 당신은 폭풍의 한복판에서도 완벽한 평온함을 유지할 수 있는 상태에 결코 도달하지 못할 것이다. 그것이 바로 인생이다. 그래서 삶은 아름답다. 통제할 수 없는 것을 통제하려고 애쓰기보다는 여정 그 자체를 즐겨야 한다.

나는 자기계발을 평생에 걸친 여정이라고 생각한다. 삶의 어느 시기든 조금 더 성장할 여지는 누구에게나 있다. 하지만 이 여정에 끝이 없다는 사실을 알았다고 해서 주눅이 들거나 좌절감을 느낄 필요는 없다. 오히려 그로 인해 우리는 자유롭다. 언젠가 이 여정을 완전히 끝내야 한다는 압박감에서 벗어나 목적지로 향하는 과정을 오롯이 즐길 수 있기 때문이다. 문제점을 하나씩 해결하고 개선해 가는 과정은 그 자체로 우리에게 뿌듯함을 안겨준다. 우리는 수시로 뒤를 돌아보면서 그동안 얼마나 먼 길을 걸어왔는지 확인할 수 있다. 지금부터 5년이나 10년이 흐른 뒤에는 지난날을 돌아보면서 그동안 얼마나 많은 성장과 발전을 이루었는지 깨닫고, 스스로 자랑스럽게 생각할 수 있을 것이다.

집중 수행 규약의 6단계

나는 여러분이 자신의 삶을 업그레이드하기 위해 순서대로 따라야 할 여섯 단계의 '집중 수행 규약 focused work protocol'을 소개하는 것으로 이 책을 마무리하려 한다. 당신의 목표가 무엇이든 본인의 안전지대를 벗어나고, 공포와 맞서 싸우고, 지금까지 배운 모든 것을 다음의 여섯 가지 의식으로 통합하는 작업이 필요하다. 그래야만 목표에 도달하는 데 도움이 되는 행동을 꾸준히 실천하고, 뇌를 바꾸고, 이를 습관으로 정착시킬 수 있다.

1. 집중
2. 수행
3. 지속

4. 휴식

5. 보상

6. 반복

이 프로세스의 장점은 삶의 다양한 분야에서 효과를 발휘한다는 것이다. 책을 쓰고, 발표 자료를 만들고, 학습하는 데도 요긴하게 활용할 수 있으며 심지어 일터에서 행정적인 서류 업무를 처리할 때도 도움이 된다. 당신이 기타로 새로운 곡을 연습하는 상황을 예로 들어 각 단계를 설명하고자 한다.

1. 집중

먼저 주위에서 집중력을 방해하는 요소들을 제거해서 기타를 연주하기에 최적의 환경을 만들어낸다. 스마트폰을 치워버리고 주변을 정돈하여 연주를 방해할 만한 일을 사전에 방지한다.

준비가 완료되면 기타와 비슷한 거리에 놓인 주위의 사물을 하나 정해서 2분 정도 그 대상에 시선을 고정한다. 될수록 눈을 깜박거리지 않는다. 주변부로 눈을 돌리지 않고 시야를 좁혀서 중심부를 집중적으로 응시한다. 심리적 초점은 시각적 초점을 따르기 마련이다. 마땅한 대상이 없으면 기타의 지판을 바라봐도 좋다. 그동안 당신은 기타로 음계를 오르내리는 연습을 하고 손가락을 풀면서 내면의 저항에 맞설 준비를 한다.

2. 수행

타이머(스마트폰이 아닌 다른 타이머)로 25분을 맞춰두고 기타 연습에 집중한다. 그 시간 동안에는 절대 다른 곳에 한눈을 팔지 않는다. 곡 전체를 한꺼번에 익히려 하지 말고 오직 악보의 처음 몇 마디를 익히는 데 초점을 맞춘다. 처음 몇 소절을 완벽하게 연주할 수 있을 때까지 계속 연습을 반복하고, 그 뒤에 다음 소절로 넘어간다. 처음 25분 동안 그 소절을 다 익히지 못해도 관계없다. 완벽하게 배울 때까지 연습을 계속한다.

3. 지속

뇌는 제대로 가동되려면 몇 분 정도 걸린다. 가동이 시작된 후에도 당신은 본인의 연주 솜씨가 형편없다는 이유로 좌절감을 느낄 것이다. 당신의 뇌는 이미 알고 있는 곡으로 돌아가려 한다. 익숙한 곡을 연주할 때는 힘들여 노력할 필요가 없기 때문이다. 하지만 절대 연습을 그만두거나 포기해서는 안 된다. 당신이 좌절감을 느낀다는 말은 에피네프린과 아세틸콜린이 분비되어 뇌를 바꾸고 있다는 뜻이다. 에피네프린은 당신이 정신을 바짝 차리도록 각성도를 높여주는 역할을 하고, 아세틸콜린은 학습을 통해 차후 바뀌어야 할 뉴런에 형광펜처럼 표시를 남긴다. 자신의 연주가 엉망이라고 느낄 때마다 더욱 집중해서 연습하라. 실패 없이는 아무것도 배우지 못한다. 연습할 때 실수가 잦은 사람은 처음 시도에서 정확하게 연주하는 사람보다 새로운 곡을 훨씬 빠르게 배울 수 있다. (물론 그 곡을 제대로 연주할 수 있게 된 뒤에도 반복적으로 연습해서 더욱 확실하게 익혀야 한다.) 실수는 중요하다. 그것이 당신의 뇌가 뭔가를 학습하는 방식이기 때문이다. 주의력이 분산되고 마음이 여기저기를 떠돌아다녀도, 25분이라는 시간이 흘러 알람이 울릴 때까지는 마음을 다잡고 지금 연습하는 곡에만 집중하라.

4. 휴식

당신이 첫 번째로 주의를 기울여야 할 휴식은 처음 25분간의 집중적인 연습 뒤에 맞게 될 5분간의 짧은 휴식 시간이다. 이 시간 동안에는 스마트폰을 집어 드는 일을 포함해 뇌를 자극할 어떤 행동도 하지 말라. 가능하면 밖으로 나가 경치를 감상하라. 그럴 형편이 되지 않으면 눈을 감고 마음이 움직이는 모습을 지켜보라. 당신의 뇌는 짧은 휴식을 틈타 전열을 가다듬는다. 진정한 학습이 이루어지는 시간은 바로 이때다. 게다가 학습의 속도는 수면 중에 더욱 빨라지므로 밤에는 잠을 푹 자도록 한다.

5. 보상

스스로를 진심으로 축하하라. 뭔가 새로운 일을 시작하면 좌절감이 닥치기 마련이다. 아무리 노력해도 발전이 없다고 느껴질 수도 있다. 하지만 당신은 안전지대를 과감히 벗어나 오랫동안 저항감을 느끼던 모험에 뛰어든 것만으로도 이미 큰 성취를 이룬 것이다. 축하는 거창할 필요가 없고 단지 약간의 도파민 보상 시스템을 만드는 것으로 족하다. 커다란 목소리로 자신에게 축하의 말을 건네거나 25분 동안 집중적인 연습을 마친 뒤에 초콜릿 몇 조각을 먹는 것만으로도 뇌를 자극해서 계속 일하게 할 수 있다. 도파민은 주관적 성향을 지닌 화학물질이다. 그 말은 어떤 사람에게는 도파민 분비를 유도하는 요인이 다른 사람에게는 작용하지 않을 수 있다는 뜻이다. 따라서 당신 자신에게 동기를 부여하는 요인이 무엇인지 먼저 정확히 파악할 필요가 있다. 당신은 본인이 방금 이뤄낸 발전에 대해 신이 나고 즐거운 감정을 느껴야 한다. 비록 아주 작은 발전이기는 해도, 어쨌든 당신은 목표에 한 걸음 다가갈 수 있는 의미 있는 성과를 거뒀다. 그것이 중요하다. 앞으로도 같은 행동을 계속 이어갈 가능성이 커지기 때문이다.

6. 반복

5분간 휴식을 취한 뒤에는 다시 자리에 앉아 25분간 연습에 몰두한다. 이 과정을 네 차례 반복한다. 이 프로세스가 전부 끝났다면 당신은 새로운 곡을 완벽하게 연주할 수 있게 되었거나, 아직 그렇지 못하더라도 큰 성과를 거두었을 것이다. 참으로 대견한 일이다. 하지만 내일 다시 기타를 집어 들었을 때 아무것도 기억하지 못하더라도 놀라거나 좌절할 필요는 없다. 기억이 사라진 이유는 당신의 뇌에 오직 화학적 변화만이 이루어졌기 때문이다. 뇌가 구조적으로 바뀌려면 반복적인 연습이 필요하다. 그래야만 그 행위를 뇌의 장기 기억 보관소에 저장할 수 있다. 그 과정을 앞당기는 지름길은 없다. 오직 꾸준한 연습과 반복만이 당신을 제시간에 목표 지점에 데려다줄 수 있다. 열심히 연습하라. 당신이 아무 때나 기타를 집어 들고 그 곡을 저절로 연주할 수 있게 된다면, 그때가 바로 당신의 뇌가 기능적으로 변화했음을 알게 되는 순간일 것이다.

집중력을 기르는 일은 마음의 근육을 단련하는 일과도 같다. 그 말은 연습과 훈련을 반복하면 시간의 흐름에 따라 집중력을 점점 강화할 수 있다는 뜻이다. 이 '여섯 단계의 규약'은 특정 기술을 배우고 익히는 데도 활용할 수 있겠지만, 이 규약 자체를 좀 더 능숙하게 사용하게 된다면 평소에 집중력을 강화하는 데도 도움이 될 것이다. 가장 바람직한 방법은 한 번에 집중하는 시간을 조금씩 늘려가는 것이다. 예컨대 25분간의 집중 수행 시간을 45분까지 점진적으로 늘려가면 집중 시스템의 가소성이 강화되고 성과도 개선될 것이다.

그동안 나와 함께 일한 많은 고객이 이 방법으로 좋은 성과를 거두었다. 그들은 처음에 뭔가에 집중하기를 어려워했지만, 한 달간 이 방법을 꾸준히 실천한 결과 본인들도 믿지 못할 만큼 집중력이 크게 향상되는 경험을 했다. 이 규약을 잘 활용하면 당신이 하루에 실천해야 할 중요한 일들을 우선순위에 따라 빠짐없이 처리하는 데 도움이 될 것이다. 뇌의 신경가소성과 도파민 보상 시스템을 활용해서 습관과 의식을 꾸준히 정착시키는 법을 배운다면, 이제 당신은 목표 달성을 위해 행동을 실천하는 데 필요한 모든 도구를 손에 넣은 셈이다. 당신의 앞길을 가로막을 사람은 아무도 없다. 당신은 삶의 CEO이며 운명을 통제하는 사람이다. 용감히 도전해서 최고의 성과를 거두라!

삶을 한 단계 높은 곳으로 이끄는
집중 수행 규약

❖ 이 페이지를 오려내어 책상 앞이나 컴퓨터처럼 눈에 잘 뜨이는 곳에 붙여두고 매일 바라보기를 권한다.

1. 집중	일에 집중할 수 있는 환경을 만들고, 시선의 초점을 활용해 집중력을 높인다.
2. 수행	25분 동안 주어진 일에 전념하라. 이때 한눈 팔지 않도록 주의한다.
3. 지속	좌절감과 끝까지 싸우라. 뇌가 익숙해지는 동안 시간이 필요하다.
4. 휴식	5분간 휴식하라. 전자기기를 멀리하고 자연의 경치를 감상하라.
5. 보상	스스로를 진심으로 축하하라.
6. 반복	같은 과정을 몇 번이고 거듭하라.

주

1장. **공포** | 모든 걱정과 두려움은 거짓이다

1. E. J. Gibson and R. D. Walk, "The Visual Cliff, Scientific American 202, no. 4 (1960): 64-71.
2. I. M. Knudson and J. R. Melcher, "Elevated Acoustic Startle Responses in Humans: Relationship to Reduced Loudness Discomfort Level, but Not Self-Report of Hyperacusis," Journal of the Association for Research Otolaryngology 17, no. 3 (2016): 223-35, doi: 10.1007/s10162-016-0555-y.
3. Karl Albrecht, "The (Only) 5 Fears We All Share," Psychology Today, March 22, 2012, https://www.psychologytoday.com/us/blog/brainsnacks/201203/the-only-5-fears-we-all-share.
4. Don Joseph Goewey, "85 Percent of What We Worry About Never Happens," HuffPost, last updated December 6, 2017, https://www.huffpost.com/entry/85-of-what-we-worry-about_b_8028368.
5. Bart Massi, Christopher H. Donahue, and Daeyeol Lee, "Volatility Facilitates Value Updating in the Prefrontal Cortex," Neuron 99, no. 3(2018): 598-608, https://doi.org/10.1016/j.neuron.2018.06.033.

2장. **정체성** | 당신이 외면해온 내면의 이야기

1. "What Is Personality?" OpenEd CUNY, accessed April 10, 2023, https://opened.cuny.edu/courseware/lesson/66/student/.
2. Maxwell Maltz, quoted on https://www.whatshouldireadnext.com/quotes/maxwell-maltz-a-human-being-always-acts.
3. Emma Young, "Lifting the Lid on the Unconscious," NewScientist, July 25, 2018, https://www.newscientist.com/article/mg23931880-400-lifting-the-lid-on-the-unconscious/.
4. "Kelley and Conner's Emotional Cycle of Change," Mind Tools, accessed

April 10, 2023, https://www.mindtools.com/apjsz96/kelley-and-conners-emotional-cycle-of-change.
5. "Why Do Lottery Winners Go Broke?," Money Marshmallow, January 2, 2023, https://moneymarshmallow.com/why-do-lottery-winners-go-broke/.
6. A. Hatzigeorgiadis, N. Zourbanos, E. Galanis, and Y. Theodorakis, "Self-Talk and Sports Performance: A Meta-Analysis," Perspectives on Psychological Science 6, no. 4 (2011): 348-56, https://doi.org/10.1177/1745691611413136.

3장. **목적** | 당신이 진정으로 원하는 것은 무엇인가?

1. Gail Matthews, "Goals Research Summary," https://www.dominican.edu /sites/default/files/2020-02/gailmatthews-harvard-goals-researchsummary.pdf.

4장. **시각화** | 행동으로 직결되는 연결고리

1. "Understanding Unconscious Bias," Short Wave, July 15, 2020, https://www.npr.org/transcripts/891140598.
2. T. Blankert and M. R. Hamstra, "Imagining Success: Multiple Achievement Goals and the Effectiveness of Imagery," Basic and Applied Social Psychology 39, no. 1 (2017): 60-67, doi: 10.1080/01973533.2016.1255947.

6장. **장애물 치우기** | 집중을 방해하는 것들

1. Kirsten Weir, "Nurtured by Nature," Monitor on Psychology 51, no. 3 (April 1, 2020): 50, https://www.apa.org/monitor/2020/04/nurtured-nature.
2. T. D. Wilson, D. A. Reinhard, E. C. Westgate, D. T. Gilbert, N. Ellerbeck, C. Hahn, C. L. Brown, and A. Shaked, "Just Think: The Challenges of the Disengaged Mind," Science 345, no. 6192 (2014): 75-77, doi: 10.1126 / science. 1250830.
3. Ron Marshall, "How Many Ads Do You See in One Day?" Red Crow Marketing Inc., September 10, 2015, https://www.redcrowmarketing.com/2015/09/10/many-ads-see-one-day/.

4. Trevor Wheelwright, "2022 Cell Phone Usage Statistics: How Obsessed Are We?," Reviews.org, January 24, 2022, https://www.reviews.org/mobile/cell-phone-addiction/.
5. P. Lorenz-Spreen, B. M. Monsted, P. Hövel, and S. Lehmann, "Accelerating Dynamics of Collective Attention," Nature Communications 10, no. 1759(2019), https://doi.org/10.1038/s41467-019-09311-w; Sandee LaMotte, "Your Attention Span Is Shrinking, Studies Say. Here's How to StayFocused," CNN Health, January 22, 2023, https://www.cnn.com/2023/01/11/health/short-attention-span-wellness/index.html; KevinMcSpadden, "You Now Have a Shorter Attention Span than a Goldfish," TIME, May 14, 2015, https://time.com/3858309/attention-spans-goldfish/."
6. William Parker, "During Quarantine: How Much Netflix Did We Watch? Data + Content Streaming Stats," HotDog.com, last updated August 25, 2022, https://hotdog.com/tv/stream/netflix/during-quarantine/.

7장. 작은 승리 경험하기 | 모든 일을 빠짐없이 해내는 법

1. Conor J. Wild, Emily S. Nichols, Michael E. Battista, Bobby Stojanoski, and Adrian M. Owen, "Dissociable Effects of Self-Reported Daily Sleep Duration on High-Level Cognitive Abilities," Sleep 41, no. 12 (2018), https://doi.org/10.1093/sleep/zsy182.
2. Mariana G. Figueiro, Bryan Steverson, Judith Heerwagen, Kevin Kampschroer, Claudia M. Hunter, Kassandra Gonzales, Barbara Plitnick, and Mark S. Rea, "The Impact of Daytime Light Exposures on Sleep and Mood in Office Workers," Sleep Health 3, no. 3 (2017): 204-15.
3. See, for instance, K. Choi, C. Shin, T. Kim, H. J. Chung, and H.-J. Suk, "Awakening Effects of Blue-Enriched Morning Light Exposure on University Students' Physiological and Subjective Responses," Scientific Reports 9, no. 345 (2019), https://doi.org/10.1038/s41598-018-36791-5; and A. U. Viola, L. M. James, L. J. M. Schlangen, and D.-J. Dijk, "Blue-Enriched White Light in the Workplace Improves Self-Reported Alertness, Performance and Sleep Quality," Scandinavian Journal of Work, Environment Health 34, no. 4 (2008): 297-306.

4. K. R. Westerterp, "Diet Induced Thermogenesis," Nutrition & Metabolism1, no. 5 (2004), https://doi.org/10.1186/1743-7075-1-5.
5. Jip Gudden, Alejandro Arias Vasquez, and Mirjam Bloemendaal, "The Effects of Intermittent Fasting on Brain and Cognitive Function," Nutrients 13, no. 9 (September 2021): 3166, https://www.ncbi.nlm.nih.gov/pmc/articles/PMC8470960/.
6. For instance, see Molly Hodges, "The Effects of Dehydration on Cognitive Functioning, Mood, and Physical Performance," Corinthian 13, no. 2(2012), https://kb.gcsu.edu/thecorinthian/vol13/iss1/2.
7. Jennifer B. Dowd, Nalini Ranjit, D. Phuong Do, Elizabeth A. Young, James S. House, and George Kaplan, "Education and Levels of Salivary Cortisol over the Day in US Adults," Annals of Behavioral Medicine 41, no. 1 (February 2011): 13-20, doi: 10.1007/s12160-010-9224-2.
8. A. Gawron-Gzella, J. Chanaj-Kaczmarek, and J. Cielecka-Piontek, "Yerba Mate: A Long but Current History," Nutrients 13, no. 11 (2021): 3706, doi: 10.3390/nu13113706; A. Gambero and M. L. Ribeiro, "The Positive Effects of Yerba Maté (Ilex paraguariensis) in Obesity," Nutrients 7, no. 2 (2015): 730–50, doi: 10.3390/nu7020730.

8장. **집중력** | 생산성의 비밀

1. "Attention," New World Encyclopedia, accessed April 10, 2023, https://www.newworldencyclopedia.org/entry/Attention.
2. L. Zylowska, D. L. Ackerman, M. H. Yang, J. L. Futrell, N. L. Horton, T. S. Hale, C. Pataki, and S. L. Smalley, "Mindfulness Meditation Training in Adults and Adolescents with ADHD: A Feasibility Study," Journal of Attention Disorders 11, no. 6 (2008): 737-46, https://doi.org/10.1177/1087054707308502.
3. Melanie Curtin, "In an Eight-Hour Day, the Average Worker Is Productive for This Many Hours," Inc., July 21, 2016, https://www.inc.com/melanie-curtin/in-an-8-hour-day-the-average-worker-is-productive-for-this-many-hours.html.
4. Bret Stetka, "Our Brain Uses a Not-So-Instant Replay to Make Decisions," Scientific American, June 27, 2019, https://www.scientificamerican.com/

article/our-brain-uses-a-not-so-instant-replay-to-make-decisions/.
5. Sophie Leroy, "Why Is It So Hard to Do My Work? The Challenge of Attention Residue When Switching Between Work Tasks," Organizational Behavior and Human Decision Processes 109, no. 2 (2009): 168-81, https:// doi.org/10.1016/j.obhdp.2009.04.002; Kevin P. Madore and Anthony D. Wagner, "Multicosts of Multitasking," Cerebrum, April 1, 2019, https:// www.ncbi.nlm.nih.gov/pmc/articles/PMC7075496/.
6. Paul Atchley, "You Can't Multitask, So Stop Trying," Harvard Business Review, December 21, 2010, https://hbr.org/2010/12/you-cant-multi-task-so-stop-tr.
7. Cal Newport, Deep Work: Rules for Focused Success in a Distracted World (New York: Grand Central, 2016).
8. "Episode 57: Optimizing Workspace for Productivity, Focus, & Creativity," Huberman Lab, January 31, 2022, https://podcastnotes.org/huberman-lab/episode-57-optimizing-workspace-for-productivity-focus-creativity-huberman-lab/.
9. "Episode 57: Optimizing Workspace for Productivity, Focus, & Creativity," Huberman Lab.
10. "Blue Light May Fight Fatigue Around the Clock," ScienceDaily, February 3, 2014, https://www.sciencedaily.com/releases/2014/02/140203191841.htm.
11. R. Hardeland, "Melatonin, Hormone of Darkness and More: Occurrence, Control Mechanisms, Actions and Bioactive Metabolites," Cellular and Molecular Life Sciences 65, no. 13 (2008): 2001-18, doi: 10.1007/s00018-008-8001-x.
12. S. Basu and B. Banerjee, "Potential of Binaural Beats Intervention for Improving Memory and Attention: Insights from Meta-Analysis and Systematic Review," Psychological Research, July 16, 2022, online ahead of print, doi: 10.1007/s00426-022-01706-7.
13. Nicole Baum and Jasleen Chaddha, "The Impact of Auditory White Noise on Cognitive Performance," Journal of Science and Medicine 3, special issue, (2021): 1-15, https://doi.org/10.37714/josam.v3i0.82.
14. Jessica Stillman, "How Exercise Makes You Smarter, Happier, and Less

Stressed," Inc., February 17, 2016, https://www.inc.com/jessica-stillman / how-to-use-exercise-to-optimize-your-brain.html.

15. T. M. Altenburg, M. J. Chinapaw, and A. S. Singh, "Effects of One Versus Two Bouts of Moderate Intensity Physical Activity on Selective Attention During a School Morning in Dutch Primary Schoolchildren: A Randomized Controlled Trial," Journal of Science and Medicine in Sport 19, no. 10 (2016): 820-24, doi: 10.1016/j.jsams.2015.12.003.

16. A. Mooventhan and L. Nivethitha, "Scientific Evidence-Based Effects of Hydrotherapy on Various Systems of the Body," North American Journal of Medicine and Science 6, no. 5 (2014): 199-209, doi: 10.4103/1947-2714.132935.

9장. **일관성** | 매일 거르지 않고 행동하는 법

1. Jeff Haden, "Want to Improve Your Performance? Science Says Harness the Power of Rituals," Inc., September 21, 2021, https://www.inc.com / jeff-haden/how-to-improve-performance-productivity-results-rituals-routines-processes-rafael-nadal.html.
2. Darren Hardy, The Compound Effect: Jumpstart Your Income, Your Life, Your Success (New York: Vanguard, 2012), 42.

10장. **습관** | 행동의 자동화 패턴을 만드는 법

1. Steve Bradt, "Wandering Mind Not a Happy Mind," Harvard Gazette, November 11, 2010, https://news.harvard.edu/gazette/story/2010/11 / wandering-mind-not-a-happy-mind/.
2. "How Your Brain Makes and Uses Energy," Queensland Brain Institute, University of Queensland, https://qbi.uq.edu.au/brain/nature-discovery / how-your-brain-makes-and-uses-energy.
3. "What Is Emotional Eating?," Cleveland Clinic, November 12, 2021, https:// health.clevelandclinic.org/emotional-eating/.
4. Scott Frothingham, "How Long Does It Take for a New Behavior to Become Automatic?," Healthline, October 24, 2019, https://www .healthline.com/ health/how-long-does-it-take-to-form-a-habit.

11장. **신경가소성** | 당신의 뇌를 바꾸는 과학

1. Ferris Jabr, "Cache Cab: Taxi Drivers' Brains Grow to Navigate London's Streets," Scientific American, December 8, 2011, https://www.scientificamerican.com/article/london-taxi-memory/.
2. Nathan Collins, "Pathways: From the Eye to the Brain," Stanford Medicine Magazine, August 21, 2017, https://stanmed.stanford.edu/carla-shatz-vision-brain/.
3. L. M. Shin, S. L. Rauch, and R. K. Pitman, "Amygdala, Medial Prefrontal Cortex, and Hippocampal Function in PTSD," Annals of the New York Academy of Sciences 1071 (2006): 67-79, doi: 10.1196/annals.1364.007.
4. K. Susuki, "Myelin: A Specialized Membrane for Cell Communication," Nature Education 3, no. 9 (2010): 59.
5. Sandra Ackerman, "From Chemistry to Circuitry," in Discovering the Brain (Washington, DC: National Academies Press, 1992).
6. I. G. Meister, T. Krings, H. Foltys, B. Boroojerdi, M. Müller, R. Töpper, and A. Thron, "Playing Piano in the Mind: An fMRI Study on Music Imagery and Performance in Pianists," Cognitive Brain Research 19, no. 3(2004): 219-28, https://doi.org/10.1016/j.cogbrainres.2003.12.005.
7. Ian Sample, "Scientists Shed Light on Creativity by Studying Pianists' Brain Activity," The Guardian, November 12, 2013, https://www.theguardian.com/science/2013/nov/12/scientists-creativity-pianists-brain-activity.
8. Christopher N. Cascio, Matthew Brook O'Donnell, Francis J. Tinney, Matthew D. Lieberman, Shelley E. Taylor, Victor J. Strecher, and Emily B. Falk, "Self-Affirmation Activates Brain Systems Associated with Self-Related Processing and Reward and Is Reinforced by Future Orientation," Social Cognitive and Affective Neuroscience 11, no. 4 (April 2016): 621-29, doi: 10.1093/scan/nsv136.
9. J. David Creswell, William T. Welch, Shelley E. Taylor, David K. Sherman, Tara L. Gruenewald, and Traci Mann, "Affirmation of Personal Values Buffers Neuroendocrine and Psychological Stress Responses," Psychological Science 16, no. 11 (November 2005): 846-51.
10. Alan Rozanski, Chirag Bavishi, Laura D. Kubzansky, and Randy Cohen, "Association of Optimism with Cardiovascular Events and

All-Cause Mortality: A Systematic Review and Meta-Analysis," JAMA Network Open 2, no. 9 (September 27, 2019): e1912200, doi: 10.1001/jamanetworkopen.2019.12200.

11. S. Pangambam, "Transcript: After Watching This, Your Brain Will Not Be the Same by Lara Boyd," Singju Post, June 24, 2016, https://singjupost.com/transcript-after-watching-this-your-brain-will-not-be-the-same-by-lara-boyd/?singlepage=1.

12. S. Diekelmann, I. Wilhelm, and J. Born, "The Whats and Whens of Sleep-Dependent Memory Consolidation," Sleep Medicine Reviews 13, no. 5 (2009): 309-21.

13. H. Freyja Ólafsdóttir, Daniel Bush, and Caswell Barry, "The Role of Hippocampal Replay in Memory and Planning," Current Biology 28, no. 1 (2018): R37-R50, https://doi.org/10.1016/j.cub.2017.10.073.

12장. **도파민 보상 시스템** | 결과보다 과정을 사랑하라

1. For instance, J. Yim, "Therapeutic Benefits of Laughter in Mental Health: A Theoretical Review," Tohoku Journal of Experimental Medicine 239, no. 3 (2016): 243-49.

2. "Episode 39: Controlling Your Dopamine for Motivation, Focus & Satisfaction," Huberman Lab, September 29, 2021, https://podcastnotes.org/huberman-lab/episode-39-controlling-your-dopamine-for-motivation-focus-satisfaction-huberman-lab/.

옮긴이 박영준

대학교에서 영문학을 전공하고 대학원에서 경영학을 공부한 후 외국계 기업에서 일했다. 바른번역 소속 전문 번역가로 활동 중이며 국제 정치, 경제, 경영, 자기계발, 첨단기술 등 다양한 분야의 책을 번역하고 있다. 옮긴 책으로는 《프로젝트 설계자》, 《나폴레온 힐과의 마지막 대화》, 《열두 개의 성공 블록》, 《존 맥스웰 리더십 불변의 법칙》, 《시간 해방》, 《컨버전스 2030》, 《우버 인사이드》, 《세상 모든 창업가가 묻고 싶은 질문들》, 《포춘으로 읽는 워런 버핏의 투자 철학》, 《언러닝》 등이 있다.

행동은 불안을 이긴다

초판 1쇄 발행 2025년 4월 16일
초판 23쇄 발행 2025년 12월 18일

지은이 롭 다이얼
옮긴이 박영준

책임편집 윤지윤
마케팅 이주형
기획편집 이정아, 오민정, 이상화

펴낸이 이정아
펴낸곳 ㈜서삼독
출판등록 2023년 10월 25일 제2023-000261호
이메일 info@seosamdok.kr

ⓒ 롭 다이얼
ISBN 979-11-93904-15-2 (03190)

- 이 책은 저작권법에 따라 보호받는 저작물이므로 무단전재와 무단복제를 금지하며, 이 책의 내용 전부 또는 일부를 이용하려면 반드시 저작권자와 출판사의 서면동의를 받아야 합니다.
- 잘못된 책은 구입하신 서점에서 바꿔드립니다.
- 책값은 뒤표지에 있습니다.

서삼독은 작가분들의 소중한 원고를 기다립니다. 주제, 분야에 제한 없이 문을 두드려주세요. info@seosamdok.kr로 보내주시면 성실히 검토한 후 연락드리겠습니다.